Grundlagen der Unternehmungsführung

Einführung in die Managementlehre

Von
Professor Dr. Fred G. Becker

3., neu bearbeitete Auflage

ERICH SCHMIDT VERLAG

Bibliografische Information der Deutschen Nationalbibliothek
Die Deutsche Nationalbibliothek verzeichnet diese Publikation in der
Deutschen Nationalbibliografie; detaillierte bibliografische Daten sind im
Internet über http://dnb.d-nb.de abrufbar.

Weitere Informationen zu diesem Titel finden Sie im Internet unter
ESV.info/978 3 503 16333 5

1. Auflage 2011 unter Mitarbeit von Ellena Werning
2. Auflage 2013
3. Auflage 2015

ISBN 978 3 503 16333 5

Dieses Papier erfüllt die Frankfurter Forderungen
der Deutschen Nationalbibliothek und der Gesellschaft für das Buch
bezüglich der Alterungsbeständigkeit und entspricht sowohl den
strengen Bestimmungen der US Norm Ansi/Niso Z 39.48-1992
als auch der ISO Norm 9706.

Druck und Weiterverarbeitung: Hubert & Co., Göttingen

VORWORT ZUR DRITTEN AUFLAGE

Es freut mich sehr, dass sich dieses Lehrbuch in der Lehre wie in der Praxis offenbar bewährt hat. Insbesondere auch für den sprachlichen Duktus gibt es viel Zuspruch (bspw. Literaturtipp des „wiwi-treff"). Jedenfalls liegen genügend Gründe vor, das Konzept des Lehrbuches bei der Überarbeitung unverändert zu lassen: einerseits ein kurzer abstrakter Überblick über zentrale Aspekte des Managements, andererseits viele erläuternde Beispiele aus Unternehmungspraxis und studentischem Alltag. Auch die Vorgehensweise, weiterführende und ursprüngliche Quellen anzuführen, wurde beibehalten.[1] Bei der Überarbeitung wurden eine Aktualisierung der Literatur vorgenommen, der gesamte Text an manchen Stellen – gerade auf Basis einiger Hinweise aus der Leserschaft und Frau Dr. Natascha Henseler – präzisiert sowie an der einen und anderen Stelle korrigiert. Danke dafür! Bei der Aktualisierung der Verzeichnisse haben zudem dankeswerterweise Jeannette Toumli und Melissa Schacht mit großer Akribie mitgewirkt.[2] Auch dem Lektorat möchte ich für viele Hinweise danken.

Bielefeld, im April 2015

Fred G. Becker

---

[1] Letztgenannter Quellentyp führt dazu, dass einige Quellen in Rezensionen als zu alt für ein modernes Lehrbuch eingeschätzt werden. Wenn eine solche Kritik umgesetzt würde, dann dürfte – beispielsweise – nicht mehr Einstein bei der Erläuterung der Relativitätstheorie als Quelle angegeben werden, sondern ein Autor, der sich in den letzten Jahren darüber in einem Lehrbuch ausgelassen hat.

[2] Selbstverständlich gebührt Frau Prof.'in Dr. Ellena Werning weiterhin mein Dank für ihre profunde Mitwirkung bei der ersten Auflage.

VORWORT ZUR ERSTEN AUFLAGE

„Grundlagen" bedeutet in diesem Buch, zentrale Theorien, Inhalte und Methoden zur Unternehmungsführung aufzugreifen, die gewissermaßen das Fundament für eine weitere Auseinandersetzung darstellen – sei es in anderen
Lehrveranstaltungen, in themenbezogenen Diskussionen inner- wie außerhalb
der Hochschule oder in einer Berufstätigkeit. Je nachdem wie weit oder eng
man dieses Fundament gießen möchte, sind aus einer Vielzahl an Themen
Auswahlentscheidungen notwendig. Wir orientieren uns an das Machbare im
Rahmen einer Vorlesung und greifen unseres Erachtens zentrale Themen der
Unternehmungsführung auf verschiedenen Ebenen auf.[3]

In einem anwendungsorientierten Bachelor-Studiengang an einer wissenschaftlichen Hochschule gilt es zudem, wissenschaftliche Grundlagen mit einem anwendungsbezogenen Fokus zu verbinden.[4] Dies kann nicht funktionieren, wenn in den Präsenzveranstaltungen vorwiegend Kenntnisse vermittelt
werden sollen. Uns geht es darum, Verständnis für die Inhalte und viele Zu-

---

[3] Die Erstellung dieses Lehrtextes beruht von daher auf einer an der Fakultät für Wirtschaftswissenschaften der Universität Bielefeld angebotenen zweistündigen Lehrveran-
staltung des Bachelor-Studienganges „Wirtschaftswissenschaften" (3. Semester, fachliche Basis). Es werden jeweils in sich abgeschlossene Themen pro Präsenzveranstaltung
angeboten. Zusammen mit Angabe der veranstaltungsspezifischen Basisliteratur erleichtert dies die Vor- und Nachbereitung – für Lehrende wie für anwesende und fehlende Hörer(innen). (Ergänzung: Zudem sind die drei bis sechs „Diskussionsveranstal-
tungen" hervorzuheben: vorbereitende Lektüre der Basisliteratur, Bearbeiten eines Mi-
nifalls in einer Kleingruppe im Hörsaal, Präsentation durch zufällig bestimmte Gruppen, gemeinsame Diskussion sowie Kommentierung durch den Dozenten.)

[4] In der Vorlesung wird dies dadurch umgesetzt, als dass immer mindestens ein Vortrag
eines Wirtschaftspraktikers integriert ist sowie eine Vielzahl an Praxisbeispielen zur
Veranschaulichung erläutert werden. Manchmal ist zudem ein Lehrbeauftragter aus der
Praxis im Dozententeam.

sammenhänge (hier zur Unternehmungsführung) zu vermitteln, die es den Hö-
rer(inne)n gestatten, im Selbststudium die Basisliteratur besser einzuordnen
und zu verstehen.[5] Ebenso gilt es natürlich, in den Präsenzveranstaltungen Interesse für die spezifischen Inhalte und für eine weitere Lektüre – gerade dieses Buches „Grundlagen der Unternehmungsführung – zu wecken. Noch besser wäre jedoch, wenn die Dozent(inn)en in der Veranstaltung auf einer vorherigen Lektüre der veranstaltungsspezifischen Textteile durch die Hörer(innen)
aufbauen könnten. Entsprechend einführend, verständlich und umfassend
müssen diese Texte verfasst sein. Wir hoffen, dies ist uns gelungen.

Verschiedene Personen haben an der Erstellung dieses Buches aktiv mitge-
wirkt. D.III, H und I sind in einem ersten Textentwurf von Frau Dipl.-Kffr.
Ellena Werning verfasst worden, ebenso Inhalte von C. Bei der redaktionellen
Bearbeitung der vierten Auflage haben des Weiteren Frau Dipl.-Kffr. Vanessa
Friske, Frau Dipl.-Kffr. Dr. Cornelia Meurer, Herr Dipl.-Kfm. Yves Ostrowski
und Herr Dipl.-Ök. Sascha Piezonka sowie Herr Philipp Rücker, B. Sc., engagiert und kompetent mitgewirkt. Geholfen haben ebenso unsere studentischen
Hilfskräfte, Frau Nicole Bender und Frau Karen Hachmeister, beim Abgleich
der Zitate mit den Literaturquellen und der Erstellung des Stichwortverzeich-
nisses. Die Abschrift des handschriftlichen Manuskripts, vielfältige textliche
Änderungen, die Erstellung vieler Abbildungen und eine komplette formale
Überprüfung des Manuskripts hat wiederum Frau Erika Mohnhardt akribisch
umgesetzt. Allen gilt mein herzlicher Dank!

Bielefeld, im Mai 2011

Fred G. Becker

---

[5] In den Präsenzveranstaltungen werden neben der Erläuterung zentrale Inhalte dazu viele Beispiele, aktuelle Ereignisse u. Ä. erläutert, die in diesen Basistext gar nicht einfließen. Sie dienen jeweils der Illustration und wechseln immer wieder. Gleiches gilt für
viele Abbildungen. Manche sind identisch mit den hier wiedergegebenen Abbildungen,
manche fassen wesentliche Textinhalte zusammen und andere wiederum geben aktuelle
Beispiele aus der Unternehmungslandschaft wieder.

INHALTSVERZEICHNIS

Abbildungsverzeichnis

Tabellenverzeichnis

EINFÜHRUNG: WAS SIND GRUNDLAGEN DER UNTERNEHMUNGSFÜHRUNG?

Ein Lehrbuch zur Unternehmungsführung in dem vorgesehenem Umfang kann das Thema weder in der Breite noch in der Tiefe erschöpfend abdecken. Selektivität bei der Auswahl der Inhalte ist von daher das notwendige „Übel" bei der Konzipierung gewesen. Die Selektion erfolgte nicht willkürlich, sondern bedacht nach folgenden Überlegungen:

- Zum einen wurde ein *funktionaler Managementansatz*[6] gewählt, der es besonders gut gestattet, sowohl die allgemeinen Aufgabenbereiche des Managements zu schildern als auch gleichzeitig eine geeignete Basis für ein Führungssystem zu bilden.
- Zum anderen werden *einzelne Aufgabenbereiche* – gewissermaßen exemplarisch – herausgehoben. Es handelt sich dabei um notwendiges (nicht hinreichendes!) Grundlagenwissen für Personen, die sich mit der Aufgabe der Unternehmungsführung beschäftigen (sollen/wollen).

Mit der Fokussierung bleiben zweifellos andere wichtige Elemente (bspw. Internationales Management, Entrepreneurship) oder auch eine tiefe Diskussion anderer Inhalte (bspw. zur betrieblichen Mitbestimmung, zur Prozessorganisation) ausgegrenzt. Dabei handelt es sich jedoch im Allgemeinen nicht um Grundlagen, sondern um spezifische Aspekte, die aufbauend auf einer Grundlagenveranstaltung angeboten werden können. In diesem Lehrbuch stehen *allgemeine Aspekte des Managements*, also Fragen der Unternehmungsführung,

---

[6] Er bezieht sich auf die Managementfunktionen bzw. generelle Managementaufgaben, die jede Führungskraft – wenn auch in unterschiedlichem Ausmaß – zu erfüllen hat: Information, Planung, Kontrolle, Organisation und Personal. S. dazu auch A.I.

die nicht vornehmlich von spezifischen Situationsvariablen und/oder bestimmten Sachfunktionen (wie Finanzierung, Marketing u. a.) geprägt sind, im Vordergrund. Es handelt sich um Managementfragen, die unabhängig von der Größe oder der Branche einer Unternehmung relevant sind. Management wird dabei primär bezogen auf die Führung der Unternehmung als Ganzes sowie ihrer großen Teilbereiche (v. a. „corporate level" und „business level").

Managementlehre ist in diesem Sinne die *Lehre für die Unternehmungsführung* und zwar auf Basis von Erkenntnissen über die Führung respektive Leitung von Unternehmungen.[7] Dies impliziert auch, dass vor allem das Management von Unternehmungen – und nicht gleichzeitig auch von *Non-Profit-Organisationen* – als Objekt thematisiert wird, wenngleich viele Ausführungen auch dafür zutreffen.[8]

Die Vorgehensweise bei der Erarbeitung und der Darstellung der Inhalte beruht auf einem *sozialwissenschaftlichen Grundkonzept*. Danach wird die Managementlehre als eine sozialwissenschaftliche, angewandte Teildisziplin der Betriebswirtschaftslehre verstanden. Dies impliziert vor allem eine Öffnung der Managementlehre für Erkenntnisse anderer sozialwissenschaftlicher Disziplinen (v. a. Organisationspsychologie und -soziologie im Sinne eines *Organizational Behavior.*[9] Nicht die Abgrenzung zu diesen, sondern das interdisziplinäre Zusammenwirken stehen im Vordergrund: So lassen sich – nicht nur

---

[7] S. hierzu Kirsch, Müller & Trux 1984, S. 32-33.

[8] Wenngleich die Beispiele sich in der Regel auf erwerbswirtschaftliche Unternehmungen beziehen, so lassen sich doch die meisten thematisierten Aspekte des Managements auch auf Non-Profit-Organisationen übertragen. Auch sie werden gemanagt, und zwar prinzipiell nach den gleichen Managementprinzipien wie Unternehmungen. Lediglich die inhaltliche Ausprägung mag anders sein, das Methodenspektrum ist ähnlich.

[9] „Organizational Behavior" lässt sich letztlich nicht gut einfach übersetzen. Es handelt sich um eine verhaltenswissenschaftlich basierte Managementlehre, also eine Lehre zur Unternehmungsführung, die neben ökonomischen Grundlagen die Erkenntnisse gerade aus den verhaltenswissenschaftlichen Disziplinen für ihre Zwecke (Management) nutzt. S. zu beispielhaften Lehrbüchern mit einem solchen Verständnis Newstrom & Davis 2002, Hitt, Miller & Colella 2006, Martin 2003, Staehle (Conrad & Sydow) 1999

für einen stärker anwendungsorientierten Studiengang – realitätsnahe Ausführungen formulieren. Jedoch steht zweifellos die ökonomische Ausrichtung erwerbswirtschaftlicher Institutionen (also: Unternehmungen) im Mittelpunkt der Diskussion.[10] Ohne Kenntnis und Verwendung verhaltenswissenschaftlicher Ideen auf den Leistungsebenen lässt sich allerdings keine Unternehmung erfolgreich auf Dauer führen.[11]

Dieses Lehrbuch basiert zudem auf der *Annahme*, dass zumindest einzelne Aspekte des Managements *lehr- und lernbar* sind. Sicherlich hat der eine oder die andere in seinem/ihrem Sozialisationsprozess und gegebenenfalls auch über die Ferne bessere Voraussetzungen dazu entwickelt (Stichworte: Mannschaftssport, Jugendleiter(in), Großfamilie u. v. a.). Dies ändert aber nichts prinzipiell an der Lernfähigkeit interessierter Personen. Zudem ist selten jeder auf jeder Position und zu jeder Zeit erfolgreich einsetzbar.

---

[10] S. zu den einschlägigen Überlegungen v. a. Schanz 1977, 1979, S. 7-23, S. 89-93, Rühli 1996, S. 17-23, Staehle (Conrad & Sydow) 1999, S. 73-76.

[11] Allerdings sind so gut wie alle wirtschaftswissenschaftlichen Studiengänge bei weitem nicht ausreichend auf den Tatbestand ausgerichtet, dass Führungskräfte (und dies ist das Berufsziel zumindest fast aller Master- und sehr vieler Bachelor-Studierenden) zu aller erst Mitarbeiter führen müssen. S. Becker 2012.

A. MANAGEMENT UND UNTERNEHMUNGSFÜHRUNG

I. Grundbegriffe „Unternehmen", „Unternehmung", „Management"

Zunächst sind zum Verständnis des Textes und der Materie verschiedene Termini anzuführen, Begriffe zu definieren[12] und – damit verbunden – verschiedene Gegenstände zu thematisieren. Dies wird hier nicht im Rahmen von Begriffsexplikationen[13] vorgenommen, sondern in der Regel durch die direkte Angabe der verwendeten Definitionen. Angesprochen werden im Einzelnen:

(1) Unternehmen oder Unternehmung,

(2) Management und Unternehmungsführung,

(3) Management als Institution,

(4) Management als Funktion,

(5) primäre und sekundäre Unternehmungsführung und

(6) normatives Management.

---

[12] Vereinfacht formuliert stellt in der Wissenschaftssprache der *Terminus* den sprachlichen Ausdruck (das Wort) eines bestimmten Tatbestandes dar. Ein *Begriff* beinhaltet das, was der verwendete Terminus zu verstehen geben soll. Er stellt insofern eine assoziative Kopplung zwischen dem Terminus und dem zugeordneten Tatbestand dar. Mit Hilfe einer *Definition* wird ein Begriff in die wissenschaftliche Abhandlung eingeführt, damit klar ist, was mit einem Terminus inhaltlich gemeint ist. Dabei kann es durchaus sein, dass zwei verschiedenen Termini der gleiche Begriff zugeordnet ist. Auch kann ein Terminus von verschiedenen Personen mit unterschiedlichen Begriffen versehen sein. S. bspw. Becker 2007, S. 20-22.

[13] Eine *Begriffsexplikation* (s. Becker 2004, S. 86-87) würde eine Vielzahl von Begriffen kategorisieren, erläutern und im Hinblick auf den Zweck bewerten, bevor publikationsspezifisch eine zweckmäßige Definition erfolgt. Für ein einführendes Lehrbuch wäre ein solches Vorgehen zu umfassend und auch von daher unzweckmäßig. Und die *Zweckmäßigkeit* ist das wichtigste Kriterium für eine sinnvolle Begriffsbildung.

Zu (1): Unternehme**n** oder Unternehmu**ng**

Die Unternehmung oder das Unternehmen[14] stellt die rechtliche und wirtschaftliche Einheit einer nach dem erwerbswirtschaftlichen Prinzip tätigen Institution dar. Eine solche Institution bedarf der Steuerung. Diese geht grundsätzlich von den Eigentümern aus (eigentümergeführte Unternehmung), die allerdings dieses Recht auf andere Personen übertragen können (managergeführte Unternehmung). Unabhängig davon, wer eine Unternehmung steuert, ob geschäftsführend tätige Gesellschafter und/oder (Fremd-) Manager, die damit verbundenen Aufgaben werden als Unternehmungsführung bezeichnet.

Zu (2): Management und Unternehmungsführung

Die Begriffe „Management" und „Unternehmungsführung"[15] können unterschiedlich interpretiert und verwendet werden.

Im Sprachgebrauch werden dabei die Termini *Unternehmungsführung* und *Management* begrifflich häufig gleichgesetzt. Diskutiert werden in diesen Zu-

---

[14] Die Termini „*Unternehmen*" und „*Unternehmung*" werden hier beide alternativ verwendet und die dazugehörenden Begriffe synonym verstanden! Bis in die 1970er Jahre gab es verschiedene „Schulen" in der Betriebswirtschaftslehre, die auch in Abgrenzung voneinander den Terminus „Unternehmen" (bspw. Schmalenbach) oder den Terminus „Unternehmung" (bspw. Gutenberg und Kosiol) verwendeten. Damit verbunden waren verschiedene Begriffe und Philosophien zur Einordnung dieser Institution in die Betriebswirtschaftslehre (und zur Abgrenzung zum „Betrieb"). S. Kosiol 1962, Sp. 5594, Grochla 1959, S. 584-587, 1974, Kolbeck 1980, S. 65. Solche vielfach paradigmatisch (Kuhn 1981) und orthodox geführten Diskussionen verebbten Ende des letzten Jahrhunderts. Geblieben sind i. W. zwei Termini und unterschiedliche Gewohnheiten.

[15] Sprachlich „vereinfachend" wird in der Literatur wie in der Umgangssprache statt von *Unternehmungsführung* oft synonym von „*Führung*" gesprochen. Dies erscheint unzweckmäßig, da so die – nicht nur sprachliche – Abgrenzung zur Führung im Sinne der Personal- und/oder Mitarbeiterführung (Auch hier werden diese beiden Termini begrifflich synonym verwendet.) erschwert wird. Letzteres Verständnis konzentriert sich auf die personelle Dimension der Unternehmungsführung (Personalfunktion) und ist von daher enger als die gesamthafte Sicht des erstgenannten Verständnisses. Zur eindeutigen Differenzierung wird hier der Terminus „Mitarbeiterführung" verwendet.

sammenhängen alle mit der Führung von Unternehmungen verbundenen sachlichen und personellen Aspekte. Allerdings kann man Management auch auf andere Institutionen bzw. Organisationen (im institutionellen Sinne)[16] ausdehnen, beispielsweise auf Verwaltungen und Non-Profit-Organisationen. In einem solchen Verständnis gibt es dann objektspezifische Unterschiede zwischen Management und Unternehmungsführung – beispielsweise hinsichtlich des Zwecks, der Zielsetzungen der Corporate Governance und der entsprechenden Maßnahmen. Wir konzentrieren uns im Folgenden auf die *Managementaufgaben in Unternehmungen*, als erwerbswirtschaftlich tätige Organisationen. Dies schließt allerdings nicht aus, dass eine Vielzahl der nachfolgenden Inhalte auch für andere Institutionen von Belang ist. Die Termini „Unternehmungsführung" und „Management" verwenden wir dabei begrifflich synonym (wohlwissend, dass Management durchaus mehr umfassen kann).

Üblich ist eine Differenzierung in den funktionalen und in den institutionellen *Managementbegriff* (analog bei der Unternehmungsführung) (s. Abb. 1).[17]

Hiermit sind jeweils *verschiedene Objekte* angesprochen:

- Während der institutionelle Begriff die Personen respektive die Gremien und ihre Rollen als Träger der Unternehmungsführung anspricht,
- fokussiert der funktionale Begriff die einzelne Aufgaben (Planung, Kontrolle u. a.) der mit dem Management beauftragten Personen.

---

[16] Der Begriff „*Organisation*" im institutionellen Verständnis spricht die *Institution*, die Unternehmung, den Verein u. Ä. an. (Die Unternehmung ist eine Organisation!) Organisation im instrumentellen Sinne meint die *Instrumente* der Struktur- und Prozessorganisation zur Bestgestaltung der Institution. (Die Unternehmung hat eine Organisation! Im funktionellen Sinne bedeutet Organisation die *Tätigkeit* (Die Unternehmungen – genauer formuliert: Unternehmungsmitarbeiter – organisieren!). S. auch F.

[17] Daneben ließe sich ein *instrumenteller Fokus* betrachten. Dieser thematisiert die möglichen Führungsmethoden, -verfahren und -modelle, die Führungskräfte zur Erfüllung ihrer Aufgaben einsetzen. Das Instrumentenspektrum umfasst dabei v. a. Planungsmethoden, Gesprächsführungstechniken, Management-Informationssysteme u. Ä.

Management findet im erstgenannten Sinne auf allen Hierarchieebenen statt (Gesamtheit der Führungs- – oder besser – der Leitungsorganisation, F.I), wenn auch im zweitgenannten Sinne mit unterschiedlichen Teilaufgaben.

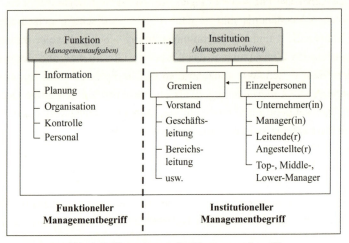

Abb. 1: Differenzierung des Managementbegriffs

Die spezifischen Begriffsvarianten werden im Folgenden weiter spezifiziert.

Zu (3): Management als Institution

Unter Management (oder anders formuliert: Unternehmungsführung) als Institution sind die *Träger der Willensbildungszentren* innerhalb (bspw. Vorstand, Geschäftsführung) und außerhalb (z. B. Aufsichtsrat, Gesellschafterversammlung) der Unternehmung zu verstehen. In dieser institutionellen Betrachtung (*„managerial roles approach"*) stehen Fragen wie die Zusammensetzung, die Rollen und die Funktionsweise dieser Einheiten im Mittelpunkt.[18]

---

[18] Normalerweise wird in der Literatur wie in der Umgangssprache bei der Institution der Terminus „Unternehmungs*führung*" (oder Geschäfts*führung*) verwendet. Es erscheint sinnvoller, hier sprachlich abzugrenzen. Der Terminus „Unternehmungs*leitung*" passt besser und wird hier für die Institution verwendet (synonym: Top-Management oder Geschäfts*leitung*)). S. auch Becker 2007, 28-31, und die dort zitierte Literatur.

Für die weiteren Ausführungen ist es sinnvoll, einige allgemeine Aspekte dieser Managementeinheiten anzusprechen. Zum einen werden in der Organisationslehre alle Stellen, die Führungs- und/oder Leitungsaufgaben erfüllen, allgemein als *Instanzen* definiert.[19] Die Personen, die solche Instanzen besetzen, bezeichnen wir allgemein als *Führungskräfte* oder Manager. Zum anderen werden *Gremien* gebildet, die Leitungsaufgaben arbeitsteilig wahrnehmen, beispielsweise Vorstand und Geschäftsleitung. Diese Gremien können mit mehreren Personen, teilweise allerdings auch nur mit einer einzigen Person besetzt werden. Beide institutionellen Einheiten haben Managementaufgaben zu erfüllen. Ihre Entscheidungs- und Weisungsbefugnisse sind nicht an die leitende Person selbst, sondern an ihre *formale Position* in der Unternehmung gebunden. Die Gremien wirken in arbeitsteiliger Weise an der Zielerreichung mit und sind mit jeweils unterschiedlichen Befugnissen ausgestattet.

Je nach Hierarchieebene sowie der Positionierung der Personen und Gremien differenziert man die innerbetrieblichen (Macht-) Hierarchien im Allgemeinen in *Top-, Middle- und Lower-Management*. Für die zentrale gesamthafte Unternehmungsführung ist üblicherweise das Top-Management zuständig. Teilaufgaben für nachgeordnete Organisationseinheiten werden delegiert. Einen Überblick über Aufgabenanteile, Instanzen und beispielhafte Positionsbezeichnungen gibt Abbildung 2. Aus der Darstellung ist indirekt ersichtlich, dass die Verpflichtungen zur Umsetzung der hier diskutierten Managementfunktionen mit aufsteigender Hierarchieebene zunehmen – zu Lasten einer Expertise und des Arbeitsumfanges bei den Sachaufgaben.[20]

Zu (4): Managementfunktionen

Der funktionale Managementbegriff trägt besonders zum Verständnis der Unternehmungsführung sowie der Managementsysteme und -prozesse bei: Er

---

[19] S. bspw. Kieser & Walgenbach 2010, S. 72-87, Grochla 1972, S. 64-69.

[20] Letzteres könnte man allerdings verhindern – durch einen Arbeitstag mit zehn, zwölf oder mehr Stunden.

spricht die Aufgaben an, die im System und Prozess der Führung einer Unternehmung arbeitsteilig durch Führungskräfte zu erfüllen sind (i. S. d. „*managerial functions approach*"). Er pointiert dadurch sehr gut, was zu tun ist.

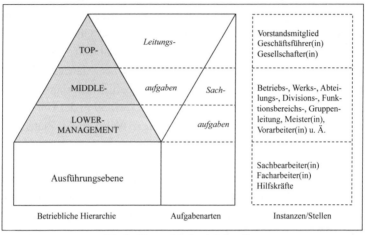

Abb. 2: Hierarchische Arbeitsteilung

Die von den Führungskräften zu erfüllenden Managementaufgaben können inhaltlich vielfältig und heterogen sein, je nachdem ob sie im Finanzbereich, im Marketingbereich, im Personalbereich, in der Produktion oder anderen Verrichtungen, ob in großen oder in kleinen Organisationseinheiten, ob im Top- oder im Lower-Management tätig sind. Sie sind jedoch dann ähnlich, wenn die *Kernaufgaben* im Management erfüllt werden. Diese eher allgemeinen und homogenen Kernaufgaben – unabhängig von Hierarchieebene und Ressort – werden als Managementfunktionen bezeichnet. Sie betreffen die durch die Managementinstitutionen zu erbringenden Leistungen, die im Rahmen des Managementprozesses zur Erhaltung des Managementsystems sowie zur Erreichung der Unternehmungsziele notwendig sind. Diese Leitungsaufgaben beinhalten die sachlichen *Tätigkeiten der Willensbildung* (Analyse, Planung, Entscheidung) sowie der *Willensdurchsetzung und -sicherung* (Veranlassung der Durchsetzung, Steuerung, Kontrolle) sowie personenbezogene Aufgaben der *Personalführung*. Ausführungsaufgaben betreffen dagegen die

Realisation von Plänen und Entscheidungen und sind von nachrangigen Hierarchieebenen bis hin zu reinen Ausführungsebene umzusetzen.

Die komplexe Funktion „Management" kann – und mithin ihre Kernaufgaben können – in einzelne typische *Teilaufgaben* zerlegt werden.[21] Aus den in der Vergangenheit entwickelten, verschiedenen Konzepten hat sich ein „klassischer" *Fünferkanon* von Managementfunktionen herausgebildet. Er enthält einen weitgehend akzeptierten Kranz von Basisfunktionen (s. Tab. 1).[22]

Tab. 1: Managementfunktionen nach Koontz & O'Donnell

Funktionen	Erläuterungen
Planung *(„planning")*	– Logischer Ausgangspunkt des klassischen Managementprozesses (Primärfunktion) – Nachdenken darüber, was erreicht werden soll und wie es am besten zu erreichen ist – Festlegung von Zielen, Rahmenrichtlinien, Verfahrensweisen zur Programmrealisierung
Kontrolle *(„controlling")*	– Festhalten der Ergebnisse – Vergleich mit den Plandaten – Abweichungsanalyse – Ausgangspunkt für Neuplanung
Organisation *(„organizing")*	– Umsetzungsfunktion zur Plan-Realisierung – Schaffung plangerechter Einheiten – Zuweisung von Kompetenzen und Weisungsbefugnissen – Koordination der Aufgaben – Schaffung des Kommunikationssystems
Mitarbeiterführung *(„directing")*	– Permanente, konkrete Veranlassung der Arbeitsausführung und ihre zieladäquate Feinsteuerung – Aufgabe jeder Führungskraft (Führung in engerem Sinne)
Personalarbeit *(„staffing")*	– Anforderungsgerechte Besetzung mit Personal – Sicherstellung und Erhaltung der Humanressourcen (alle sachlichen Personalaufgaben)

Quelle: In Anlehnung an Koontz & O'Donnell 1976, S. 69-73.

---

[21] S. Steinmann & Schreyögg 2005, S. 6-13, Koontz & O'Donnell 1976, S. 69-73.

[22] Anderweitig teilweise genannte Funktionen, wie unter anderem „Koordination" und vor allem „*Entscheidung*", werden dabei als funktionsübergreifend verstanden, d. h. sie werden durch eine Vielzahl unterschiedlicher Handlungen bewirkt. Sie sind quasi jeder Managementfunktion *inhärent* und bedürfen keiner gesonderten Differenzierung.

Bei einer näheren Analyse erweist es sich aus heutiger Sicht als sinnvoll, vor allem folgende *Managementfunktionen* inhaltlich näher zu betrachten:

- die Informationsfunktion,
- die Planungsfunktion,
- die Kontrollfunktion,
- die Organisationsfunktion und
- die Personalfunktion.

Diese Ansicht unterscheidet sich von der Differenzierung der Tabelle 1 zum Ersten durch die Zusammenlegung der personellen Aufgaben („staffing" und „directing") infolge der im letzten Jahrzehnt vielfach umgesetzten Aufgabenverlagerung hin zur Linie (Vorgesetztenfunktionen partiell als Personaler) sowie zum Zweiten durch die besondere Betonung der Informationsfunktion. Diese ist hier gesondert hervorgehoben, da sie nicht allein Bestandteil einer Funktion, sondern mehr Basis für alle anderen Funktionen und deren Gestaltung ist sowie interdependent mit ihnen in Beziehung steht.[23]

Zentraler Gegenstand in diesem Buch sind die *Managementfunktionen*. Sie haben sicherzustellen, dass das Zusammenspiel zwischen allen betrieblichen Funktionen effizient erfolgt. Von daher sind sie auch *Querschnittsfunktion* (s. Abb. 3): Sie durchdringen alle Sachfunktionen[24] und tragen entscheidend

---

[23] Man könnte allerdings auch argumentieren, dass die *Informationsfunktion* – ebenso wie die Entscheidung – impliziter Bestandteil aller anderen Funktionen ist. Dem wird hier entgegen gehalten, dass gleiche Informationen (und Informationssuch- und Informationsverarbeitungsprozesse) Basis für die Vorgehensweise und Entscheidungen verschiedener anderer Managementfunktionen sind. Dynamische Märkte führen beispielsweise vermutlich zu flexibleren Planungsprozessen, Organisationsstrukturen, Anreizsystemen u. a. Zudem ist die Betonung dieser Managementfunktion auch sinnvoll, um auf eine systematische und stete Informationsgewinnung Wert zu legen.

[24] *Achtung*: Von den Managementfunktionen zu differenzieren sind die *Sachfunktionen*. Diese beziehen sich auf die inhaltlichen Aufgaben im Sinne von Verrichtungen (bspw. Beschaffung, Produktion, Vertrieb). Sie stehen in folgendem Zusammenhang zu den Managementfunktionen: Der betriebliche Kombinationsprozess lässt sich einerseits in Input-Funktionen (z. B. Beschaffung unterschiedlicher Güter und Dienstleistungen), Transformations-Funktionen (z. B. Produktion von Gütern und/oder Dienstleistungen),

zu einer unternehmungsweit konsistenten Gestaltung der bereichsspezifischen Managementsysteme bei.[25]

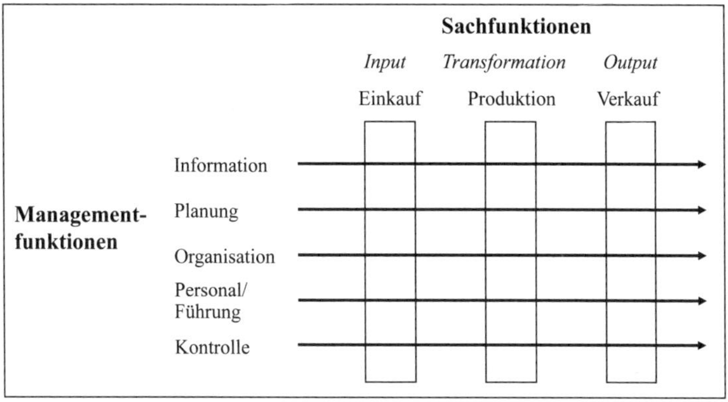

		Sachfunktionen		
		Input	*Transformation*	*Output*
		Einkauf	Produktion	Verkauf
	Information			
Management-funktionen	Planung			
	Organisation			
	Personal/Führung			
	Kontrolle			

Abb. 3: Management als Querschnittsfunktion
Quelle: In Anlehnung an Steinmann & Schreyögg 2005, S. 7.

Zu (5): Primäre und sekundäre Unternehmungsführung

Beschäftigt man sich näher mit den aus der Unternehmungsführung resultierenden Aufgaben sowie den zuständigen Managementinstitutionen, so kann man differenzieren:[26]

Output-Funktionen (z. B. Absatz von Gütern und/oder Dienstleistungen einschließlich Entsorgung) und andererseits in die einzelnen genannten Managementfunktionen differenzieren. Input-, Transformations- und Output-Funktionen stellen dabei die Sachfunktionen dar, das heißt inhaltliche, je nach Organisationseinheit bzw. Verrichtung sehr unterschiedliche Aufgaben. *Beispiele*: Bestellprozess im Rahmen der Beschaffung, Kundenansprache im Marketing, Kapazitätsplanung in der Produktion.

[25] *Beispiele*: Planungsprozesse sind in allen Sachfunktionen prinzipiell gleich organisiert, die Mitarbeiterführung erfolgt nach einem weitgehend einheitlichen Konzept u. Ä.

[26] S. ursprünglich Wirtz 1948, S. 20, und Krähe 1964, auch Becker 2007, S. 28-30. Diese „ältere" Differenzierung ist nicht üblich in der aktuellen Auseinandersetzung. Dies mag mit den Entwicklungen bei Aktiengesellschaften in den ersten Jahrzehnten der Bundesrepublik Deutschland zusammenhängen. Aufsichtsorgane hatten gerade bei den mitbestimmten Publikumsgesellschaften de facto wenig Mitwirkungsmöglichkeiten, es ging v. a. um Ex post-Kontrollen und formale Mitbestimmungsrechte. Gerade bei Aktienge-

- Die *primäre Unternehmungsführung* bezieht sich auf die permanente Aufgabe, das Geschehen in der Unternehmung mit strategischen und operativen Entscheidungen (auch bezüglich des Managementsystems) planerisch zu prägen sowie das laufende Geschäft umzusetzen. Sie obliegt dem in der Hierarchie obersten Leitungsorgan der Unternehmung: Vorstand oder Geschäftsleitung.
- Die *sekundäre Unternehmungsführung* erfolgt durch ein Aufsichts- oder gegebenenfalls über ein Beiratsorgan der Unternehmung. Je nach Rechtsform und unternehmungsspezifischer Regelung sind spezifische Überwachungs-, Beratungs-, Zustimmungs- und/oder andere Mitwirkungsrechte zugeordnet. Positive formale Rechte im Sinne einer inhaltlichen Vorgabe sind im Allgemeinen nicht möglich; möglich ist jedoch, dass beispielsweise die durch das Leitungsorgan erarbeiteten Unternehmungsstrategien der Zustimmung durch das Aufsichtsorgan bedürfen. Insofern besteht auch hier, erst Recht wenn man noch an informale Einflussmöglichkeiten denkt, eine Mitwirkung an der Unternehmungsführung.[27]

Zu (6): Normatives Management

In einer anderen Sichtweise wird von verschiedenen Autoren[28] eine Differenzierung des Managements in drei Ebenen vorgenommen:

---

sellschaften hat die Entwicklung seit Ende des 20sten Jahrhunderts im Rahmen der Auflösung der Deutschland AG und der Corporate Governance-Diskussion (s. D.V.3) dazu geführt, dass Vorstände nicht (mehr) alleine die Unternehmungspolitik bestimmen. Gesellschafter und Aufsichtsräte (v. a. der Kapitalseite) nehmen (auch bei größeren Unternehmungen stärker) Einfluss. Von daher besteht de facto ein zweites Leitungsorgan – wenngleich „nur" für ausgewählte Aufgabenbereiche. Die „alte" Differenzierung ist also aktueller denn je!

[27]   *Beispiele*: Der Aufsichtsrat einer Aktiengesellschaft hat das Recht und die Pflicht, die strategische Unternehmungsführung kritisch zu begleiten, entsprechende Pläne dazu von der Unternehmungsleitung einzufordern und Anpassungen zu verlangen. Zudem obliegen Geschäfte größerer finanzieller Dimensionen seiner Zustimmung.

[28]   Hier ist insbesondere die St. Galler-Schule mit ihrem Managementmodell zu nennen. S. Bleicher 2004, S. 77-84, 157-286, Rüegg-Stürm 2003, S. 34-35, passim; Rüegg-Sturm & Grant 2014.

– Das *normative Management* beschäftigt sich mit den allgemeinen Zielen, Normen und Spielregeln der Unternehmung zur Ermöglichung der „Lebens- und Entwicklungsfähigkeit der Unternehmung".[29] Vor allem die ethische Legitimation im Kreis konfligierender Interessen von Anspruchsgruppen sowie die eigenen Werte stehen hier im Mittelpunkt der Festlegung. Die Ergebnisse entziehen sich weitgehend einer wissenschaftlichen Diskussion, da es sich um Wertbesetzungen handelt. Letztlich bestehen am Ende Ge- und Verbote – mit Interpretationsspielräumen und Freiheiten.

– Mit dem *strategischen Management* werden auf den gesetzten Normen nun Unternehmungsstrategien auf verschiedenen hierarchischen Ebenen und für verschiedene Objekte (Primär- bis Tertiärbereich)[30] formuliert.

– Das *operative Management* schließlich setzt sich mit der eher kurzfristigen Steuerung der verschiedenen Geschäftsprozesse auseinander.

Diese Differenzierung passt (v. a. sprachlich) nicht ganz genau zu dem bereits thematisierten Managementverständnis. Da es aber nicht nur in der Literatur häufiger angesprochen wird, erfolgt hier ein Versuch der Einordnung, und zwar in verschiedenen Schritten:

– Alle drei Ebenen ließen sich institutionell wie funktional differenzieren. Dies bedeutet einerseits, dass die genannten Aufgaben Institutionen zugeordnet werden können. Andererseits lassen sich auch die Managementfunktionen auf die genannten Ebenen ansetzen – nur nicht beim normativen

---

[29] Bleicher 2004, S. 80. Die explizite Hervorhebung des normativen Managements als Phase (und die damit verbundene Trennung von sonstigen, nachrangigen strategischen Grundsatzentscheidungen) gestattet es systematisch, eine pointierte Diskussion wertender Zielsetzungen in Unternehmungen durchzuführen.

[30] Der *Primärbereich* stellt die gewählten Produkt-Markt-Kombinationen dar. Die Beschaffung und Pflege der notwendigen Ressourcen (bspw. ausschließlich Selbstfinanzierung, Kreditaufnahme oder Ausgabe einer Finanzmarktanleihe) zählt zum *Sekundärbereich*. Der *Tertiärbereich* hat die Gestaltung eines zweckmäßigen Managementsystems selbst zum Inhalt (i. S. v. Metaplanung des Managementsystems bspw. mit/ohne ein(em) Management-by-Objektives, mit einer divisionalen Organisationsstruktur, mit einem Supply Chain Management; s. u.). S. Kirsch 1997, S. 283-288, auch Becker 2011, S. 46-47.

Management. Dort sind lediglich die Informations-, die Planungs- und die Kontrollfunktionen umsetzbar.

– Die Ebene des normativen Managements lässt sich auch als oberster Objektbereich des strategischen Managements fassen. *Kirsch* spricht die einzelnen Inhalte über die Rubrik „Quartärbereich" an.[31] Sie werden gewissermaßen als Bestandteil wie als Basis des strategischen Managements grundlegend festgelegt, aber auch immer wieder überprüft, angepasst und/oder umgestaltet.

– Entlang der zuletzt skizzierten Einordnung wird hier das normative Management (der Quartärbereich) weiter unten als Bestandteil des unternehmungspolitischen Rahmens thematisiert. Anders ausgedrückt: Die Ausformung des unternehmungspolitischen Rahmens ist normatives Management.

II. Managementsystem und -prozess

1. Managementsystem

Die Managementfunktionen bilden die Basis für die Gestaltung eines die Gesamtunternehmung umspannenden Managementsystems (oft synonym: Führungssystem/-konzeption/-modell). Unter einem solchen *Rahmenkonzept* wird die Gesamtheit der Regeln zu Strukturen und Prozessen verstanden, mit deren Hilfe Managementaufgaben auf allen Hierarchieebenen und in allen Ressorts nach einheitlichen Verhaltensregeln für die Unternehmung erfüllt werden sollen.[32] Deren explizite Formulierung und Umsetzung erhöhen die Transparenz innerhalb der Unternehmung und leisten einen Beitrag zur Komplexitätsreduk-

---

[31] Der *Quartärbereich* stellt die sozio-ökonomische Standortbestimmung der Unternehmung durch die wesentlichen Stakeholder dar. Er ist dabei Objekt eines normativen Managements. Thematisiert werden die Werte und Normen der maßgeblichen Stakeholder, die im Rahmen der Unternehmungsführung verfolgt werden sollen. S. Kirsch 1997, S. 286-288.

[32] S. Wild 1974, S. 172-179, auch Pfohl 1981, S. 20-35, Pfohl & Stölzle 1997, S. 7-23, Bamberger & Wrona 2012, S. 229-242, Link 2011, S. 26-36, Kirsch & Maaßen 1990, S. 1-20.

tion. Ein wesentliches Merkmal solcher Gestaltungskonzepte ist, dass sie die funktionsbereichsbezogene Analyse zugunsten einer bereichsübergreifenden, *ganzheitlichen Betrachtung* bei der Handhabung von Problemen der Unternehmungsführung aufgeben. Es existieren dabei – passend zu der hier vorgenommenen Differenzierung der Managementfunktionen – fünf Führungssubsysteme. Sie bedürfen einer zielgerichteten, konsistenten und ineinander greifenden Gestaltung – und zwar auf Basis des unternehmungspolitischen Rahmens mit seinen verschiedenen Elementen (s. Abb. 4):

- *Informationssystem* (Gewinnung, Analyse und Prognose von Informationen),
- *Planungssystem* (von der Zielplanung über die Alternativengenerierung bis zur Entscheidung),
- *Kontrollsystem* (Fremd- wie Selbstkontrolle, Prämissen-, Rückführungs- wie strategische Kontrolle),
- *Organisationssystem* (Struktur- wie Prozessorganisation, Primär- wie Sekundärorganisation) und
- *Personalsystem* (direkte Mitarbeiterführung und Personalarbeit als solche).

Solche *funktionalen (Management-) Subsysteme* sind nicht materiell als Organisationseinheit gegeben. Sie sind als *gedankliche Einheiten* zu verstehen, die durch eine sachlogisch vorgenommene Bündelung von Teilaufgaben eines Managementsystems entstehen. Sie sind nicht deckungsgleich mit den „echten" Organisationseinheiten (*strukturelle Subsysteme*) einer Unternehmung.[33]

---

[33] Zur Klarstellung: *Strukturelle Subsysteme* sind mit den Organisationseinheiten als Bestandteil der Organisationsstruktur (s. F) identisch. *Sachliche Subsysteme* betreffen alle Aufgabenbereiche und -prozesse einer Verrichtung (Beschaffung, Produktion, Vertrieb u. a.). *Funktionale Subsysteme* beziehen sich auf die verfolgten Managementfunktionen, sind mehr gedankliche Konstrukte, es sei denn, sie sind im gesamten Managementsystem auch formal institutionalisiert.

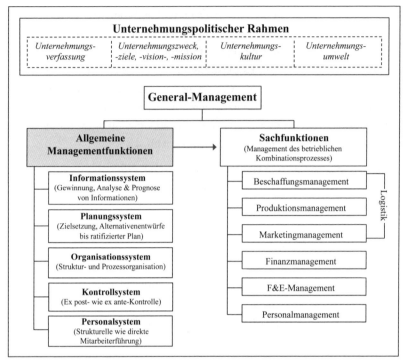

Abb. 4: Managementsystem und Managementfunktionen
Quelle: In Anlehnung an Becker 2011, S. 20.

Im Rahmen des so genannten *General Managements* beschäftigt man sich auf der obersten Managementebene (Top-Management) mit eher allgemeinen, vor allem aber übergreifenden Fragen der Unternehmungsführung. Die allgemeinen Managementsubsysteme helfen hier, den Entscheidungsprozess zu systematisch strukturieren, und auch das *Funktionsmanagement* (Ausführung von Sachfunktionen im mittleren und unteren Management) durchzuführen. Dieses beschäftigt sich nachgeordnet „nur" mit einzelnen Sachfunktionen, ist von daher detailorientierter und im Fokus kleiner. Doch auch diese Subsysteme müssen geplant, kontrolliert, organisiert und geführt werden – im Rahmen der vom General Management strukturierten Einheiten und Prozesse.

Im Allgemeinen konzentriert man sich bei der Unternehmungsführung auf die gesamthafte, also die *ganze Unternehmung* umfassende Steuerung der Institution. Die damit verbundenen Besonderheiten – gerade zu anderen Managementtätigkeiten – veranschaulicht Tabelle 2 mit den obersten Aufgaben der

Tab. 2: Merkmale von Entscheidungen der Unternehmungsleitung

Merkmale	Konsequenzen	Beispiele
1. Grundsatz-charakter	Entscheidungen lösen weiteren Entscheidungsbedarf aus; Alternativen-Raum der Folgeentscheidungen eingeschränkt	Auswahl des Zielportfolios, Strategie der Kostenführerschaft
2. Hohe Bindungs-wirkung/Irreversibilität	Entscheidungen könnten nur unter Inkaufnahme größerer Probleme (finanzieller, zeitlicher Art) korrigiert werden	Reorganisation, Fusion
3. Betroffenheit der Gesamt-Unternehmung	Ansatzpunkt ist die gesamte Unternehmung, nicht einzelne Bereiche	Unternehmungsgrundsätze, Holdingorganisation
4. Hoher monetärer Wert	Ggf. hohe finanzielle Be-/Entlastung der Vermögens- und Ertragslage der Unternehmung	Investition in neue Technologie, Akquisition, Verkauf von Tochtergesellschaften
5. Werte-Beladenheit	Ethische, soziale und politische Normen bestimmen die Entscheidungen	Produktionsstätten-Schließung/-verlagerung, Herstellung von Atomkraftmeilern
6. Geringer Strukturierungsgrad	Unstrukturierte Problemsituationen fordern mehr Kreativität, Ambiguitätstoleranz, Werte	Markteintrittsstrategien, Bestimmung des Zielportfolios

Quelle: In Anlehnung an den Text in Macharzina & Wolf 2012, S. 40-41.

Unternehmungsleitung (anders formuliert: des Top-Managements) im Rahmen der Unternehmungsführung. Sie zeigt sechs Merkmale auf, die in besonderer Weise Entscheidungen und Handlungen kennzeichnen. Je mehr die Merkmale vorliegen, desto eher ist nicht nur die Verantwortung, sondern auch die reale Aufgabenerfüllung originär beim Top-Management angesiedelt. Durch einen partizipativen Entscheidungsprozess werden allerdings teilweise hierarchiebezogene Aufgaben anderen Managementebenen übertragen.

2. Managementprozess

Im Managementprozess (oft synonym: Führungsprozess) werden die Managementfunktionen *dynamisch als Phasen* – idealtypisch als eine sukzessiv aufeinander aufbauende Folge von Aufgaben – angesehen (s. Abb. 5).

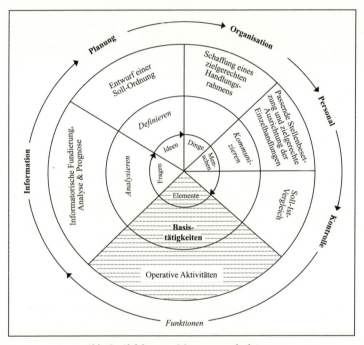

Abb. 5: Abfolge von Managementfunktionen
Quelle: In Anlehnung an Mackenzie 1969, S. 81-86, Steinmann & Schreyögg 2005, S. 13.

Die meist optisch dargestellte lineare Abfolge der Managementfunktionen ist zu relativieren. In der Realität entziehen sich die sachlichen und zeitlichen Interdependenzen zwischen den Funktionen einer formalen, rein sequenziellen Abarbeitung. Mehrere Funktionen müssen bei ihrer Gestaltung gleichzeitig,

also simultan, bedacht und praktiziert werden.[34] Vielfältige Rückkopplungs-
prozesse und Beziehungen „flexibilisieren" zudem diesen – auf den ersten
Blick starren – Prozess.

III. Strategisches und operatives Management

Strategische Unternehmungsführung ist ein Aspekt, der vermutlich in jeder
Unternehmung vorgefunden werden kann. Normalerweise sind in den alltägli-
chen Entscheidungen von Unternehmungen Muster erkennbar, die auf eine
strategische Unternehmungsführung schließen lassen:[35] Langjährige Erfahrungen, intuitives Erfassen von Branchen und Veränderungen sowie vorausschau-
endes Denken lenken das strategisch-orientiertes Verhalten der Unternehmungsleitung, ohne dass dieses – unbedingt vorab – zielgerichtet gestaltet,
gefördert und unterstützt wird.

Mit dem Begriff „*strategisches Management*" wird dagegen eine systematische Vorgehensweise und Unterstützung der strategischen Unternehmungsführung verstanden. Es richtet sich auf die Festlegung, Sicherung und Steuerung der langfristigen Unternehmungsentwicklung.[36] Die Entscheidungsträger
– v. a. aus dem Top-Management – gestalten dazu eine bewusst initiierte, kontinuierliche schrittweise Steuerung und Koordination der langfristigen Evolution der Unternehmung durch passend gestaltete Strukturen und Prozesse.

---

[34] So bringt die Entscheidung für ein Anreizsystem – ob gewollt oder nicht – zugleich
eine Entscheidung für ein Planungssystem mit sich oder zumindest die Entscheidung
für oder gegen einen bestimmten Typus dieses Subsystems. Zudem betreffen Kontrollsysteme nicht allein die Beschaffung von Informationen über die erfolgte Umsetzung
von Strategien. Sie haben gleichzeitig Auswirkungen auf die Verhaltensweisen der Mitarbeiter: „Zuviel" Kontrolle entmutigt, schafft Misstrauen. Ein detaillierter Planungsprozess lässt auch wenig Raum für Kreativität. Von daher macht die Gestaltung einer
Managementkonzeption als *Schichtenmodell* (s. Becker 2011, S. 40-45) Sinn.

[35] S. v. a. Mintzberg 1978, S. 934-948, Becker 2011, S. 39-59.

[36] S. Winand 1989, Becker 2011, S. 39-59, Kirsch, Seidel & van Aaken 2009, S. 180-190,
S. 216-218.

Zielgrößen sind die aktuellen und zukünftigen *Erfolgspotenziale* der Unternehmung. Ihre Suche, ihr Auf- und Ausbau sowie ihr Erhalt stehen im Mittelpunkt der einschlägigen Tätigkeiten. So steht nicht die Erwirtschaftung jähriger Erfolge (Umsätze, Deckungsbeiträge, „Profite") im Vordergrund, sondern die langfristige Bestandserhaltung und -erweiterung. Es gilt die Basis (Potenziale) für die Erfolgserzielung in den nachfolgenden Jahren zu erarbeiten.[37]

In Abgrenzung zum strategischen Management bezieht sich das *operative Management* gerade auf die Erzielung der kurzfristigen (jährlichen, monatlichen,) Erfolge, die sich dann positiv im Jahresüberschuss niederschlagen. Die damit in der Regel verbundenen Aufgaben der Prozessoptimierung, der Lieferantenverhandlungen, der Verkaufsintensivierung u. a. obliegen im Wesentlichen dem mittleren und unteren Management – und delegiert auch anderen ausführenden Stelleninhabern. Operatives Management kann dabei nur dann wirklich erfolgreich sein, wenn vorab Erfolgspotenziale geschaffen wurden. Versäumnisse bei strategischen Entscheidungen können nicht durch operative Leistungen nachgeholt oder ausreichend ausgeglichen werden.[38]

Tabelle 3 gibt weitere Hinweise zur Differenzierung.

---

[37] *Beispiele*: (1) So kann die Akquisition einer Unternehmung mit einem Vertriebsnetz in einem bestimmten Land zunächst „nur" (im gleichen Jahr kostenwirksame) Kauf- und Anpassungskosten nach sich ziehen, in den folgenden Jahren aber die entscheidende Basis für die Eroberung des länderspezifischen Marktes (also erst Perioden später ertragswirksam) sein. (2) Die Zurverfügungstellung von hohen Investitionssummen für alternative Antriebe in der Automobilbranche stellt ein Beispiel zur Schaffung von Erfolgspotenzialen dar. Erst Jahre später können – bei entsprechend gelungener Entwicklung und einer Akzeptanz bei den Käufern – Erfolge erzielt werden. (3) Ihr Studium der Wirtschaftswissenschaften ist auch keine Aktivität nur an sich oder l'art pour l'art: Sie bauen Ihr Erfolgspotenzial durch eine bestimmte, hoffentlich eignungsgerechte Ausbildung aus. Erst nach Ihrem Studium werden Sie versuchen, es in Erfolge (Stelle, anspruchsgerechte Aufgaben, Karriere, Entgelt u. a.) umzusetzen.

[38] *Beispiel*: Wenn ein Automobilkonzern zu spät in die Entwicklung von Hybridmotoren investiert hat, dann nützen die besten Verkäufer wenig: Die Konkurrenz schöpft die Neigung der Kunden für alternative Antriebe besser ab. Auch schafft die frühe Investition in eine Ausbildung für junge Menschen Jahre später bessere Chancen, Erfolge im Sinne gut qualifizierter Mitarbeiter zu erreichen.

Tab. 3: Strategische und operative Unternehmungsführung

Merkmale / Ebene	Problem-struktur	Bedeutung von Normen	Objekte	Wirkungs-horizont	Differen-zierung	Zustän-digkeit
strategisch	schlecht definierte Probleme	relativ hohe Bedeutung	Entwick-lung von Erfolgspo-tenzialen	langfristig	wenig differen-ziert (Ge-samtplan)	Top-manage-ment
↓↑	↓↑	↓↑	↓↑	↓↑	↓↑	↓↑
operativ	wohl de-finierte Probleme	relativ geringe Bedeu-tung	Nutzung von Er-folgspo-tenzialen	kurzfristig	stark dif-ferenziert (viele Teilpläne)	Lower-Manage-ment

Quelle: In Anlehnung an Pfohl 1981, S. 123.

Da eine immer trennungsscharfe *Differenzierung* zwischen den Dimensionen selten möglich ist, demonstrieren die Pfeile, dass fließende Übergänge zwischen den jeweiligen Polen der Dimensionen bzw. den Merkmalen bestehen.[39] Insgesamt sollen die Dimensionen mit ihren jeweiligen Polen betonen, dass sich das strategische Management (mehr) auf einer vagen Basis bewegt. Die realen Probleme müssen unsicher prognostiziert werden, sie sind nicht so offensichtlich wie beim operativen Management. Dennoch ist ihre Bedeutung für den langfristigen Erfolg und damit die andauernde Existenz der Unternehmung höher. Von daher ist es auch das Top-Management, das sich hiermit originär beschäftigt, und zwar auf Basis ihrer eigenen Werteinschätzung über Probleme, Ziele und Wege. Die nachgeordneten Managementebenen haben bei ihren operativen Aufgaben dagegen Vorgaben via Plänen zu folgen, um besser bekannte Probleme zu lösen. In aller Regel sind auch die Folgen ihrer Entscheidungen weder zeitlich noch von ihrem finanziellen Ausmaß zu hoch, so dass sie – im positiven wie im negativen Falle – lange nachwirken. Dies ist bei strategischen Entscheidungen völlig anders.

---

[39] S. fortführend Pfohl 1981, S. 123-124, ähnlich Pfohl & Stölzle 1997, S. 86-87.

B. THEORIEN ZUR UNTERNEHMUNGSFÜHRUNG

I. Problematik und Überblick

Ein Blick in die Theorien der Unternehmungsführung pointiert verschiedene Möglichkeiten der Analyse wie Erklärung von unterschiedlichen, aber auch gleichen Phänomenen, Objekten und/oder Problemen der Unternehmungsführung. Mit den Theorien werden durchaus alternative, manchmal auch sich ergänzende Interpretationsmuster wie Gestaltungsphilosophien zur Unternehmungsführung (generell wie in Teilen) geboten. Von daher hilft eine Thematisierung verschiedener theoretischer Ansätze der Suche nach dem besten Weg auch für die Praxis. Auch dort sind alternative Erklärungsmuster und Gestaltungsoptionen Alltag.

Im Allgemeinen werden die Theorien zur Unternehmungsführung als *Organisationstheorien* bezeichnet.[40] Der Terminus „Organisation" steht dabei für die Institution „Unternehmung" (und vergleichbare Institutionen). Insofern handelt es sich bei der Organisationstheorie um theoretische Ansätze, die die gesamte Unternehmung und nicht nur die Funktion respektive das Instrument „Organisation" thematisieren. Die theoretischen Sichtweisen konstituieren sich dabei als ein System von Hypothesen, die in einer spezifischen Weise auf Basis von Axiomen oder Annahmen Institutionen wie die Unternehmung (aber auch andere) darstellen wie interpretieren helfen.

Auch für die betriebliche *Praxis* ist eine Auseinandersetzung mit den verschiedenen theoretischen Ideen sinnvoll, sie gestatten es – gewissermaßen im

---

[40] Hier werden beide Termini alternativ für den gleichen Begriff verwendet.

Sinne einer Scheinwerferfunktion – alternative Erklärungsmuster und Gestaltungsalternativen für reale Probleme systematisch zu generieren, zu verstehen und zu verwenden.[41]

Die unternehmungstheoretischen Ansätze thematisieren im Grunde die *Beschreibung* (deskriptives Wissenschaftsziel), die *Erklärung* (explikatives Wissenschaftsziel) und/oder die *Gestaltung* (praxeologisches Wissenschaftsziel) der Unternehmungsführung und ihrer Teilbereiche. Es handelt sich dabei um teilweise alternative, teilweise sich ergänzende oder miteinander konkurrierende Sichtweisen darüber, wie Verhalten von Personen, Gruppen und/oder ganzen Unternehmungen erklärt werden kann. Wie in vielen anderen Fällen auch, liegt allerdings weder ein gesamthafter Theorieansatz vor, noch wäre dies aufgrund vieler inkommensurabler Annahmen möglich.

Zur prinzipiellen *Aussagekraft von Organisationstheorien* stellen *Kieser & Walgenbach* in diesem Zusammenhang treffend fest: „Die Vorstellung, dass eine Theorie oder aus Theorien abgeleitete Hypothesen, auch wenn sie empirisch gestützt sind, Anleitungen zur Gestaltung von Organisationen an die Hand geben, ist abwegig."[42] Die Einzelfälle sind so vielschichtig und vieldimensional, dass allenfalls zufällig eine genau treffende Ableitung aus der Theorie und Empirie möglich ist. Allerdings ist eine entsprechende organisationstheoretische Auseinandersetzung dennoch *nicht nutzlos* – weder theoretisch noch praktisch. Die Diskussion solcher Ansätze generiert alternative Erklärungen über Wirkungen und teilweise auch Gestaltungsmuster. Solchermaßen systematische Ansichten stehen in „Konkurrenz" zu anderen theoretischen Ansätzen und zum gesunden Menschenverstand, inspirieren ihn, negieren ihn,

---

[41] Meine persönlichen Erfahrungen mit auf Organisationstheorie basierten Vorträgen in der Unternehmungspraxis (und auch entsprechenden Workshops) zeigen zweierlei: große Skepsis vorab bei den Zuhörern hinsichtlich der Sinnhaftigkeit und weit verbreitete, oft überraschende Akzeptanz des Vorgehens während des Vortrags und danach. Sehr hilfreich ist es dabei, die Sinnhaftigkeit an realen Beispielen zu verdeutlichen.

[42] Kieser & Walgenbach 2010, S. 74.

„verlieren" gegen ihn. Insgesamt tragen so konkurrierende wie sich ergänzende Ansätze zu einem vollständigeren Verständnis des Gegenstandes bei.[43]

Im Hinblick auf die Erklärungskraft einzelner unternehmungstheoretischer Ansätze ist es sinnvoll wie notwendig, verschiedene potenziell hilfreiche Theorien darzustellen, zu kommentieren und zu nutzen. Es gilt schließlich unterschiedliche Phänomene in unterschiedlichem Detaillierungsgrad und in unterschiedlichen Zusammenhängen zu erklären. Zudem leisten unterschiedliche Theorien durchaus verschiedene Erklärungen für ein und dasselbe Phänomen.[44] Die Grundannahmen von Organisationstheorien sind allerdings vielfach unvereinbar. Man spricht von der *Inkommensurabilität* der Theorien.[45]

In der Literatur gibt es sowohl unterschiedliche Positionen zum *theoretischen Zugang* zur Unternehmungsführung als auch zur *Interdisziplinarität* der Leh-

---

[43] Und (fast) unabhängig von den verwendeten Organisationstheorien lehren solche Vorgehensweisen die aufmerksamen Studierenden, wie man systematisch ein Problem von verschiedenen Perspektiven betrachtet, bevor man – diesmal keinesfalls vorschnell – eine Handlungsalternative erarbeitet.

[44] *Beispiel*: Weshalb führen Unternehmungen eine Ressortierung im Vorstand oder Verhaltensstandards für Top-Management ein? Die situative Organisationstheorie argumentiert bspw., dass bei zunehmender Unternehmungsgröße, bei einem breiten Aktivitätsspektrum in unterschiedlichen Märkten u. Ä. dies jeweils dazu führt, effizient(er) mit den Problemstellungen umzugehen. Der Neo-Institutionalismus dagegen bietet eine andere Erklärung an: Die Veränderungen werden nur eingeführt, weil sie bei den wesentlichen Stakeholdern als Norm wahrgenommen werden. Welche Unternehmung bzw. Erklärung ist nun die Richtige? Treffen gar beide oder noch andere – in einem bestimmten Umfang – zu?

[45] Inkommensurabilität (s. Kuhn 1973) bedeutet die vorständige oder teilweise Unübersetzbarkeit eines Begriffs einer Theorie in den Begriff einer anderen Theorie (auch wenn der gleiche Terminus verwendet wird). Ebenso ist ein direkter Vergleich nicht möglich; der völlig unterschiedliche gedankliche Hintergrund lässt dies nicht zu. *Beispiel*: Die Anreiz-Beitrags-Theorie und die Prinzipal-Agent-Theorie haben eine gemeinsame Annahme (These der begrenzten Rationalität von Menschen), thematisieren vielfach ähnliche Probleme und können sich gegenseitig ideenmäßig befruchten, eine wirklich gemeinsame Basis haben sie aber nicht. Aufgrund ihrer unterschiedlichen Prämissen (bspw. auch zum Opportunismus) sind ihre Aussagen insofern nicht additiv zu nutzen, sie sind inkommensurabel. Dennoch tragen beide, jede für sich, zumindest zu einem klareren Blick auf die Gegenstände, die sie betrachten, bei.

re von der Unternehmensführung.[46] Die Ansichten schwanken bereits bei der Einordnung der Unternehmungsführung in die Betriebswirtschaftslehre (gesonderte *oder* zu integrierende Aufgabe). Sie setzen sich bei der Fokussierung inhaltlicher und/oder methodologischer Aspekte (Sichtweisen wie z. B. system-, vertrags-, konfigurations-, evolutionstheoretische Vorgehensweisen) fort und „enden" bei Überlegungen zur Einbeziehung von Erkenntnissen anderer wissenschaftlicher Disziplinen, vor allem aus den Verhaltenswissenschaften (im Spannungsfeld „Dilettantismus versus Realität"). Im Rahmen der Managementlehre wird im Allgemeinen als Auswahlprinzip für die Aufnahme von nachbarwissenschaftlichen Erkenntnissen der Praxis- und Problemlösungsbezug der Erkenntnisse für unternehmerische Fragestellungen verwendet. Dabei werden unterschiedliche Sichtweisen zur Formulierung einer Lehre von der Unternehmungsführung verwendet. Sie zu kennen, verhilft nicht nur zu einem besseren (oft erst richtigen) Verständnis darauf jeweils basierender Konzepte der Unternehmungsführung. Diese Kenntnis verhilft auch dazu, gewissermaßen mit verschiedenen Blickwinkeln (also unterschiedlichen Positionen von Scheinwerfern) das gleiche Problem zu betrachten und sich so eine bessere Ausgangssituation zur Analyse wie zur Problemhandhabung zu verschaffen. ‚Selten hilft ein Scheinwerfer, alles Relevante zu erleichtern!' – so könnte ein diesbezügliches Motto lauten. Allerdings setzt dies auch eine gewisse Offenheit für ein pluralistisches Wissenschafts- und/oder Realitätsverständnis jenseits orthodoxer Vorstellungen voraus.

Aus der *Vielzahl* an möglichen, oft auch „nur" historischen organisationstheoretischen Ansätzen werden hier besonders für die Unternehmungsführung sinnvoll verwendbare und aktuelle Ansätze herausgegriffen. Abbildung 6 vermittelt einen *Überblick*. Die Ansätze werden nachfolgend näher erläutert.[47]

---

[46] S. Staehle (Conrad & Sydow) 1999, S. 126-142.

[47] Überblicke über vielfältige Ansätze bieten: Kieser & Walgenbach 2010, S. 29-64, Kieser & Ebers 2014, Schreyögg 2008, S. 25-85, Wolf 2011, Kieser 1995.

Eine solche Systematisierung der theoretischen Ansätze ist *sinnvoll*,[48] da so

- die im jeweiligen Ansatz bestehende Ordnung verbessert werden kann,
- sowohl die Gemeinsamkeiten als auch die Unterschiede zu (alternativen) Theorieansätzen besser verdeutlicht werden können sowie
- die Systematisierungen dazu beitragen können, die jeweiligen Disziplinen (hier: v. a. die Managementlehre) voneinander abzugrenzen.

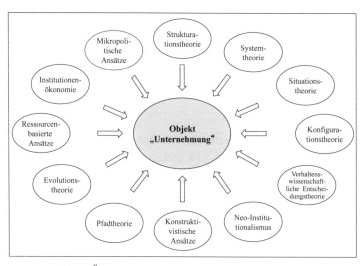

Abb. 6: Überblick über organisationstheoretische Ansätze

II. Skizzen ausgewählter Theorien

1. Systemtheoretische Ansätze

Die allgemeine Systemtheorie („*systems theory*") ist ein *Grundbaustein* wissenschaftlichen, aber auch generell gestalterischen Denkens und Handelns. Als *interdisziplinärer* wie auch genereller, das heißt auf fast alle unternehmerischen Problemstellungen anwendbarer Ansatz bietet sie gerade bei komple-

---

[48] S. Grochla 1978, S. 103.

xen Zusammenhängen die Möglichkeit, diese ganzheitlich und systematisch darzustellen, zu analysieren, zu erklären sowie auch Impulse zur Gestaltung zu geben.[49] Dabei bleiben Veränderungen der betrachteten Objekte nicht ausgespart; also auch dynamische Systeme (wie Unternehmungen in sich verändernde Umwelten) werden betrachtet.

Ein *System* stellt in diesem Kontext eine von einer Systemumwelt abgegrenzte, geordnete Gesamtheit von Elementen dar. Diese *Elemente* stellen die kleinsten zu unterscheidenden Einheiten dar. Sie sind innerhalb des (Gesamt-) Systems in *Subsysteme* einordbar. Zwischen den Elementen und den Subsystemen bestehen – eine Vielzahl von Wechselwirkungen und Austausch – Beziehungen. Diese Beziehungen in einem System werden als Struktur (oder *Beziehungsgefüge*) bezeichnet.[50]

Die Unternehmung wird in diesem Sinne als ein *sozio-technisches, offenes und ökonomisches System* verstanden.[51] Es vereinigt soziale Elemente (Menschen) mit technischen Elementen (Maschinen u. Ä.) in unterschiedlichen Verbindungen (Beziehungen) und Subsystemen. Diese können sie laufend ändern, gerade durch den Austausch mit- und untereinander. Letztlich werden dabei

---

[49] Eine einheitliche Systemtheorie liegt allerdings nicht vor, vielmehr ist sie durch eine Vielzahl an Varianten und Veränderungen gekennzeichnet. S. zum Folgenden Macharzina & Wolf 2012, S. 70-73, Krüger 2005, S. 141-143, Schreyögg 2008, S. 67-72, sowie die dort skizzierten Anfänge der generellen Systemtheorie (Bertalanffy 1972), Kybernetik (Wiener 1948) und ihre Bezüge zur Unternehmungsführung (Ulrich 1978).

[50] *Beispiele*: (1) Sie kennen dies aus Ihrer unmittelbaren Umwelt: Die Hochschule ist ein System mit diversen Subsystemen (Fakultäten/Fachbereiche, Lehrstühle/Professuren, Forschungsgruppen, Bibliothek, Hochschul-Rechenzentrum, Rektorat/Präsidium, Gremien u. a.) und einer Vielzahl an Elementen (Professoren, Mittelbau, andere Bedienstete, Studierende u. a.). Dieses System wird durch den Bildungsauftrag, eine Vielzahl an Studiengängen und den für Sie festgelegten Studienordnungen sowie den Forschungsauftrag weitgehend determiniert. Immer wieder findet ein Austausch statt: Neue Elemente (BA/MA-Studium, Studienbeiträge u. a.) kommen hinzu, alte verlassen das System. (2) Eigentlich nicht anders konstituiert sich jede Unternehmung mit ihren Organen, Geschäftsbereichen, Abteilungen, Gruppen und Mitarbeitern sowie den verfolgten Produkt-Markt-Kombinationen.

[51] S. bereits Grochla 1978, S. 8, passim.

ökonomische Ziele – mit dem System – verfolgt. Dies geschieht prinzipiell durch die ökonomisch orientierte Gestaltung des (Gesamt-) Systems, seiner Subsysteme und seiner Elemente. Aus dem Systemgedanken folgt, dass jede Managementmaßnahme – aufgrund der vielfältigen und interdependenten Wechselwirkungen der Systemelemente – vielfältige Folgewirkungen in öko-nomischen wie nicht-ökonomischen Bereichen nach sich ziehen kann. In der *Abgrenzung zur Systemumwelt* bestehen zudem Regelungen, die die Grenze zwischen innen und außen konkretisieren. Dies ist insofern von besonderer Bedeutung, als zur Identitätsfindung eine solche Abgrenzung notwendig ist. Allerdings handelt es sich weder um eine starre und einfache Abgrenzung, noch um einseitige Abhängigkeitsbeziehungen. Eine ständige (offene) Sys-tem-Umwelt-Interaktion findet statt.[52]

Im Rahmen der Unternehmungsführung ist eine zielorientierte Gestaltung und Abgrenzung des *Systems „Unternehmung"* vorzunehmen. Elemente sind zu definieren, zu analysieren und zu Subsystemen zusammenzuführen. Diese ag-gregierten Einheiten sind in ihrer Arbeitsteilung zu koordinieren, vorab sind dabei deren Beziehungen zu definieren und zu analysieren. So entsteht eine Struktur (und ein bestimmtes Managementsystem).[53]

---

[52] Letztlich bleibt die Abgrenzung „Unternehmung/Umwelt" ein schwierig zu handha-bendes Problem: Zum Ersten sind die Entscheidungsträger sowohl Element im System „Unternehmung" als auch im System „Umwelt" (als Bürger, Konsument, indirekt Be-troffener …). Zum Zweiten ist in der modernen Wirtschaftswelt eine Unternehmung vielfältig mit Umweltelementen verwoben: Gemeinsam mit einem Konkurrenten wird in einem spezifischen Segment ein Joint-Venture betrieben (bspw. VW und Ford im Van-Segment). Gemeinsam mit vielen Konkurrenten wird eine Einkaufsgenossenschaft betrieben (bspw. Ortheg e. G.). Gemeinsam mit Lieferanten, Wertschöpfungspartnern und/oder Kunden stimmt man Organisationsprozesse ab und gibt gar eigene Entschei-dungsbefugnisse ab (im Rahmen der externen Prozessvernetzung, s. F.III.3). Wo enden hier jeweils die Unternehmungsgrenzen?

[53] Nicht zu unterschätzen – auch dazu gibt die Systemtheorie Impulse – sind die dynami-schen Verbindungen der Elemente und Subsysteme zueinander. *Beispiel* aus der Ent-wicklungs„hilfe": Das Bohren vieler Brunnen in einem afrikanischen Land kann das Grundwasser in einer größeren Region soweit sinken lassen, dass zunächst der Gras-wuchs in dieser Region (später auch noch in angrenzenden Gegenden) nachlässt. Dies

2. Situationstheoretische Ansätze

Die allgemeine Situationstheorie („*contingency theory*") verfolgt das Ziel, ein Fit zwischen der jeweiligen externen und internen Umweltsituation einer Unternehmung auf der einen Seite sowie den entsprechend spezifisch gestalteten Unternehmungsmaßnahmen auf der anderen Seite aufzuzeigen. Situationsspezifisch „beste" Lösungen und keine generell „beste" Lösungen sind die Konsequenz. Vielfältige Studien legen nahe, dass es den „one best way" nicht gibt,[54] situationsspezifische Determinanten lassen dies nicht zu. Es liegen demnach *keine* eindeutigen „Gesetze" (allenfalls raum-zeitlich beschränkte oder situative Aussagen)[55] vor. So verbleibt immer ein Spielraum für unternehmungsspezifische Entscheidungen. Es gilt insofern das Paradigma, das situationsspezifisch vorliegende Bedingungen zur Analyse wie Gestaltung zu beachten bleiben. Dies kulminiert in der allgemeinen, auch kritisch gemeinten Aussage „Es kommt drauf an!". Die eher älteren situationstheoretischen Ansätze und Studien zeichn(et)en sich durch viele Mängel aus (bspw.: Monokausalität, Undifferenziertheit, Ignoranz von Äquifinalität, Kontextdeterminismus), die letztlich ein „Scheitern" zur Folge hatten.[56] Dies betrifft allerdings nur die anfängliche These, nicht den Grundgedanken. Dieser ist aktuell wie gültig und wird in Managementtheorie wie -lehre (fast) überall angewendet.[57]

---

führt wiederum dazu, dass die Rinder nicht mehr genügend Nahrung finden und infolge die Einkommensquellen vieler Dorfbewohner versiegen.

[54] S. Staehle 1973, Kieser & Walgenbach 2010, S. 40-43, Kieser 2014.

[55] *Beispiel*: Wenn in der obligatorischen Marktsituation der Benzinbranche der Jahre 2005-2010 ein Anbieter die Preise erhöhte, dann war die Wahrscheinlichkeit hoch, dass die eigentlich konkurrierenden anderen Anbieter dies auch taten.

[56] S. ausführlich Wolf 2011, S. 194-230, S. 458-460.

[57] *Beispiele*: (1) Betrachtet man sich allein nur die sinnvollen Marketingmaßnahmen aus der Bekleidungsbranche: Zielgruppenspezifische Werbemaßnahmen – auch mit modifizierten Produkten – sind notwendig, um Damen wie Herren, um Ältere wie Jüngere tatsächlich zu erreichen. (2) Auch im Zeitablauf ändern sich solche Marketingmaßnahmen. Schauen Sie sich nur einen Fernsehspot aus den 1960er, den 1990er und den heutigen Jahren an.

3. Gestalt- bzw. Konfigurationstheorie

Gewissermaßen eine Weiterentwicklung der ursprünglichen Situationstheorie stellt die Konfigurationstheorie („*configuration theory*"; synonym: Gestalttheorie) dar.[58] Sie sieht im Wesentlichen vor, dass alternative Konfigurationssysteme organisatorischer Regeln (unterschiedlich ausgeprägte und/oder vorhandene Unternehmungsmerkmale) durchaus gleich effizient in vergleichbaren Umwelten sein können. Die damit verbundene generell mögliche *Äquifinalität* von alternativen Maßnahmen oder Konzepten kann prinzipiell erklären helfen, warum sehr unterschiedlich agierende Unternehmungen im gleichen Markt erfolgreich sind. Für den hier behandelten Gegenstand bedeutet dies, dass durchaus unterschiedliche Systeme respektive Ausprägungen von Systemelementen von Managementsystemen effizient sein können. Angenommen wird, dass unterschiedliche Wege zum Erfolg führen können, also es durchaus alternative, funktional äquivalente Gestaltungen gibt. Insofern macht die Suche nach komplexen Umwelt-Gestaltungs-Erfolgs-*Mustern* Sinn.[59]

Folgendes sei noch hervorgehoben:[60]

- Das angesprochene *Äquifinalitätsdenken* bedeutet nichts anderes als die prinzipielle Annahme „Viele Wege führen zum gleichen Ziel". Hiermit wird Abstand von der Meinung genommen, dass es nur einen „richtigen", „besten" Weg zur Zielerreichung gibt – als auch von eindeutigen linearen Beziehungen zwischen einem Anfangs- und einem Endzustand.[61]

---

[58] S. Henselek 1996, Wolf 2011, S. 457-484, Meyer, Tsui & Hinings 1993. *Konfiguration* beschreibt die spezifische Ausprägung einer Unternehmung „gemessen" an bestimmten Merkmalen – und dies unabhängig davon, ob sie konsistent zueinander und/oder erfolgreich sind. *Gestalt* steht für eine Teilmenge von Konfigurationsmöglichkeiten, sie ist in sich stimmig. Hierin wird ein zentraler Erfolgsfaktor gesehen.

[59] S. bspw. Gresov & Drazin 1997, zur kritischen Würdigung Wolf 2011, S. 486-490.

[60] S. Wolf 2011, S. 472-484.

[61] So lässt sich auch erklären, warum Unternehmungen im gleichen Markt ähnlich erfolgreich sind, trotz eines unterschiedlichen historischen Hintergrundes und anderer Strategien zur Erfolgserzielung. *Beispiele*: Miele, Vorwerk und Siemens bei Staubsaugern oder Air Berlin und Ryanair bei den Fluggesellschaften. S. Wolf 2011, S. 478-480.

- Das *Fit-Konzept* spricht die Annahme an, dass unternehmerischer Erfolg vor allem dann eintritt, wenn mindestens zwei Variablen zueinander passen: Es findet ein „matching" unternehmerischer Ressourcen zu umweltspezifischen Gegebenheiten statt. Die Vielfältigkeit der Elemente erschwert aber jenseits des bloßen Anspruchs die Spezifizierung der wesentlichen Fit-Elemente.

- Thematisiert werden nicht alle möglichen Kombinationen von In- und Umsystemelementen, sondern nur eine begrenzte Anzahl von Konfigurationen. Diese *„konfigurative Sparsamkeit"* wird unterschiedlich begründet (historisch gewachsen, logisch nicht passend, menschlich nicht erfassbar u. a.). In Folge beschäftigt man sich mit als besonders sinnvoll begriffenen Konfigurationen (als konsistente Kombinationen von Systemelementen).[62]

- Die erfolgreichen Konfigurationen unterliegen im Zeitablauf Veränderungen, sie sind *dynamisch*. Dabei wird die Ansicht vertreten, dass nicht unbedingt und/oder alleine eine stetige Anpassung („Piece-meal-Perspektive") notwendig ist. Viele Konfigurationen sind im Zeitablauf durchaus robust, sprunghafte Anpassungen („Quantum-Perspektive") zeigen sich vielfach als sinnvoller.

4. Verhaltenswissenschaftliche Entscheidungstheorie

Mit den verschiedenen Ansätzen im Rahmen der verhaltenswissenschaftlichen Entscheidungstheorie (*„behavioral decision theory"*) wird versucht, die Merkmale und Bestimmungsgründe für menschliches Entscheidungsverhalten in Unternehmungen auf der Grundlage verhaltenswissenschaftlicher Erkenntnisse empirisch zu erfassen, zu analysieren und zu erklären. Dabei stehen Fragen im Vordergrund, (1) wie Individuen, aber auch Gruppen Entscheidungen fällen, (2) durch welche Bedingungen oder Stimuli die Entscheidungen in Un-

---

[62] Ähnlich kann man die PC-Konfigurationen begreifen, bei denen in einem Rechner nur solche Komponenten miteinander kombiniert werden, die zueinander passen, nicht über- oder unterdimensioniert sind und miteinander kommunizieren können.

ternehmungen beeinflusst werden, (3) wie Unternehmungsziele gebildet und verändert werden u. a.[63]

Ausgegangen wird von der begrenzten Informationsverarbeitungskapazität und der *begrenzten Rationalität* („bounded rationality") von Menschen.[64] Infolge geht es um die Frage, wie bei dieser kognitiven Einschränkung der Individuen die Rationalität der in den Unternehmungen gefällten Entscheidungen gewährleistet wird. Die entsprechenden und die sich daraus ergebenden Probleme in Unternehmungen gilt es zu handhaben.

Als traditionell (i. S. v.: Braucht nicht mehr thematisiert zu werden, ist Allgemeingut!) kann man die *Koalitionstheorie* bzw. einen koalitionstheoretischen Bezugsrahmen ansehen.[65] Dessen wesentliche Elemente sind:

(1) Personen und/oder Gruppen, die entweder in einer Unternehmung arbeiten (Mitglieder) oder als Element der Unternehmungsumwelt mit ihr in direkter Beziehung stehen (Teilnehmer), bilden eine Koalition (oder auch mehrere, mehrere Koalitionen oder gar Subkoalitionen): „Let us view the organization as a coalition."[66] Die „Grenzen" solcher Koalition sind fließend, allenfalls raum-zeitlich operational zu formulieren. Die Unternehmung ist dabei ein offenes soziales System aller an ihr partizipierende Personen und Gruppen.

---

[63] S. Simon 1949, March & Simon 1958, Cyert & March 1963, Kirsch 1971 (I), S. 61-124, passim, Berger, Bernhard-Mehlich & Oertel 2014, z. T. auch Wolf 2011, S. 234-263.

[64] Mittlerweile wissen wir, dass Menschen nicht alles, was sie erleben, vollständig wahrnehmen können. Sie speichern auch nicht alles, was sie wahrgenommen haben. (Denken Sie doch nur mal an die letzte Vorlesung!) Sie erinnern auch nicht alles, was sie gespeichert haben. Sie erfinden unbewusst auch „Erinnerungen", um die interne Konsistenz der Gesamterinnerung zu erhalten. Sie können nicht alles kommunizieren. All dies lässt Menschen nur begrenzt rational entscheiden und agieren. Der „homo oeconomicus" ist spätestens seit den 1950er Jahren obsolet. Und dies ist keine Entdeckung der „behavior economics" respektive der Neurowissenschaften. S. Simon 1949, Becker 2009, S. 221-243, und die dortigen Literaturverweise, aber auch Kahneman 2002.

[65] S. Cyert & March 1963, S-26-36, Hill, Miller & Colella, 1976, S. 146-161, auch D.III.2.2.

[66] Cyert & March 1963, S. 27.

(2) Die einzelnen Koalitionspartner erbringen Leistungen für die Unternehmung. Sie erwarten dafür als Gegenwert die Erfüllung ihrer Ansprüche an die Unternehmung.

(3) Die Ansprüche an die Unternehmung werden als Ziele *für* die Unternehmung in den Zielsetzungsprozess der Unternehmung eingebracht.

(4) In verschiedenen Verhandlungen werden diese Ziele für die Unternehmung in Ziele *der* Unternehmung gewandelt. Das Leitungsorgan der Unternehmung (Kerngruppe) wirkt hierzu als Mediator zwischen der oft divergierenden Vorstellung der verschiedenen internen wie externen Koalitionspartner. Es autorisiert zudem das Ergebnis: die Unternehmungsziele.

(5) Inwieweit die Ansprüche der Koalitionspartner in die Unternehmungszielsetzung eingehen, hängt von der Machtverteilung zwischen den Koalitionspartnern ab. Zudem verändern sich Koalitionen und insofern Machtverteilungen.

(6) Die vereinbarten Unternehmungsziele sind in der Regel weder völlig konsistent noch ausreichend operational. In Folge ergeben sich für die jeweiligen Entscheidungsträger in der Unternehmung vielfältige Interpretations- und Entscheidungsspielräume.

Mit diesem koalitionstheoretischen Bezugsrahmen verbunden sind sowohl die Anreiz-Beitrags-Theorie und der Stakeholder-Ansatz als auch die Problematik der Grenzziehung zwischen Unternehmung und Umwelt.

Managementsysteme, -prozesse und -handlungen werden als Mittel zur Reduktion von Komplexität und Unsicherheit der Umwelt sowie zur Motivation eingesetzt. Dies geschieht beispielsweise durch die Sichtweise der *Anreiz-Beitrags-Theorie* („inducement-contribution theory")[67] Über Anreize seitens

---

[67] S. Becker & Kramarsch 2006, S. 21-24, Ridder 2013, S. 51-59.

Beispiele: (1) Arbeitnehmer erbringen Leistungsbeiträge demnach, wenn ihnen hierzu (vorab) materielle wie immaterielle Anreize angeboten wurden. Die Höhe der Beiträge richtet sich nach der Bekanntheit und subjektiven Wertigkeit der Anreize. Je höher beder Unternehmung werden zunächst einmal die Mitglieder gebunden und engagiert („inducement to participate"), bevor danach über deren – für Kunden attraktive – Leistungen („inducement to produce") wiederum die Mittel gewonnen werden können, diese Anreize sowie die Ansprüche der anderen Stakeholder zu „bezahlen". So wird einerseits das Bestandsproblem der Unternehmung gelöst und andererseits Abschied von der „Beherrschbarkeitsideologie"[68] der Personalführung genommen.[69]

Die Impulse der verhaltenswissenschaftlichen Entscheidungstheorie wurden von einem großen Teil der Managementforschung aufgenommen. Erkenntnisse der Verhaltenswissenschaften (v. a. Organisationspsychologie und -soziologie) und ökonomische Analysen zur Unternehmungs- und Personalführung sind mittlerweile in der Breite aufeinander bezogen. Sie werden gemeinhin als *Organizational Behavior*[70] bezeichnet. Insgesamt gesehen wird hiermit eine realistischere Beschreibung von Unternehmungen ermöglicht.[71]

---

wertet die Anreize sind, desto höher – bei entsprechender Eignung und passenden Situationsbedingungen – sind die Beiträge et vice versa. (2) Für einen leckeren Keks werden Sie sich vermutlich nicht auf eine Klausur vorbereiten. Damit müssen schon Leistungspunkte (und die Chance eines zufriedenstellenden Bestehens) verbunden sind. (3) Für den einen ist es ein gern gesehener Anreiz, in einer Veranstaltung erworbenes Wissen im Rahmen einer Fallstudienarbeit anzuwenden und entsprechend gute Leistungsbeiträge i. S. einer Falllösung zu erarbeiten. Für den anderen ist dies kein (ausreichender) Anreiz, vielleicht auch, weil man die Lösung gegebenenfalls vortragen müsste (Mischung von positiven und negativen Anreizen mit nachfolgender Abwägung).

[68] Kieser & Walgenbach 2010, S. 39.

[69] Neben der hier thematisierten sind noch eine Anzahl anderer Konzepte der verhaltenswissenschaftlichen Entscheidungstheorie zuzuordnen. Die Human Relations-Bewegung, Motivationstheorien, Theorien zur Mitarbeiterführung, Gruppentheorien u. Ä. sind hier zu nennen. S. bspw. Berthel & Becker 2010, S. 31-219.

[70] S. auch die Angaben in der Einführung.

[71] S. Kieser & Walgenbach 2010, S. 39-40, Berthel & Becker 2013, S. 26-30.

5. Neo-institutionalistische Ansätze

Neo-institutionalistische Ansätze (alternativ oft auch nur: Institutionalismus; *„institutionalized organizations"*) erklären die Entstehung und die Veränderung von Unternehmungen (genauer formuliert aller Institutionen) und von Regeln (als vielfältig zu verstehendes Instrument in diesen Institutionen) vor allem *durch den kulturell-gesellschaftlichen Rahmen*, in den Unternehmungen eingebettet sind.[72] Nicht „objektiv" vorliegende situative Merkmale der Umwelt gelten als Ursache, Initiator und/oder Effizienzkriterium unternehmerischer Entscheidungen. Unternehmungen wählen stattdessen bestimmte Lösungen, weil andere Unternehmungen und/oder Meinungsführer sie ebenso präferieren, weil sie allgemein als *„Best Practice"* gelten sowie sie so die Akzeptanz der Maßnahme innen wie außen (bei den Stakeholdern) sicherstellen.[73]

Gemäß dem Neo-Institutionalismus sind insofern auch formale Regeln im Wesentlichen das Ergebnis einer entsprechenden unternehmungsspezifischer Anpassung an die gegebenen *institutionellen Erwartungen aus der Umwelt*, und dies ist unabhängig davon, ob das die Effizienz der Unternehmung fördert oder nicht: Die Legitimität formaler Strukturen ist dann bedeutender als deren Effizienz. Allerdings verschaffen oder stabilisieren diese „modernen" Organisationsregeln der Unternehmung und ihren Entscheidungsträgern eine externe Legitimität; schließlich wird ja das umgesetzt, was als „richtig" gilt.[74]

---

[72] S. v. a. Meyer & Rowan 1977 und Scott 1988, auch Kieser & Walgenbach 2010, S. 43-46, Walgenbach 2014 und Wolf 2011, S. 528-563.

[73] „Best Practice" bedeutet nicht unbedingt wirklich die beste Lösung. Man suggeriert nur durch die Bezeichnung, dass dies – zumindest situationsbedingt – eine sehr gute Lösung ist. Dabei vernachlässigt man ein prinzipielles Problem: „Best Practice" ist Vergangenheit, Unternehmungen gestalten jedoch für die Zukunft. Was gestern gut war (bspw. Windows 95), ist oft morgen nicht mehr passend (bspw. gezeigt durch das lange Festhalten von Microsoft an Windows 95 und die damit verbundenen Probleme).

[74] *Beispiele*: (1) „Man" trägt als frisch examinierter Wirtschaftswissenschaftler einen Anzug mit Krawatte und Lederschuhen (ohne weiße Socken) zum Vorstellungsgespräch. Ob die Sachen farblich richtig (zueinander) oder von der Größe wirklich passen, ist deutlich weniger wichtig. Solche gesellschaftlichen Normen haben nichts mit der Effi-

In der Umwelt von Unternehmungen, insbesondere bei deren als maßgeblich angenommenen Stakeholdern, herrschen Vorstellungen darüber, was im Allgemeinen „angemessen" ist im Umgang mit Unternehmungsproblemen. So entsteht für bestimmte, oft neuartige („innovative", „moderne") Unternehmungsregeln quasi ein normativer Charakter. *Meyer & Rowan* (1977) sprechen hier von *Rationalitätsmythen*: Dies „... sind Regeln und Annahmen, die rational in dem Sinne sind, dass sie plausible Ziele bestimmen und in sinnvoll erscheinender Weise festlegen, welche Mittel zur rationalen Verfolgung dieser Ziele angemessen sind. Sie sind Mythen in dem Sinne, dass ihre Wirklichkeit und Wirksamkeit von einem geteilten Glauben an sie abhängt, sie also nicht einer objektiven ... Prüfung unterzogen werden bzw. werden können."[75] Zur Sicherung der gesellschaftlichen Unterstützung durch Geldgeber, staatliche Institutionen und sonstige wichtige Anspruchsgruppen, zum Erhalt von Qualitätssiegeln (ISO 9000, Akkreditierung) u. Ä. „müssen" bestimmte Regeln eingeführt werden, die zeitspezifisch als Rationalisierungsinstrumente gelten. Rationalitätsmythen, d. h. die Umsetzung unsinniger „moderner" Regeln, sind insofern notwendiger Bestandteil der Unternehmungspraxis.[76]

---

zienz (Eignung für die offene Stelle) zu tun, sie werden einfach als „Eignungsmerkmal" unreflektiert definiert. (2) Eine „moderne" Unternehmung führt Assessment-Center durch (obwohl die vorher praktizierten halbstrukturierten situativen Auswahlinterviews gut funktionierten), setzt eine Balanced-Score-Card ein (obwohl das praktizierte Management-by-Objectives ähnliches bereits seit längerem impliziert umsetzte) oder eine ISO-Zertifizierung ein (vom Kunden „erzwungen", obwohl letztlich lediglich formale Kriterien erfüllt sein müssen, die wenig über Qualität o. Ä. aussagen.

[75] Kieser & Walgenbach 2010, S. 43 (unter Verweis auf Scott 2003).

[76] *Beispiele*: (1) Wenn einflussreiche Anspruchsgruppen von Universitäten es für notwendig erachten, dass nahezu flächendeckende Evaluationen von Lehrveranstaltungen (auch Online-Befragungen mit einem vollstandardisierten Fragebogen) durchgeführt werden, da diese ein Qualitätsmerkmal für „gute Lehre" sind, dann macht man dies prinzipiell auch. Aussagefähiger werden *diese* Erhebungen dadurch aber nicht. (2) Es hat sich längst gezeigt, dass die Quartalsberichterstattung Unternehmungsleitungen nicht selten zu wenig zukunftsträchtiges Verhalten stimulieren. Dennoch wird die Forderung danach bei börsengehandelten Aktiengesellschaften nicht aufgegeben. S. http://www.mittelstandsblog.de/2011/02/management-studie-quartalsberichte-machen-unternehmen-kurzatmig/ [Abruf: 14.02.2013].

Sofern in der Unternehmung die Problematik der von der Öffentlichkeit geforderten Regelungen erkannt wird, kann dies zu einer *Legitimationsfassade* führen: Formal werden die Regeln – zum Aufbau einer Fassade – geändert. Gleichzeitig findet im realen Handeln eine Entkoppelung hiervon statt, weil die tatsächlichen Handlungen sich an Effizienzregeln halten. Der Neo-Institutionalismus verweist deutlich darauf, dass nicht alles, was heutzutage in der Unternehmungsführung formal umgesetzt ist, ohne Weiteres als effizienzsteigende Regel zu verstehen ist. Zumindest sollte differenziert werden in solche Regeln, die die externe Legitimation sichern, und solche, die die interne Effizienz steigen helfen. Im besten, nicht unmöglichen Fall wird beides erreicht – zeitlich direkt oder, durch den Erfolg einer Maßnahme, erst später.[77]

6. Konstruktivistische Ansätze

Verschiedene Grundströmungen des Konstruktivismus in der Philosophie werden vielfach vereinfachend oder irrtümlich – auf eine einzige Interpretation – zurückgeführt. Weitgehend übereinstimmend ist dabei zunächst nur, dass ein Objekt vom Betrachter selbst erst durch den Vorgang des Erkennens *konstruiert* wird.[78] Objektivität ist demnach unmöglich.[79] Konstruktivistische Ansätze der Organisationstheorie (manchmal auch als *Interpretationsansätze* bezeichnet) gehen insofern davon aus, dass Menschen in Unternehmungen Phä-

---

[77] Dies bedeutet nicht, dass man sich als Einzelner bzw. als einzelne Unternehmung leichtfertig über solche „Erfolgsmythen" hinwegsetzen sollte: (1) „Man" zieht den Anzug mit Krawatte beim Vorstellungsgespräch an. (2) „Man" lässt sich ISO zertifizieren. (3) „Man" verwendet Schriftgröße 24 bei Powerpoint-Präsentationen, wenn die Unternehmungsleitung dies als besser deklariert. Die Grenze, wieweit man geht, ist ein Problem des eigenen Selbstverständnisses, der Ethik und/oder des Pragmatismus

[78] S. Kieser & Walgenbach 2010, S. 54-48, Wolf 2011, S. 491-527.

[79] Abweichend sind folgende Interpretationen dieser Aussage: Der *radikale Konstruktivismus* bestreitet eine menschliche Fähigkeit, objektiv die Wirklichkeit erkennen zu können. Jedes Individuum kreiert bzw. „konstruiert" seine eigene Wirklichkeit. Der *Erlanger-Konstruktivismus* (mit seinen Varianten) sieht dagegen die Möglichkeit, dass mit einer Sprach- und Wissenschaftsmethodik gemeinsam die Wirklichkeit konstruiert und auch nachvollziehbar wird. S. Reich 2001, S. 356-376.

nomene erzeugen, institutionalisieren und im Zeitablauf in Traditionen überführen. Soziale Wirklichkeit wird so für den Einzelnen geschaffen, Interpretationen der (Unternehmungs-) Welt durch Einzelne produzieren „Wissen" und reproduzieren es. Solche Deutungsrahmen bestimmen dann Entscheidungen.[80]

Konstruktivistische Ansätze gehen insofern davon aus, dass Regeln vor allem in den Köpfen der Unternehmungsmitglieder entstehen und vorhanden sind. Die Umwelten konstituieren sich als konstruierte Wirklichkeiten mit spezifischen Normen, Denkstilen u. Ä. Unternehmungsregeln lassen sich demnach nicht „objektiv" erfassen. Vieles ist derart im quasi kollektiven Erfahrungswissen der Personen enthalten, dass es gar nicht weiter formalisiert werden muss. Unternehmungen funktionieren in diesem Sinne nicht, weil ihre Regeln zweckmäßig sind, sondern weil die Mitarbeiter in ihren Köpfen bestimmte Ideen darüber haben, wie Unternehmungen funktionieren sollten. Letztendlich schaffen die Personen durch ihre Kommunikation und Interaktion eine soziale Wirklichkeit, die ihnen als objektive Wirklichkeit vorkommt.

Dies zeigt nicht nur für die Unternehmungsführung, dass unter Umständen den formalen Regeln an sich keine besondere Bedeutung zur Verhaltenssteuerung zukommt. Erst wenn die Unternehmungen es geschafft haben, bestimmte Vorstellungen („*kognitive Landkarten*") in den Köpfen der Beteiligten zu „konstruieren", gelingt ihnen eine zielorientierte Verhaltenssteuerung.[81] Allerdings

---

[80] *Beispiele*: (1) Im Sport wird – durch die Medien leichtsinnig gefördert – oft schon vorab der Einzug in ein Finale wegen der „Überlegenheit" als sicher „konstruiert". Man ist gut – und wundert sich später darüber, dass die „Gewissheit" darüber nicht ausreicht. Andere müssen erst einmal im Spiel besiegt werden. Die Frauen-Nationalmannschaft 2012 im Fußball hat dies 2011, die Männer-Nationalmannschaft 2012 erfahren können. (2) Studierende und Professoren konstruieren bisweilen auch gegenseitig Vorstellungen übereinander hinsichtlich Lernwilligkeit, -vermögen, Interesse, Zugewandtheit u. Ä. Je näher diese Konstruktionen an der Realität sind, je besser passen die jeweiligen Verhaltensweisen. (3) Wenn jemand aufgrund schlechter Erfahrungen in der Vergangenheit sich die Umwelt als prinzipiell wenig vertrauenswürdig „konstruiert", so wirkt sein entsprechendes Verhalten unter Umständen selbsterfüllend.

[81] Ein gutes Beispiel – wenn auch im eher negativen Sinne – ist der „Siegeszug" des *Business Process Reengineering* (Hammer & Champy 1993) in den 1990er Jahren. Ohne

fehlen in den theoretischen Analysen verwendungstaugliche Aussagen. Die Idee hat dennoch heuristischen Wert, auch für den hier behandelten Gegenstand: Regeln alleine helfen nicht, ihr Sinn muss in den Köpfen der Beteiligten verstanden werden und sich in ihren Handlungen wiederfinden. Dieser erfordert vorab insbesondere Kommunikation seitens der Unternehmung.[82]

7. Pfadtheoretische Ansätze

Ansätze zur Pfadabhängigkeit („*path-dependence theory*") erfolgreicher Entwicklungen thematisieren, dass Unternehmungsprozesse im Zeitverlauf strukturell einem Pfad ähneln.[83] Im Verlauf stehen Anfänge und Kreuzungen, bei denen jeweils Alternativen zur Auswahl möglich sind. Nach Auswahl einer Alternative ist ein späteres Umschwenken zunehmend aufwändiger bis unmöglich. Für ein Managementsystem könnte dies bedeuten, dass entsprechende Systemelemente nur sukzessive entwickelt werden, Entwicklungen nur auf Basis vorliegender Erfahrungen umgesetzt sowie neue Ansätze auf Widerstand stoßen werden können.

Vertreter pfadtheoretischer Ansätze weisen darauf hin, dass Entscheidungen in Unternehmungen sich – bewusst wie unbewusst – im Rahmen eines Entwicklungspfades bewegen: Entscheidungen sind sehr eng mit dem unmittelbaren Unternehmungsumfeld verbunden. Früher getätigte Investitionen, die Unternehmungshistorie mit den getroffenen Entscheidungen, die Unternehmungskultur mit ihren Regeln, auch das unmittelbare Umfeld „fesseln" die Entschei-

---

empirische Belege oder zwingende Logik, mit vielfach völlig unrealistische Elemente („Quantensprünge in kürzester Zeit!") und trotz vehementer Kritiken, entsprach das Konzept wohl der (selbst geschaffenen) privaten Logik vieler Führungskräfte. Sie konstruierten sich eine soziale Welt, in der das Konzept überzeugend und sinnvoll erschien. Ausbleibende Erfolge, Kritik u. a. änderten an der Überzeugung – vorerst – nichts. Diese „Mode" dauerte etwa eine Dekade an und hat viel an Werten zerstört. S. Wolf 2011, S. 540-542, prinzipiell auch Kieser 1996, 1996a.

[82]   S. zur kritischen Würdigung Wolf 2011, S. 559-563.

[83]   S. Schreyögg, Sydow & Koch 2003, S. 259-288, Wolf 2011, S. 600-622.

dungsträger. Dies kann ein bewusster, nachvollziehbarer Prozess sein, so dass man sich an vorher eingeschlagene, wenn auch im Nachhinein nicht mehr als optimal eingeschätzte Wege, Strategien oder Maßnahmen hält.[84] Dies kann auch unbewusst vorhanden sein, wenn man die entscheidenden Regeln, nach denen man sich verhält, weder bemerkt noch infrage stellt.

Die Theorie der Pfadabhängigkeit weist zudem darauf hin, dass bestehende Merkmalsausprägungen von Unternehmungen weniger durch die jeweils vorliegende interne wie externe Umweltsituation, sondern vielmehr durch die eigenen Zustände der Vergangenheit geprägt sind („history matters"). Positive Rückkopplungen in der Vergangenheit haben die Zustände geschaffen und verstärkt.[85]

Aus einer Vogelperspektive betrachtet, folgen Entscheidungsträger mit ihrer Unternehmung gewissermaßen einem Entwicklungs*pfad*, den sie nicht so leicht verlassen können. Pfadtheoretische Ansätze sprechen zudem – neben der angeführten Investitionsthematik – von selbstverstärkenden Mechanismen (Beharrungskräfte) zwischen Management, Unternehmungsstrukturen, -prozessen, -kultur und -märkten, die jeweils positive Rückkoppelungen zur Beibehaltung des Weges bieten – übrigens im negativen wie auch im positiven

---

[84] Frühere größere Investitionsentscheidungen zu bestimmten Technologien können bspw. nur schwer rückgängig gemacht werden. Dies würde hohe Kosten nach sich ziehen. Die Problematik wird *Lock-in-Effekt* genannt: Die Entscheidungsträger sind gewissermaßen gezwungen, weitere Investitionsmittel in den einmal eingeschlagenen Weg hineinzugeben, um zumindest einen suboptimalen Erfolg erzielen zu können.

[85] Dies alles kann mehr oder weniger zufällig erfolgreich sein, dann nämlich, wenn sich wesentliche Umweltbedingungen nicht ändern. Ist dies jedoch der Fall, dann ist zu starkes Beharrungsvermögen entweder nur teuer oder das Ende einer vorher erfolgreichen Unternehmung. *Beispiele* sind die deutschen und schweizerischen Uhrenfabriken in den 1980er Jahren mit ihrer Unfähigkeit, sich auf die elektronische Revolution einzustellen, ferner die Firma Polaroid mit ihrem Beharrungsvermögen auf den Sofortbildmarkt sowie der Siegeszug der VHS-Video-Lösungen gegenüber der technologisch überlegenen und nicht teureren Betamax-Lösung. S. Wolf 2011, S. 610-613.

Fall.[86] Ziel eines strategischen Managements muss es sein, die Beharrungskräfte (bestehende Pfadabhängigkeiten) zu entdecken, sie gegebenenfalls im Unternehmungsinteresse zu nutzen, auszuschalten, wenn sie zu falschen Pfaden/ Entscheidungen führen, und bewusst neue Pfade einzuschlagen. Rückabwicklungen von solchen Pfaden sind schwierig und im Allgemeinen nur zu bestimmten Zeitpunkten (nach Erreichung eines Meilensteines) möglich. Einfaches Umschwenken (Richtungsänderung) während des Weges dorthin sind aufgrund bestimmter Umstände sehr schwierig und kostenintensiv – wenn überhaupt – möglich. Man hält daher an eingeschlagenen Pfaden fest, auch wenn sich schon herausgestellt hat, dass eine andere Alternative, ein anderer Pfad überlegen gewesen wäre. Pfadabhängige Prozesse sind dabei nicht selbstkorrigierend, sondern sie verfestigen eher gemachte Fehler.[87]

8. Evolutionstheoretische Ansätze

Evolutionstheoretischen Ansätzen („theory of evolution") ist trotz aller Unterschiedlichkeit eine gemeinsame Grundauffassung gegeben:[88] Bei Unternehmungen handelt es sich um geschlossene, selbstreduzierende Systeme, die ihre spezifische Verhaltensweise zunächst kausal unabhängig von ihrer jeweiligen Umweltsituation bestimmen und entwickeln. Die Umwelt treibt zwar unter Umständen die Entwicklungen, sie hat aber vor allem die Rolle eines *„Schiedsrichters"*. Diejenigen evolutionären Entwicklungen oder auch Zu-

---

[86] *Beispiel*: In der wissenschaftlichen wie öffentlichen Diskussion wird immer wieder die Herkunftsfamilie (Arbeiterschaft, Hartz IV-Empfängerkreis, Beamtenschaft, Großbürgertum etc.) als wesentliche Determinante für Schulerfolg sowie Studium diskutiert. Auch hier wird eine gewisse Pfadabhängigkeit der Entwicklung von Schul-, Studien- und Berufslaufbahn konstatiert. In gesellschaftlichem Interesse wäre es besser, dass begabungsgerecht, nicht herkunftsspezifisch gefördert wird, d. h. solche Pfade müssen leicht durchbrochen werden können, damit eine Leistungsgesellschaft entstehen kann.

[87] S. zur kritischen Würdigung zusammenfassend Wolf 2011, 620-622.

[88] S. hierzu und zum Folgenden Schreyögg 2008, S. 273-276, Wolf 2011, S. 375-420.

stände werden ausgesucht, die in einer veränderten Welt (noch) nicht anschlussfähig sind.[89]

Unternehmungsbezogene Ansätze der Evolutionstheorie beziehen drei Systemebenen mit ein: zum Ersten ganze Populationen von Unternehmungen (bspw. in einer Branche), zum Zweiten Einzelunternehmungen und zum Dritten unternehmungsspezifische Merkmale (spezielle Kompetenzen bzw. „comps" in Form von eingesetzten Praktiken, Routine des Know-how). Die Logik ist auf allen Ebenen ähnlich.

Die Evolutionstheorie beschreibt und erklärt – auch – die Entwicklungen in Unternehmungen durch ein Zusammenspiel dreier *Phasen*, und zwar die der Variation, der Selektion und der Retention:

– Die *Variation* entsteht spontan oder geplant beispielsweise durch Neugründungen von Unternehmungen, Produktvariationen, neue Prozesse oder Ziele, dadurch „mutieren" Unternehmungen oder Teile davon.
– In der folgenden Phase der *Selektion* befindet die Umwelt darüber, ob sich eine Variation bewährt oder ob negativ selektiert wird: Neue Produkt- oder neue Geschäftsmodelle, veränderte Prozesse, neues Know-how werden angenommen und dadurch verstärkt.[90]
– In der Phase der *Retention* gilt es die positiv selektierten Populationen, Unternehmungen und/oder „Combs" zu bewahren, zu verstärken und auch zu reproduzieren.[91]

---

[89] *Beispiele:* (1) Auch hier lässt sich die deutsche und schweizerische Uhrenindustrie anführen. (2) Oft wird auf die *Darwinistische Evolutionsbiologie* und die Neandertaler verwiesen. Diese wurden damals „ausgesondert", weil vermutlich ihre Reproduktionsrate nicht ausreichte, um Krisen zu überstehen.

[90] „Best Practices" sind hier ein Beispiel positiv selektierter Praktiken.

[91] *Beispiel:* Als ein erfolgreiches Beispiel gilt McDonald's, die sich gewissermaßen als Folge von Umsatzeinbrüchen um das Jahr 2000 ändern mussten und dies auch erfolgreich taten. Der Impuls kam von außen, kalorienreiches Fastfood traf nicht mehr auf ausreichendes Interesse der Gesellschaft und der Kunden. Ohne Änderungen im Sortiment und angrenzenden „Combs" wäre McDonald's im Zeitablauf negativ selektiert

Dieser „natürliche" Selektionsprozess wird allerdings beeinflusst durch jeweils mächtige Interessengruppen, die Einfluss auf die Kriterien der Evaluation und deren Bewertung nehmen.[92] Sowohl dies als auch inhärente Widerstände machen ein Management der Evolutionsprozesse so schwierig. Die drei Phasen innerhalb einer Unternehmung gezielt zu steuern ist schwierig.[93]

9. Ressourcenorientierte Ansätze

Ressourcenbasierte Ansätze („resource-based view") unterschiedlicher Prägung haben zu einer theoretischen, ökonomischen, wenngleich noch nicht ausreichend konsistenten Fundierung nachhaltig beigetragen.[94] Sie betonen die Bedeutung *unternehmungsinterner Ressourcen* für den Wettbewerbserfolg und sind verstärkt am strategischen Management verortet.

---

worden. Der so genannte „Genotyp" musste grundlegend geändert und nicht allein durch Werbung aufpoliert werden. Was wurde geändert?: stärkere Kundenorientierung von Produkten wie Darreichungsformen, mehr Qualität statt Quantität, Verschönerung der Restaurants, verstärkte Übernahme gesellschaftspolitischer Verantwortung zur Imagebildung, Verjüngung und Flexibilisierung des Managements, Angebote der „Deluxe Linie" mit höherwertigen Produkten, Angebot der gemütlichen McCafés. Die jeweils probeweise eingeführten Variationen überstanden die Selektion durch die Kunden positiv und wurden danach erhalten und verstärkt, so dass heute ein „mutiertes" McDonald's erfolgreich evolutionär verändert wurde. S. Wolf 2011, S. 381-382.

[92] *Beispiele*: (1) Der Steinkohleabbau in NRW ist nach wie vor existent, wenngleich nach über 30 Jahren der wettbewerbsfremden Unterstützung jetzt der Ausstieg bevorsteht. (2) Der Buchclub im Bertelsmann-Konzern hat trotz fehlender Rendite lange Zeit „überlebt", auch wenn jetzt offenbar der Ausstieg gesucht wird. (3) Overheadprojektoren sind den Computern und Beamern gewichen.

[93] S. zu weitergehenden Ansätzen und zur Kritik Wolf 2011, S. 421-456.

[94] S. Barney 1991, 1997, Barney & Wright 1998, Prahalad & Hamel 1991, Jackson & Schuler 1995, Schuler & MacMillan 1984, Wernerfelt 1984, Wolf 2011, S. 564-599. Von vielen Autoren werden ressourcenorientierte Ansätze allerdings aufgrund ihres engen Spektrums nicht zu organisationstheoretischen Ansätzen gezählt, sondern mehr zu den Ausrichtungen einer strategischen Unternehmungsführung. Dies wird hier anders bewertet, da mit ihnen eine sehr grundsätzliche Sichtweise auf die Unternehmungsführung pointiert wird.

Ausgehend von folgender Idee *Penroses*: „A firm is more than an administrative unit; it is also a collection of productive resources the disposal of which between different uses and over time is determined by administrative decision."[95] wurde seit den 1980er Jahren langsam die besondere Bedeutung von unternehmungsinternen Ressourcen für den Unternehmungserfolg thematisiert. In Folge bildet sich eine organisationstheoretische Basis für eine entsprechend fokussierte Auseinandersetzung – wenngleich mittels unterschiedlicher, auch inkonsistenter Ansätze, die von der gemeinsamen, oben angeführten Grundidee geprägt sind.[96] Sie unterscheiden sich diametral von der bis dahin (und vielfach heute noch) dominierenden marktorientierten Sichtweise (= Unternehmungen müssen sich den Markt- bzw. Branchengegebenheiten anpassen, um erfolgreich sein zu können).[97]

Bei den ressourcenorientierten Ansätzen gelten unternehmungsinterne Ressourcen als die primären *Verursacher* für den Unternehmungserfolg (Wettbewerbsvorteile, ökonomische Raten). Es bedarf daher der genauen Analyse dieser – im Übrigen materiellen wie immateriellen – Ressourcen sowie des Managements dieser Ressourcen zum Aufbau und Erhalt von – unter Umständen einzigartigen – Erfolgspotenzialen.

Ressourcen[98] sind unterschiedlich in Unternehmungen vorhanden. Die damit verbundene *Ressourcenheterogenität* kann zur Wettbewerbspositionierung genutzt werden, indem ein einzigartiges Ressourcenprofil erarbeitet wird, wel-

---

[95] S. Penrose 1959, S. 25.

[96] S. Wolf 2011, S. 564-599. Allerdings hatte es auch bis dahin einige Ansätze gegeben, unternehmungsinterne Ressourcen gerade im strategischen Management als Basis für die Erfolgsentwicklung zu thematisieren (bspw. PIMS-Konzept, Erfolgsfaktorenforschung, Konzept des Erfolgspotenzials von *Gälweiler*, Kernkompetenzansatz von *Prahalad & Hamel*), allerdings nicht mit einem organisationstheoretischen Fokus.

[97] S. bspw. Becker 2011, S. 29-34, und die dort zitierte Literatur.

[98] Eine beispielhafte Definition ist die folgende: „By a resource is meant anything which could be thought of as a strengh or a weakness of a given firm. More formally, a firm's resource at a given time could be defined as those (tangible and intangible) assets which are tied semipermanently of the firm." Wernerfelt 1984, S. 172.

ches am Markt erfolgreich umgesetzt wird. Da Ressourcen prinzipiell knapp sind, erst Recht eine bestimmte Kombination von Ressourcen, kann sich eine Unternehmung Wettbewerbsvorteile erarbeiten und erhalten, ohne dass eine große Gefahr des Kopierens besteht.[99]

Dabei tragen aber nicht alle Ressourcen zum Erfolg bei, sondern nur solche,

- die werthaltig sind (vom Kunden letztlich bezahlt werden),
- die strategisch relevant sind (um sich von Wettbewerbern positiv abzusetzen),
- die nachhaltig bzw. dauerhaft sind (und so über einen relativ längeren Zeitraum Nutzen stiften),
- die nur begrenzt transferierbar sind (also nicht leicht käuflich erworben oder transferiert werden können),
- die nicht oder kaum imitierbar sind (also durch andere Unternehmungen nicht leicht nachgemacht werden könne),[100]
- die nicht-substituierbar sind (also nicht durch andere Ressourcen, ggf. sogar noch günstiger ausgeglichen werden können) sowie
- die – im besten Falle – mehrfach verwendbar sind (also wo die gleichen Ressourcen für mehrere Märkte verwendbar sind).

Gerade die einzigartige Kombination von Ressourcen entlang dieser Merkmale schafft „*resource position barriers*",[101] die die ökonomische Rate längerfristig sichern helfen. Als besonders relevant hierfür werden dabei gerade immaterielle Ressourcen (bspw. Qualifikationspotenziale der Mitarbeiter, Unternehmungskultur, Verfahrens-Know-how) betrachtet. Solche immateriellen

---

[99] Allerdings besteht prinzipiell die Gefahr der Substitution – getreu der konfigurationstheoretischen Devise: Verschiedene Wege führen zum Ziel.

[100] Man kann bei dem letztgenannten Aspekt auch eher von Notwendigkeit einer idiosynkratischen Historizität sprechen: Die Ressource ist im Verlauf eines längeren Entwicklungsprozesses gewachsen und gestaltet worden. Eine Imitation würde ebenso lange dauern, wenn man wüsste, wie die Ursachen/Wirkungs-Prozesse verlaufen sind.

[101] Wernerfelt 1984, S. 173.

Ressourcen sind nur begrenzt operational fassbar, sie sind intangibel. Oft sind sie tief im Inneren einer Unternehmung als „*tacit knowledge*" verborgen, selbst im Bewusstsein der mit ihnen erfolgreich agierenden Mitarbeiter. Wenn diese auch bei Umweltveränderungen immer wieder erfolgreich konfiguriert und eingesetzt werden, dann ist eine „*dynamic capability*" gegeben.

Verschiedene *Varianten* ressourcenbasierter Ansätze werden diskutiert.[102] Als besonders wichtig in dem hier thematisierten Rahmen erscheint die Differenzierung in zwei unterschiedliche Ressourcenarten, die einen besonderen Bezug zum Management haben (Beide müssen dabei positiv ausgeprägt vorhanden sein; eine allein führt allenfalls zufällig zum Erfolg.):

– Zum Ersten betrifft dies die *Ressourcen an sich*, als Potenziale über hohes Eigenkapital, hochqualifizierte Mitarbeiter, funktionierende Prozesse, vorhandene Patente u. a. verstärkt betriebswirtschaftliche Erfolge erzielen zu können. Finanz-, Personal-, Material-, Patent- und Rohstoffressourcen sind hier beispielhaft zu nennen.

– Zum Zweiten betrifft dies auch die Fähigkeit („*organizational capabilities*"; oft auch Kernkompetenz genannt), diese Ressourcen nutzen zu können, sei es durch gute Mitarbeiterführung, flexiblere Steuerungssysteme, innovative Ideen u. a. Sie lässt sich durch fünf Aspekte kennzeichnen: (1) Fähigkeiten zur Koordination von spezifischen Handlungen (Kombination mehrerer Einzelaspekte), (2) intangible Fähigkeit (in der Tiefenstruktur einer Unternehmung, als nicht direkt greifbare Fähigkeit), (3) Fähigkeit mit Potenzialcharakter (nicht unbedingt linearer Funktionszusammenhang zum Erfolg), (4) dynamische Fähigkeit (kontinuierliche Verbesserungen) und (5) Fähigkeit zur Differenzierung von anderen Unternehmungen („unique selling proposition", USP).[103]

---

[102] S. überblicksartig Wolf 2011, S. 589-590.

[103] S. Knyphausen 1995, S. 94-99.
*Beispiel*haft verdeutlicht sei dies in Folgendem: (1) Im Fußball ist es bei wenig erfolgreichen Saisonverläufen oft üblich, den Trainer zu wechseln – oft erfolgreich. Die Ressourcen (die Spieler und ihre Stärken) bleiben die gleichen, der Umgang mit ihnen, das

Trotz aller berechtigter *Kritik* (z. B. unscharfe Begriffe, Wertbestimmung von Ressourcen, Einseitigkeit) hat die ressourcenorientierte Sichtweise in der Diskussion um die Unternehmungsführung erheblich dazu beigetragen, andere, nämlich interne Determinanten des Unternehmungserfolgs zu thematisieren, Unterschiede zwischen Unternehmungen zu verdeutlichen, die Bedeutung von Managementleistungen hervorzuheben u. a.[104]

10. Institutionenökonomische Ansätze

Die institutionenökonomische Ansätze (auch Neue Institutionenökonomie genannt) problematisieren auf Basis *mikroökonomischer Theorien* zumindest generell „innere" Organisationsfragen von Unternehmungen mit.[105] Die verschiedenen Ansätze haben das Bestreben gemeinsam, durch Kosten-Nutzen-Überlegungen strukturelle Fragen in den Außen- und Innenbeziehungen der Unternehmung einer Problemlösung zuzuführen. Letztlich geht es darum, kostengünstige Institutionen (i. S. v. Organisationsformen, -einheiten und -prozessen) zu ermitteln. Im Allgemeinen wird dabei unterstellt, dass die Akteure in Entscheidungsprozessen sich rational verhalten, dies zumindest – soweit ein Mensch dies kann – versuchen. Dies bedeutet, dass sie sich für solche Alternativen entscheiden, die ihnen den subjektiv eingeschätzten höchsten Nettonutzen versprechen. Neben der *begrenzten Rationalität* werden prinzipiell monetäre und nicht-monetäre Größen berücksichtigt. Die Präferenzen der Akteure werden de facto als gegeben angenommen und zwar generell für alle Akteure.

---

gewählte Spielsystem und die Taktik (alles „organizational capability") verändert sich jedoch. So gelingt es oft, wieder erfolgreich zu sein. (2) Nichts anderes passiert in Unternehmungen. Der Führungsstil, die Gruppenharmonie, die Zielvorgaben u. a. wirken auf die Mitarbeiter (als gleichbleibende Ressourcen). Veränderungen im Umgang mit den Mitarbeitern bewirken so eine veränderte Ressourcennutzung sowohl auf der motivationalen als auch auf der qualifikatorischen Ebene. (3) Man kann auch ein Vermögen (Ressourcen) ungeschickt anlegen (Fähigkeit, mit Vermögen umzugehen).

[104] S. Wolf 2011, S. 595-598.

[105] S. Picot 1991, Picot & Schuller 2004, Richter & Furubotn 2003, Ebers & Gotsch 2014, Wolf 2011, S. 332-374.

Dazu zählt üblicherweise auch die prinzipielle *Opportunismusthese* zum Verhalten der Akteure. Sie bedeutet, dass die normalerweise vorliegenden *Informationsasymmetrien* stets zum eigenen Vorteil genutzt werden. In diesem Zusammenhang sind folgende Konstrukte von Bedeutung:

– Ein Principal kann ein Agentenverhalten aufgrund mangelnder Fachkenntnisse (im Gegensatz zum Agenten) nicht beurteilen (*„hidden information"*) oder aus praktischen wie ökonomischen Gründen nicht beobachten oder kontrollieren (*„hidden action"*). Er kennt zwar das Ergebnis, weiß aber nicht, welcher Anteil daran tatsächlich dem Guten (und dessen Leistung) zuzuschreiben ist. Hier besteht insofern stets die Gefahr des *„moral hazard"* (Der Agent verhält sich dem Prinzipal gegenüber unmoralisch.).[106]

– Ein Agent verbirgt nachteilige und unveränderbare Eigenschaften der von ihm wirklich gebotenen Güter und Dienstleistungen dem Prinzipal vor Vertragsabschluss (*„hidden characteristics"*). Hier besteht die Gefahr der adversen Selektion (= Risiko der Auswahl unerwünschter Vertragspartner).[107]

– Der Prinzipal weiß ex ante nicht, welche Motive der Agent tatsächlich verfolgt (*„hidden intention"*). Er gerät in ein Abhängigkeitsverhältnis, wenn er ex post den Agenten nicht zu einem interessenkonformen Verhalten bewegen kann. Hier besteht die Gefahr des *„hold up"* (Ausbeutungsrisiko).[108]

---

[106] *Beispiel*: Ein Prinzipal (Vorgesetzter) kann seinen Agenten (Mitarbeiter) nicht laufend dabei beobachten, wie dieser seine Arbeitsergebnisse erreicht. Ob der Agent seine eigenen Mitarbeiter bspw. gut führt oder sie ausbeutet, ob er hart für neue Aufträge arbeitet oder dank seiner Beziehungen sie leicht erhält, bleibt dem Prinzipal leicht verbogen.

[107] *Beispiel*: Der Agent (bspw. ein Jungakademiker) verbirgt seinem (zukünftigen) Prinzipal (bspw. Arbeitgeber) gegenüber, dass seine Englischkenntnisse nicht ausreichend verhandlungssicher sind. Der Prinzipal hat es versäumt, sie zu testen.

[108] *Beispiel*: Der Agent (bspw. ein neuer Mitarbeiter) versteht es im Vorstellungsgespräch und während der Probezeit zu verbergen, dass er nicht ein so engagierter und flexibler Mitarbeiter sein mag, wie der Prinzipal (der Arbeitgeber) ihn gesucht hat.

Drei spezifische Ansätze werden üblicherweise thematisiert:[109]

(1) Theorie der Verfügungsrechte,

(2) Transaktionskostentheorie und

(3) Agentur-Theorie.

Zu (1): Theorie der Verfügungsrechte

Die Theorie der Verfügungsrechte („*property rights-approach*") betrachtet die Unternehmung als System von Verträgen. Verträge vergeben dabei die Verfügungsrechte über Ressourcen in unterschiedlichen Arrangements. Der Ansatz stellt die Verfügung über Ressourcen, unterschiedliche Regelungen zur Verteilung der Verfügungsrechte sowie die Anreizwirkungen, die von individuellen Handlungsalternativen an Ressourcen ausgehen, in das Zentrum seiner Überlegungen.[110] Alternative Verteilungsmuster von Rechten sowohl zwischen Eigentümern und Managern als auch zwischen verschiedenen Instanzen werden unter Effizienzaspekten analysiert und entwickelt. Jegliches Handeln in Unternehmungen beruht auf Austauschbeziehungen, die zu einer durchaus fortwährenden Neuaushandlung der „Verträge" zwischen den Beteiligten führen.

Die jeweiligen Verfügungsrechte beeinflussen das Handeln von Mitarbeitern und Organisationseinheiten im Hinblick auf die so genannten *Transaktionskosten* (Kosten der Herausbildung, Zuordnung, Übertragung und Durchsetzung von Regeln) und gegebenenfalls entstehende externe Effekte (Wohlfahrtsverluste). Im Hinblick auf Fragen, beispielsweise der Differenzierung und Koordination von Aufgaben in der Unternehmungsleitung, wird die Frage nach der ökonomisch-optimalen Verteilung der Verfügungsrechte zwischen den verschiedenen Instanzen gestellt. Ähnliches ließe sich zu Verfügungsrechten zwischen anderen Organisationseinheiten formulieren.

---

[109] S. Schreyögg 2008, S. 63-66, Kieser & Walgenbach 2010, S. 46-52.

[110] S. Demsetz 1967, Furubotn & Pejovich 1972, Alchian & Demsetz 1972, Dietl & van der Velden 2004 sowie auch Wolf 2011, S. 338-344.

Zu (2): Transaktionskostentheorie

Die Transaktionskostentheorie („*transaction cost approach*") beschäftigt sich v. a. mit den ökonomischen Wirkungen der Gestaltung und Überwachung von Leistungsbeziehungen (Tauschbeziehungen) zwischen unternehmungsinternen und -externen Instanzen.[111] Sie versucht insbesondere die allerdings schlecht quantitativ zu erfassenden *Transaktionskosten* als Entscheidungskriterium zwischen alternativen Organisationsformen zu thematisieren.[112] Die ökonomische *Basisthese* lautet, dass stets die Vorgehensweise gewählt wird, die die niedrigsten Transaktionskosten aufweist.

Transaktionskosten werden differenziert in:[113]

– *Ex-ante-Transaktionskosten* (Kosten, bevor die eigentliche Transaktion ausgeführt wird): Informationsbeschaffungskosten (bei der Informationssuche), Anbahnungskosten (bspw. Kontaktaufnahme), Vereinbarungskosten (z. B. Verhandlungen, Vertragsformulierung).

– *Ex-post-Transaktionskosten* (mögliche Kosten, nachdem die Transaktion ausgeführt wurde): Abwicklungskosten (bspw. Anweisung, Kommunikation), Überwachungskosten (bzgl. Qualität, Terminen usw.) und gegebenen-

---

[111] S. Williamson 1979, Picot 1993, Jost 2004 sowie Wolf 2011, S. 344-362.

[112] *Beispiele*: (1) Es ist die Möglichkeit gegeben, alternative Formen der Unternehmungsleitung speziell für den Tausch von Diensten und Organisationsleistungen zwischen Instanzen zu vergleichen: „Schlanke" Organisationsstrukturen, Holdingvorstände mit der Integration der „Töchter"-Leiter, Gesamt- und Einzelressortierung u. a. All dies hat spezifische Transaktionskosten zur Folge. In transaktionskostentheoretischer Betrachtung stellen diese verschiedenen Ausgestaltungsmöglichkeiten insofern institutionelle Arrangements dar, den betrieblichen Aufgabenstellungen zu begegnen. (2) Auch „Make-or-Buy"-Entscheidungen lassen sich idealtypisch abbilden. Vom fallbezogenen Fremdbezug über längerfristige Lieferverträge oder einem Joint Venture zur gemeinsamen Fertigung bis hin zur eigenen Produktion reichen die Alternativen – jeweils mit anderen Ausprägungen der Transaktionskosten.

[113] *Achtung*: Der Transaktions*kosten*begriff fußt nicht auf dem ansonsten in der BWL üblichen Kostenbegriff (bewerteter, sach-zielbezogener Güter- und Dienstleistungsverzehr in einer Periode). Er ist mehr ein Konstrukt (gedankliches Modell) von möglicherweise ex ante und/oder ex post entstehenden Kosten. S. bspw. Picot 1993, Sp. 4195-4197.

falls Anpassungskosten (bei Nachverhandlungen, bei unvorhergesehenen Ereignissen oder bei Nicht-Vertragseinhaltung) – auch bei hierarchischen und horizontalen Arbeitsbeziehungen.

Die *zentrale Frage* ist nun, welche Koordinationsregeln in der Unternehmung die geringsten Transaktionskosten verursachen. Beachtet werden dabei die beschränkten Informationsverarbeitungskapazitäten von Personen, die letztlich zu bedingt rationalen Entscheidungen führen, sowie die Gefahr prinzipiell opportunistischer Verhaltensweisen. Beides führt zu einer Misstrauenshypothese, die bei der Gestaltung des Managementsystems zu beachten ist. Da Tauschbeziehungen zwischen Personen in der Realität ex ante nie vollständig erfassbar sind, ergeben sich Unsicherheiten. Die Tauschpartner könnten sich zum Nachteil der anderen Vorteile verschaffen. Mechanismen (v. a. Anreizsysteme und Kontrollinstanzen) können eingesetzt werden, dieses opportunistische Verhalten einzuschränken, allerdings auch unter zusätzlichen Transaktionskosten.

Auf diese Art und Weise vermögen transaktionskostentheoretische Überlegungen helfen, Formen der Unternehmungsführung zu erklären und zu beurteilen. Im Rahmen der Unternehmungsführung steht man laufend vor alternativen Entscheidungen mit unterschiedlichen Transaktionskosten. Institutionelle Regelungen im Managementsystem und im -prozess (i. S. struktureller Mitarbeiterführung) können zur Senkung von Transaktionskosten beitragen, da sie den Vereinbarungsaufwand entweder reduzieren oder zumindest substituieren.

Zu (3): Agentur-Theorie

Die Agentur-Theorie („*principal-agent-theory*", Prinzipal-Agent-Theorie) ist mit der Theorie der Verfügungsrechte eng verwandt. Speziell werden mit ihr Probleme bei der vertikalen Arbeitsteilung (hier zwischen Prinzipal und Agenten) näher formal thematisiert.[114] Die unterschiedlichen Interessen der Akteure, die selten eindeutigen Vertragsbeziehungen, die Informationsasymmetrien,

---

[114] S. Fama 1980, Kräkel 2004 sowie Wolf 2011, S. 362-374.

unterschiedliche Risikoeinstellungen sowie v. a. die opportunistischen Handlungsweisen der Akteure machen spezifische Vertrags- und Kontrollmechanismen gerade bei der Unternehmungsführung notwendig. Es entsteht jeweils ein ökonomisches Problem, als dass aus der Sicht des Prinzipals (Aufsichtsrat, Vorstand, Führungskraft) kostenwirksame Instrumente eingesetzt werden müssen, um das opportunistische Verhalten des Agenten (Vorstand, Nachgeordnete) durch Analyse, Steuerung und Kontrolle zu lindern respektive zielkonformes Verhalten zu erreichen.

In diesem Sinne sind Regeln ein *Verhaltenssteuerungsinstrument* des – jeweiligen – Prinzipals. Sie können in Folge Agenturprobleme „erzeugen" (v. a. durch Delegation), aber auch begrenzen (bspw. durch Verhaltensnormen und Kontrollen). Den Kontrollen des Managements durch den Prinzipal sind aufgrund von Informationsdefiziten enge Grenzen gesetzt, so dass für die Agenten ein Spielraum für die Befolgung abweichender individueller Ziele besteht. Für die Prinzipale stellt sich insofern zumeist das Problem, den Agenten positive Anreize für prinzipalorientierte Entscheidungen zu gewähren.[115]

In der Praxis ist die Agentur-Beziehung zwischen Überwachungspersonen, Anteilseignern und Managementvertretern von *mehrstufiger Natur*. So lassen

---

[115] *Beispiel*: Der Allein-Eigentümer einer Aktiengesellschaft („Prinzipal") sitzt dem Aufsichtsrat vor. Dieser hat drei Vorstandsmitglieder eingesetzt, die als Fremdmanager („Agenten") die Unternehmungsführung verantworten. Aufgrund dieser Tätigkeit haben sie mehr Informationen über die Unternehmungsentwicklung als der vier- bis sechsmal jährlich tagende Aufsichtsrat – auch gegenüber dessen Vorsitzenden, der sich monatlich über die wichtigsten Daten in Kenntnis setzen lässt. Da Vorstände i. d. R. Drei- bis Fünf-Jahresverträge erhalten, die durchschnittliche Verweildauer auf diesen Posten in Deutschland etwa sechs Jahre beim Vorsitzenden (Alter bei Amtsantritt ca. 50 Jahre) beträgt und die finanzielle Substanz des Privatvermögens oft als noch nicht ausreichend wahrgenommen wird, entstehen Interessenunterschiede zwischen den Agenten und dem Prinzipal. Sollte der Prinzipal bspw. an einem längerfristigen Vermögensaufbau interessiert sein und dies bei der strategischen Planung umgesetzt sehen möchte, so haben seine Agenten eine andere Perspektive. Mit Hilfe ihres Informationsvorsprungs hätten sie Gelegenheit, den Prinzipal zu hintergehen. (Die Annahme des prinzipiellen Opportunismus geht davon aus, dass sie dies auch tun, wenn sie keine Sorge haben, aufzufallen.) Der Prinzipal muss daher Instrumente einsetzen, die ihm helfen, die Agenten „auf seinem Kurs" zu halten.

sich Vertragsbeziehungen zwischen Anteilseignern (Principal) und Überwachungsperson (Agent oder Führungskraft) sowie zwischen dieser Führungskraft (jetzt als Prinzipal) und einer weiteren Überwachungsperson (Agent oder nachgeordnete Führungskraft) ausmachen. Unter weiterer Berücksichtigung der Mitbestimmungsrechte entsteht ein komplexes System verschiedener vertikal und horizontal ineinander greifender Agentur-Beziehungen, die einfache und eindeutige Lösungen auf der Grundlage der Prinzipal-Agent-Theorie wesentlich erschweren.

Alle *drei Ansätze* der neuen Institutionenökonomie bilden auf eher hohem Abstraktionsniveau theoretisch basierte Inspirationen – auch für den Problemkomplex der Unternehmungsführung. Insgesamt *helfen* sie zum Teil, die Thematik besser zu strukturieren und sprachlich auszudrücken. Jenseits der theoretischen Annahmen hat die Terminologie jedoch Einzug in die Managementlehre gefunden: Verfügungsrechte, Prinzipal-Agent-Beziehungen und Transaktionskosten sind wertvolle Konstrukte. Wegen ihrer stark formalen Herangehensweise, ihrer Vorstellung des prinzipiell opportunistisch handelnden Menschen sowie der überaus starken Konzentration auf finanzielle Anreize sind die Ausführungen aber *wenig realitätsnah*. Nicht dass Opportunismus und Misstrauen nicht auch Alltag in vielen Unternehmungen darstellen, die generelle Annahme des steten und für alle Personen zutreffenden entsprechenden Verhaltens steht in der Kritik.[116]

Es wäre allerdings unzutreffend zu behaupten, dass die gesamte neue Institutionenökonomik den Akteuren stets opportunistisches Verhalten unterstellt. Für *Williamson* ist Opportunismus zu verstehen als die stete Verfolgung des individuellen Eigeninteresses unter Zuhilfenahme von List, Täuschung, Lüge, Betrug u. Ä.[117] Opportunismus gehört demnach prinzipiell zum Verhaltensrepertoire rationaler Akteure (A-priori-Annahme), er muss aber nicht in jedem Fall auch Grundlage des Verhaltens sein. Allerdings konzentrieren sich die heuti-

---

[116] S. dazu Wolf 2011, S. 372-374.
[117] S. Williamson 1990, S. 54.

gen Vertreter des Ansatzes darauf, Prinzipale vor den Nachteilen des möglicherweise auftretenden opportunistischen Verhaltens („worst-case szenario") anderer Akteure präventiv zu schützen[118] – schließlich wäre es sehr aufwändig, jeweils situationsspezifisch nicht-opportunistische Akteure zu identifizieren. Das strenge Eigennutzungsprinzip wird dabei verbunden mit der Annahme der extrinsischen Motivation – und nur dieser – der Akteure.[119]

In Folge wurde auch ein alternatives Modell entwickelt: der *Stewardship-Ansatz* mit anderen Aussagen, bezogen auf das Verhältnis von Kapitalgebern („principal") und Managern („agents").[120] Ihnen zufolge mag ein Agent seinen individuellen Nutzen zu maximieren versuchen, ein *Stewart* (i. S. von Treuhänder) ist demgegenüber also bestrebt, zum Vorteil der ihm beschäftigten Unternehmungen zu handeln. Es ist ein eher kollektivistisch orientiertes Verhalten, bei dem im Rahmen der Nutzenfunktion, die Unternehmungszielerreichung höher bewertet wird als die jeweilig individuelle Zielerreichung.[121]

11. Mikropolitische Ansätze

Jeder Entscheidungsprozess in Unternehmungen ist mit mikropolitischen Aktivitäten der Beteiligten, d. h. mit interessengeleiteten Aktivitäten der Personen für sich selbst oder andere durchwoben, so die *Basisthese* mikropolitischer Ansätze. Unternehmungen sind daher aus dieser Sicht durchwirkt von Politik. Ihre Entscheidungsprozesse sind politische Prozesse, ihre Akteure Mikropoli-

---

[118] S. Williamson 1990, S. 73, Pietsch 2005, S. 3, 15-25, Eberl & Kabst 2005, S. 246-256.

[119] S. Pietsch 2005, S. 10-11. Das darin liegende Menschenbild (s. G.III.1) ist eindimensional, pessimistisch und entspricht nicht der Vielfalt der in der Realität existierenden Menschen. Aber: Nichtsdestotrotz verhelfen die institutionenökonomischen Ansätze allein durch ihre Terminologie zur verbesserten Analyse wirtschaftlicher Beziehungen.

[120] S. Davis, Schormann & Donaldson 1997, S. 24-40, Wolf 2011, S. 373.

[121] S. Macharzina & Wolf 2012, S. 63-64, Velte 2010, 285-292.

tiker.[122] Um eigene, durchaus auch im Unternehmungsinteresse erarbeitete Ansichten erfolgreich umsetzen zu können, sind Machtpotenziale notwendig. *Macht* ist eine zentrale Kategorie in dieser Organisationstheorie. Sie muss erarbeitet und eingesetzt werden. Koalitionen werden gebildet, verworfen, neu konfiguriert innerhalb des politischen Systems der Unternehmung. Sofern Eigeninteressen Vorrang haben, werden sie versteckt hinter Konflikt verschleiernden Formeln und/oder entsprechend aufbereiteten Zahlensystemen.[123]

Die Thematisierung von Mikropolitik bedeutet nicht, dass alle Personen zu jeder Zeit Unternehmungsentscheidungen immer durch eigene Interessen geleitet im wesentlichen Umfang mikropolitisch determinieren. Je stärker aber beispielsweise Machtmotiv und Dominanzstreben maßgeblicher Personen ausgeprägt sind, desto eher wird dies der Fall sein. Es wäre unrealistisch davon auszugehen, dass die Mitarbeiter „lediglich" aufgabenbezogenes Verhalten zeigen und Unternehmungsziele verfolgen. Fast jeder ist zu Teilen auch Politiker im Eigeninteresse, in der Verfolgung individueller, aber auch gruppenbezogener Zielsetzungen.

Mikropolitik ist dabei *nicht durchweg negativ* zu sehen. Vom individuellen Standpunkt aus ergeben sich direkte und indirekte Bedürfnisbefriedigungsmöglichkeiten für die handelnden Personen. Von der Unternehmungsseite aus werden dadurch auch sinnvolle Entscheidungsprozesse initiiert und in Gang gehalten, Kommunikationsstrukturen jenseits der formalen Organisation ge-

---

[122] S. zum Folgenden bspw. Küpper 2004, Küpper & Ortmann 1986, Bosetzky 1995, Neuberger 2004, 2006 sowie Wolf 2011, S. 282-291. Letztlich werden unterschiedliche Varianten der Grundthese in verschiedenen Ansätzen umgesetzt, sei es zur Analyse von Akteuren, mikropolitischer Entscheidungsprozesse und ganzer Organisationen.

[123] *Beispiele*: (1) Die Auseinandersetzungen bei der Deutschen Bank um den Vorstands- wie Aufsichtsratsvorsitz waren – folgt man der Wirtschaftspresse – nicht allein vom Motor „Was ist am besten für die Bank?" getragen. (2) Auch Familienunternehmungen sind hiervon nicht grundsätzlich befreit: Am prominentesten ist der Fall Bahlsen, der schließlich nach vielen, auch teuren Konflikten zu einer Realteilung führte. (3) Auch auf tiefergelegenen Hierarchieebenen wird nicht immer offen gearbeitet, wenn man sich finanzielle und/oder karrieremäßige Vorteile verspricht.

schaffen, Mitarbeiter besser geführt u. a. Dennoch, mikropolitische Aktivitäten vor allem im Eigeninteresse der Personen sind prinzipiell problematisch, da sie allenfalls zufällig mit dem Unternehmungsinteresse kompatibel sind. Institutionenökonomische Ansätze thematisieren diese Zusammenhänge bereits, allerdings mit einem anderen Hintergrund. Auch in der Auseinandersetzung um „Macht" existieren bereits seit langem verschiedene Vorschläge zur Analyse wie zum Umgang mit ihr – auch aus ethischer Perspektive.[124]

12. Strukturationstheorie

Mit der Strukturationstheorie werden die in Unternehmungen üblichen formalen Regeln nicht als Regeln, sondern als „codified interpretations of rules"[125] aufgefasst.[126] Damit ist Folgendes verbunden:

– Das Verständnis der verhaltenssteuernden Regeln bezieht sich nicht allein auf die kodifizierten Interpretationen von Regeln wie einer formalen Organisationsstruktur, sondern es erfasst alle Regeln, die im Umfeld einer Unternehmung verhaltenswirksam werden können. Formalisierte Regeln an sich sind nur begrenzt verhaltenssteuernd.

– Formale Regeln sind letztlich nur individuelle Interpretationen von Regeln, insofern sind de facto prinzipiell verschiedene Handlungsweisen der Akteure Folgen solcher Regeln. Handeln bedeutet „... in der Strukturationstheorie Ereignisse, bei dem ein Individuum Akteur in dem Sinne ist, dass es in jeder Phase einer Verhaltenssequenz hätte anders handeln können."[127] *Giddens* spricht so den Akteuren Handlungsmächtigkeit zu, als ein Vermögen zur Umgestaltung. Die Handlungsweisen sind aber eingeengt durch Strukturelemente der Situation und nicht nur der formalen Organisation.

---

[124] S. bspw. Staehle (Conrad & Sydow) 1999, S. 389-413.

[125] Giddens 1984, S. 21.

[126] S. zum Überblick Ortmann, Sydow & Windeler 1997, S. 317-321, Kieser & Walgenbach 2010, S. 58-60, Ortmann & Sydow 2001, S. 423-435, sowie Wolf 2011.

[127] Kieser & Walgenbach 2010, S. 58.

- Strukturen werden sowohl als *Medium und Instrument* als auch als Ergebnis sozialen Handelns verstanden. Handlungen und Struktur setzen sich so wechselseitig voraus, d. h. „... dadurch, dass die Akteure in ihrem Handeln auf Strukturen zugreifen, produzieren und reproduzieren sie durch ihre Handlungen die Bedingungen (Struktur), die ihr Handeln ermöglichen."[128] Die „Dualität der Struktur" ist ein zentraler Begriff, womit eine Wechselwirkung zwischen der Struktur (formale Regeln) und dem individuellen Handeln gemeint ist. Strukturen sind dabei Grundlagen und Medien als auch das (Zwischen-) Ergebnis individuellen Handelns.

- Die handelnden Personen (Akteure) sind des Weiteren mit Reflexionsmächtigkeit und Intentionalität (*Handlungsrationalität*) ausgestattet. Dies bedeutet, dass sie viel über sich und ihre auch teilweise unbewussten Handlungsmotive, über ihre Handlungen und Situationsbedingungen wissen (oder zu wissen glauben). Zudem sind sie in der Lage, mit diesem „Wissen um Struktur" ihr Handeln intentional zu steuern (intentionales Handeln, durchaus auch unbewusst). Dabei berücksichtigen sie auch quasi routinemäßig die ähnlich gesteuerten Handlungen anderer.

Die mit der Strukturationstheorie verbundenen, wenn auch allgemeinen organisationstheoretischen Überlegungen helfen, die Regeln auch für die Unternehmungsführung nicht für sich allein, sondern in einer permanenten Interaktion mit dem Handeln der Akteure und deren Interpretationen zu betrachten. Die intentional, von wem auch immer geschaffene Unternehmungsführung und ihre Inhalte produziert Handeln der Akteure. Dies Handeln selbst erhält, modifiziert oder verändert die Struktur. Die beteiligten Akteure sind insofern nicht „unschuldig" an der aktuellen Unternehmungsführung. Deren „Struktur" (inklusive Prozesse, Organkultur, gelebte Anbindung der Organe miteinander) ist durch sie mit (re-) produziert und beeinflusst in Folge auch ihr aktuelles Handeln et vice versa.[129] Trotz der treffenden Kritik an der *Giddens*chen Ar-

---

[128] Kieser & Walgenbach 2010, S. 58.

[129] *Beispiele*: (1) *Giddens* führt als ein Beispiel das Erlernen einer Fremdsprache an. Das Ziel des Lernens ist, die Fremdsprache möglichst treffend zu sprechen. Man lernt daher

gumentation (Unschärfe der Begriffe, hoher Abstraktionsgrad, mehr Einzelthesen als Gesamtkonzept, fehlende empirische Befunde), ist der heuristische Wert des organisationtheoretischen Ansatzes sehr hoch. Er weist deutlich zum einen auf die Dualität von Systemen und Handlungen hin, also der gegenseitigen, oft nicht reflektierten Zusammenhänge. Zum anderen wird die Interpretationsnotwendigkeit vieler Regeln betont, die infolge wieder zu Veränderungen führt.

III. Konsequenzen für „die" Unternehmungsführung

Die Diskussion von Unternehmungstheorien ließe sich weiterführen.[130] Zielsetzung hier ist es jedoch keine organisationstheoretisch basierte Abhandlung zur Unternehmungsführung zu verfassen, sondern lediglich die unterschiedlichen Blickwinkel, die die Ansätze gestatten, anzusprechen. Von daher ist es eine prinzipiell fruchtbare Herangehensweise, quasi mit verschiedenen „Scheinwerfern" den Gegenstand der Unternehmungsführung (oder Teilobjekte hiervon) von unterschiedlichen Standorten zu beleuchten. Nicht nur, dass so mehr Varianten und Facetten diskutiert werden können, im Hinblick auf die vielfältige Realität erfasst man diese so auch angemessener.

Im folgenden Text wird an verschiedenen Stellen ein Bezug auf die eine oder andere Idee aus diesem Kapitel hergestellt. Damit soll jeweils verdeutlicht werden, wieweit Organisationstheorien einen wichtigen Beitrag zur Problemanalyse, zum Problemverständnis und zur Problemhandhabung in Unterneh-

---

die grammatikalischen Regeln beim Sprechen. Genau dies betrifft das beabsichtigte Ziel des Akteurs. Gleichzeitig entsteht jedoch eine unbeabsichtigte Folge: Durch das eigene Lernen trägt man dazu bei, die Verbreitung und Dauerhaftigkeit dieser Fremdsprache zu fördern. Die Struktur (die Fremdsprache und deren Gebrauch) wurde also produziert und reproduziert. (2) In unserer Gesellschaft galt noch bis vor wenigen Jahrzehnten Plastikmüll und auch Altpapier als Abfallstoff. Sie wurden entsorgt. Seit einiger Zeit werden diese Objekte anders interpretiert. Man sieht Rohstoffe und Produktionsressourcen in ihnen. Entsprechend änderten sich unsere Handlungen.

[130] S. Kieser 1995, Kieser & Walgenbach, 2010, Kieser & Ebers 2014, Ortmann, Sydow & Türk 1997 sowie die jeweiligen Ausführungen in Wolf 2011.

mungen leisten können. Diese Theorien sind keine „l'art pour l'art", sondern haben durchaus einen Zweck auch für die Unternehmungspraxis.[131]

---

[131] Für die universitäre Ausbildung kommt ihnen zudem noch eine andere sinnvolle Funktion zu: Ihre konsequente Anwendung auf unternehmerische Problemstellungen in Analyse und Gestaltung entwickelt und schärft die Methodenkompetenz, also die Fähigkeit, sich strukturiert und systematisch Problemstellungen zu widmen. Gerade dies ist eine der hehren Ziele der Universitätsausbildung.

C. MANAGEMENT IN DER REALITÄT

I. Einführung

Gewissermaßen als Pendant zum vorherigen Kapitel wird nun ein vorgeblich stärkere Praxisorientierung vorgenommen, indem vor allem auf ausgewählte empirische Ergebnisse eingegangen wird. „Vorgeblich" soll dabei zum einen bedeuten, dass auch das „theoretische" Kapitel B eine erhebliche heuristische Kraft für anwendungsorientierte Fragestellungen hat. Zum anderen stecken hinter den Ergebnissen über die Unternehmungspraxis auch abstrakt-logische Vorstellungen über die erhobenen Daten hinaus. Dargestellt werden insbesondere prominente Aspekte zur Unternehmungsführung. Es macht Sinn, diese zu kennen, sei es um mitreden zu können, sei es, weil sie zu wichtigen Aspekten des Handelns gerade von Leitungspersonen und Leitungsgremien in Unternehmungen Stellung nehmen, diese beschreiben und erklären.

II. Manager-Rollen

Die Managementfunktionen beschreiben nicht das tatsächliche Handeln von Führungskräften, sondern sie strukturieren dieses lediglich systematisch-analytisch. Dies demonstrieren empirische Studien.[132] Viel zitiert sind die Arbeiten von *Mintzberg*.[133] Er kommt zu dem Ergebnis, dass die Arbeit von Führungskräften anhand zehn beobachtbarer Manager-Rollen (als generelle Form

---

[132] S. zum Überblick Macharzina & Wolf 2012, S. 615-616, Staehle (Conrad & Sydow) 1999, S. 82-89, Schirmer 2004, Sp. 815-819, und die dort zitierte Literatur.

[133] Mintzberg (1980) führte Beobachtungen (über 25 Tage) von fünf Top Managern (Middle- und Top-Management) in fünf amerikanischen Unternehmungen durch.

der Inhalte einer Manager-Aufgabe) beschrieben und in drei Aktivitätsgruppen kategorisiert werden kann (s. Tab. 4). Diese Rollen sollen – personenunabhängig – prinzipiell für jede Managementposition gelten. In situativer Abhängigkeit von Branche, Hierarchieebene und Persönlichkeit kann sich eine andere Schwerpunktsetzung als sinnvoll erweisen.

Tab. 4: Management-Rollen nach Mintzberg

categories (Bereiche)	interpersonal roles (Interpersonelle Beziehungen)	Information processing roles (Informationen)	decision roles (Entscheidungen)
roles (Managerrollen)	– figurehead (Galionsfigur)	– monitor (Radarschirm)	– improver, changer (Innovator)
	– leader (Vorgesetzter)	– disseminator (Sender)	– disturbance handler (Problemlöser)
	– liaison (Vernetzer)	– spokesman (Sprecher)	– resource allocator (Ressourcenzuteiler)
			– negotiator (Verhandlungsführer)

Die Kategorie „*Interpersonelle Beziehungen*" ist dreifach angesprochen:

– Kern der Rolle „*Galionsfigur*" ist die Darstellung und Vertretung der Unternehmung (-seinheit) nach innen und außen. Die Führungskraft fungiert quasi als Symbolfigur oder Repräsentant. Nicht die konkrete Arbeit, sondern seine Anwesenheit oder Unterschrift sind von Bedeutung. (*Beispiel*: Verärgerter Kunde will Geschäftsführer sprechen.)

– Die Anleitung und Motivierung der unterstellten Mitarbeiter sowie deren Auswahl und Beurteilung stehen bei der Rolle „*Vorgesetzter*" im Zentrum. (*Beispiel*: Eine Führungskraft diskutiert mit einer von ihr neu formierten Mitarbeitergruppe die Deckungsbeiträge des letzten Monats und deren Erreichung. Sie versucht, inhaltliche und prozessuale Anregungen zu einer besseren Zielerreichung zu geben.)

– Im Mittelpunkt der Rolle „*Vernetzer*" stehen der Aufbau und die Pflege eines funktionierenden Kontaktnetzes innerhalb und außerhalb der Unternehmung als Koordinator. (*Beispiel*: Führungskraft tritt einem Erfahrungskreis der örtlichen Kammer bei.)

Im Bereich „*Informationen*" werden ebenfalls drei Rollen differenziert:

- Zur Rolle „*Radarschirm*" gehört die kontinuierliche Sammlung und Aufnahme von Informationen über interne und externe Entwicklungen über das selbst aufgebaute Netzwerk. (*Beispiel*: Führungskraft erfährt, dass Hauptkonkurrent Vorprodukte bald günstiger aus Südkorea beziehen wird.)
- Kernaktivitäten der Rolle „*Sender*" sind Verteilung, Übermittlung und Interpretation relevanter Informationen sowie handlungsleitender Werte an die Mitarbeiter. (*Beispiel*: Führungskraft besucht einen Lieferanten und berichtet ihren Mitarbeitern von möglichen Konsequenzen.)
- Zu Rolle als „*Sprecher*" gehören die Information externer Gruppen und die Vertretung der Unternehmung nach außen. (*Beispiel*: Führungskraft nimmt an einer Fernsehdiskussion über die Folgen moderner Technologien teil.)

Der *Entscheidungsbereich* umfasst vier Rollen:

- Kernaktivitäten der Rolle „*Innovator*" betreffen die Initiierung und die Realisierung des Wandels. Grundlage stellt das fortwährende Aufspüren von Problemen und die Nutzung sich bietender Chancen quasi als Unternehmer dar. (*Beispiel*: Führungskraft richtet Arbeitsgruppe ein, um die Erfindung aus der Grundlagenforschung in neue Produkte umzusetzen.)
- Die Rolle „*Problemlöser*" betrifft Aktivitäten, die der Schlichtung von Konflikten und der Beseitigung unerwarteter Probleme dienen. (*Beispiel*: Führungskraft stoppt den Bau einer Niederlassung im Fernen Osten wegen eines dramatischen Preisverfalls auf dem betreffenden Produktmarkt.)
- Bei der Rolle „*Ressourcenzuteiler*" sind drei Bereiche zu differenzieren: (1) Verteilung eigener Zeit (= Signale über das, was wichtig und unwichtig erscheint), (2) Verteilung von Aufgaben und Kompetenzen, (3) Autorisierung von Plänen (= Zuteilung finanzieller Ressourcen). (*Beispiel*: Mitarbeiter legt einen Plan zum Kauf einer neuen Presse vor. Führungskraft lehnt ab, weil Marketingaktivitäten als wichtiger erscheinen.)
- Als Verhandlungsführer („*negotiator*") werden in Vertretung der Unternehmung Verhandlungen geführt. (*Beispiel*: Die Gründung eines Joint Ventures ist geplant, die Bedingungen sind von drei beauftragten Führungskräften im Detail auszuhandeln.)

Die Rollenbeschreibungen geben einen Einblick über die Tätigkeiten einer Person in der Unternehmungs-, der Bereichs-, der Abteilungs- wie der Projektleitung – in welcher Sachfunktion auch immer. Sicherlich werden nicht immer alle und auch nicht alle in der gleichen Intensität ausgeübt. Auch kommt – je nach Situation – allen die gleiche Bedeutung zu. Die Rollen weisen aber auf das Spektrum von Aufgaben im Management hin und helfen insofern auch bei der Kompetenzentwicklung.[134]

III. Entscheidungen in der Realität

1. (Ir-) Rationalität von Managemententscheidungen

Gerade die Organisationstheorien, insbesondere der mikropolitische Ansatz und der Neo-Institutionalismus[135] machen deutlich, dass Managemententscheidungen nicht immer auf Basis rationaler Überlegungen getroffen werden. Entscheidungsprozesse in der Realität sind deshalb nicht immer systematisch und nachvollziehbar. *Schimank* formuliert passend. „Je komplexer ein zu bearbeitendes Entscheidungsproblem ist, desto weniger rational kann es bearbeitet werden.[136] Auch *Mintzberg* macht deutlich, dass Manager keinesfalls als reflektierende, systematische Planer handeln, welche sich auf aggregierte Informationen stützten, so dass die Unternehmungsführung durch analytisches und professionelles Handeln gestützt ist.[137] Entscheidungen in der Realität werden vielfach unsystematisch getroffen.

---

[134] Sicherlich ließe sich – nicht nur – am Umfang der Studie einiges kritisch äußern. Es ist deshalb schon erstaunlich, welche Akzeptanz diese kleine, ältere explorative Studie in der Wirtschaftspresse wie der Wissenschaft mit verschiedenen Folgestudien erhalten hat. Offenbar entspricht sie den persönlichen Erfahrungen in Wissenschaft und Praxis.

[135] S. B.II.

[136] Schimank 2009, S. 60.

[137] S. Mintzberg 1975, S. 50-54.

Die im Folgenden vorgestellten theoretisch wie empirisch fundieren Ansätze zeigen auf, wie und auf welcher Grundlage Entscheidungen in der Praxis getroffen werden:

- „Durchwursteln als Entscheidungsstil",
- das „Garbage-Can"-Modell und
- das „Grass-Roots"-Modell.[138]

2. „Durchwursteln" als Entscheidungsstil

Das „Durchwursteln" als Entscheidungsstil ist das Ergebnis von Untersuchungen zum Entscheidungs- und Planungsverhalten öffentlicher Institutionen.[139] *Lindblom* fand heraus, dass das Handeln gerade politischer Akteure eher einem Durchwursteln („*muddling trough*") als einem systematisches Entscheidungsprozess ähnelt. So konstatierte er, dass in der Realität im Wesentlichen zunächst unmittelbare Probleme aus einer kurzfristigen Sichtweise heraus gelöst werden, statt langfristig und nachhaltig zu handeln. Es besteht geradezu eine Neigung so zu handeln, auch wenn andere Optionen offen sind. Selbst ein Verständnis des Gesamtzusammenhangs wird dabei weder angestrebt, noch als möglich angesehen. Die daraus resultierenden Folgeprobleme werden auch erst bei Bekanntwerden auf die gleiche kurzfristige Weise gelöst, so dass immer weitere Probleme entstehen.[140] Diese Erkenntnisse wurden später im Nachhinein auf das Entscheidungsverhalten in Unternehmungen übertragen. Letztlich wird das Durchwursteln als heuristisches Vorgehen angesehen, zu

---

[138] S. ausführlich bspw. Macharzina & Wolf 2012, S. 621-630. Man mag das Alter dieser Studien kritisieren bzw. ihre Verwendung noch in der heutigen Zeit. Allerdings: Mit den Studien sind grundlegende Verhaltensweisen von Menschen (auch) in Unternehmungen aufgedeckt und in der breiten Fachöffentlichkeit pointiert worden. Sie haben von daher bleibenden Wert. Ihre wesentlichen Impulse sind zudem noch heute sinnvolle Warnsignale.

[139] S. Lindblom 1959, 1968, 1969.

[140] S. Lindblom 1969, S. 41-60.

dem eine Person sich aufgrund der Komplexität von Entscheidungsproblemen gewissermaßen gezwungen sieht.[141]

Probleme in Unternehmungen werden demnach sukzessive und eher *inkremental* gelöst – ohne den Gesamtkontext zu berücksichtigen. Damit steht es im Gegensatz zum synoptischen Vorgehen. Auch wenn ein derartiges Vorgehen in der Gesamtsicht nicht rational und auch nicht immer notwendig ist, so basieren die Entscheidungen dennoch aus kurzfristiger Perspektive heraus vernunftgeleitet, weshalb in der Literatur auch von „logischem Inkrementalismus" gesprochen wird.[142]

In der Betriebswirtschaftslehre besteht weitgehend Einigkeit darüber, dass der Nutzen eines solchen Vorgehens begrenzt ist, da es hier im Wesentlichen um die Vermeidung eines Misserfolgs anstatt um die Suche nach Chancen geht. Die Vernachlässigung langfristiger Zukunftsziele widerspricht gerade dem Gedanken strategischer Entscheidungen, die langfristig angelegt sein sollten und damit auch eine hohe Bindungswirkung haben.[143]

---

[141] S. Kirsch 1971, Bd. I, S. 89-93, 1977, S. 160.

[142] S. Macharzina & Wolf 2012, S. 622, Picot & Lange 1979, s. auch E.3.

[143] *Lindblom* (1969, S. 60) pointiert manche Dissens zwischen Theoretikern und Praktikern wie folgt: „This difference explains … why the administrator often feels that the outside expert or academic problemsolver ist sometimes not helpful … Theorists often ask the administratier to go the long way round to the solution of his problems …, when the administrator knows that the best available theory will work less than more modest incremental comparisions." Er verweist nicht nur auf ein mögliches Nicht-Wollen und Nicht-Können der Entscheidungsträger, sondern auch auf die besonderen Probleme (bzw. Notwendigkeiten) in multipersonalen Entscheidungssituationen. Diese dürften nicht als Ausrede bemüht werden, um den Status quo bewahren und Innovationen verhindern zu wollen. Richtungsweisende und weit reichende, vielfach notwendige Entscheidungen lassen sich so nicht treffen und auch nicht inkremental umsetzen.

3. „Garbage-Can"-Modell

Die deskriptive, empirische Entscheidungstheorie hat bereits seit längerem gezeigt, dass in Unternehmungen vielfach Entscheidungsprozesse auf der obersten Unternehmungsleitung stattfinden, die nicht rational beschrieben werden können.[144] Von „entscheidungslogischer Fundierung" sei im Top-Management nicht auszugehen, allenfalls bei der nachträglichen Rationalisierung des eigenen Verhaltens („post-factum"-Theorien).[145] Erklärt werden könnte dies durch eine unklare Präferenzstruktur (viel zu viele Entscheidungsträger), eine nicht erfasste Komplexität des Systems „Unternehmung" (Intransparenz gerade der Verbindungen) und einem wechselnden Kreis an Entscheidungsträgern.[146]

Also: Entscheidungsprozesse in der betrieblichen Praxis sind – vielfach – das Ergebnis eines komplexen Zusammenhangs vieler verschiedener Akteure und miteinander verbundener Teilprozesse, deren jeweiligen Interpretationen sowie spontanen Aktionen und Zufällen. Ohne einen Gesamtzusammenhang und eine entsprechende Orientierung hieran kann man von einer *organisierten Anarchie* sprechen.

Nachfolgend wird das Garbage-Can-Model (synonym: *Mülleimer-Modell*) erläutert, ein – aufgrund von empirischen Studien entstandenes – Modell irrationaler Entscheidungen. Es trägt zur Relativierung vieler gängiger Vorstellungen (angeblich) rationaler Entscheidungsprozesse in Unternehmungen bei und vermittelt dadurch ein besseres Verständnis komplexer mehrpersonaler Ent-

---

[144] S. Macharzina & Wolf 2012, S. 620-621, Schreyögg 1984, S. 201-206, und die dort jeweils zitierte Literatur. Entsprechende Phänomene sind insofern keine „Entdeckung" der Neurowissenschaften und/oder der Behavior Business Administration (s. Reimann & Weber 2011, Camerer, Loewenstein & Rabon 2003, Pauen 2007, Kahneman 2012).

[145] Schreyögg 1984, S. 202.

[146] S. Cohen, March & Olsen 1972, S. 1.

scheidungsprozesse.[147] Für *Cohen, March & Olsen* sind Entscheidungssituationen demnach im Wesentlichen durch drei Eigenschaften geprägt:[148]

- *Problematische Präferenzsituation* („problematic preferences"): Jede Institution ist durch eine Vielzahl unterschiedlicher, nicht immer konsistenter sowie oft auch schlecht-definierter Ziele ihrer einzelnen Mitglieder geprägt („loose collection of ideas … no coherent structure").

- *Unklare Situationen* („unclear technology"): Die Prozesse und Strukturen sind nicht jedem Mitglied ausreichend und gleichermaßen bekannt, viele Abläufe bleiben intransparent, viele vergangene Entscheidungen sind in ihren Motiven unbekannt, Wirkungszusammenhänge werden nicht verstanden, Handlungskonsequenzen sind unklar. Die Mitglieder versuchen „trial-and-error"-Prozesse mit gelegentlich pragmatischen Interventionen.

- *Wechselnde Entscheider* („fluid particiption"): Die Teilnehmer an Entscheidungsprozessen und die Interessensgruppen sind nicht stabil, Interessen wechseln, es fehlt an Kontinuität und klaren Kompetenzen.

Die Ergebnisse der Studie werden nun auf Unternehmungen übertragen: Innerhalb von Unternehmungen gibt es eine Vielzahl von Entscheidungsgelegenheiten und verschiedene Entscheidungsarenen, innerhalb derer Entscheidungen getroffen werden. Diese finden in unterschiedlichen Zeitabständen statt und sind entweder institutionell eingerichtet oder werden ad hoc gebildet und wieder aufgelöst. Jede Entscheidungsarena kann dabei − symbolisch betrachtet − als Mülleimer interpretiert werden, in welchen unterschiedliche Probleme und Lösungen von den Teilnehmern hineingeworfen werden.[149] Sie

---

[147] Die Tatsache, dass die ursprüngliche Thesenentwicklung auf Basis einer empirischen Studie an Hochschulen entwickelt wurde, ändert dabei nichts an der Bedeutung auch für die unternehmerische Praxis.

[148] S. Cohen, March & Olsen 1972, S. 1-2. Diese drei Eigenschaften von Entscheidungssituationen sind nicht nur jedem Unternehmungsmitglied vielfach bekannt. Auch in privaten Situationen kommen sie oft genug vor, teilweise auch bei Entscheidungen zur Wahl des Studienfaches und Studienortes.

[149] S. Kirsch 1977, S. 256.

haben keine wohl-strukturierten Entscheidungsprozesse, sondern handeln nach einem Mülleimer-Modell.

Cohen, March & Olsen identifizierten vier nicht ganz unabhängige Ströme, die Entscheidungen beeinflussen und in den Carbage Can hineinfließen:[150]

- Entscheidungsgelegenheiten („*choise opportunities*"): Es gibt eine Vielzahl unterschiedlicher Entscheidungsanlässe bzw. Entscheidungsarenen (z. B. Vertragsabschlüsse, Personalentlassungen oder -einstellungen, etc.). Diese fordern Entscheidungen – eigentlich.
- Probleme („*problems*"): Externe wie interne Akteure haben Probleme, die aus der Arbeitssituation heraus resultieren, Interessen, Forderungen und Ansprüche, die nicht (gleich) von anderen oder durch einen selbst akzeptiert werden.
- Lösungen („*solutions*"): In Unternehmungen werden ständig Lösungen produziert, für die noch nicht die richtige Frage gestellt wurde. So existiert ein Vorrat an Ideen, Produkten oder aber auch Theorien, für deren Nutzung erst noch ein Bedarf geweckt werden muss.
- Teilnehmer („*participants*"): Institutionen bestehen aus einem wechselnden Kreis von Akteuren. Diese bringen unterschiedlich viel Energie (Aufmerksamkeit) und Zeit sowie Problemdefinitionen und -lösungen mit in eine Entscheidungssituation.

Die unterschiedlichen Input-Ströme treten mehr oder weniger zufällig auf und fließen in der Institution zusammen, wo sie Einfluss auf Entscheidungen haben. Zwei Faktoren werden in diesem Zusammenhang hervorgehoben:[151]

1. Die Institution regelt zunächst, welche Probleme von welchen Entscheidungsträgern gelöst werden sollen (*Zugangsstruktur*). Dabei kann grundsätzlich in einen Zugang durch Spezialisierung oder durch Hierarchie unterschieden werden. Bei einem Zugang durch Spezialisierung gibt es für

---

[150] S. Cohen, March & Olsen 1972, S. 3.

[151] S. Levitt & Nass 1989, S. 190.

ein Problem nur eine bestimmte Entscheidungsgelegenheit. Ein Zugang durch Hierarchie bedeutet, dass Probleme nach ihrer Wichtigkeit geordnet werden. Als wichtig wahrgenommene Probleme haben dabei eine größere Wahrscheinlichkeit, dass sie in eine Entscheidungsarena gelangen.

2. Des Weiteren wird über die Institution geregelt, welche Mitglieder in Abhängigkeit von ihrer Funktion oder hierarchischen Position an welchen Entscheidungen beteiligt sind (*Entscheidungsstruktur*). Ferner wird bestimmt, wie viel Energie oder Zeit insgesamt für Entscheidungen vorhanden ist und wie sich diese auf die einzelnen Teilnehmer einer Entscheidungssituation verteilen, d. h. wie viel Zeit jedes Mitglied für eine Entscheidung erübrigen kann. Da keine vollständige Erfassung des Einflusses der Institution auf die Entscheidungsfindung beschrieben werden kann, wird diese auch als „Black-Box" bezeichnet.

Ist eine Institution von den vorliegenden Einflüssen geprägt, so werden Entscheidungen auf drei *verschiedenen Wegen* getroffen:

– Eine *Lösung eines Problems* findet dann statt, wenn die „richtigen" Entscheider sich mit dem Problem intensiv auseinander setzten und zu einer Entscheidung gelangen.

– Die Problemsituation wird nicht ausreichend erkannt, aber dennoch „gelöst". Beispiel: In Situationen, in denen eine schnelle Entscheidung getroffen werden muss, erfolgt zumeist irgendeine Entscheidung, ohne genauer auf das Problem einzugehen. Letztlich werden die eigentlichen Probleme damit meistens nicht gelöst, sondern *übersehen*.

– *Flucht-Probleme*, die in bestimmten Entscheidungsarenen nicht gelöst werden können, „flüchten". Durch das lange Hinauszögern einer Entscheidung wird das Problem jedoch oft nicht mehr gelöst.[152]

---

[152] S. Cohen, March & Olsen 1972, S. 8. Setzen Sie sich einmal zurück in die eine und andere Problemsituation, mit der Sie unangenehmerweise konfrontiert oder deren Beobachter Sie waren. Erkennen Sie in den drei Beschreibungen das Verhalten der Problembeteiligten?

Abbildung 7 fasst die Input-Ströme, Parameter und Entscheidungsergebnisse zusammen:

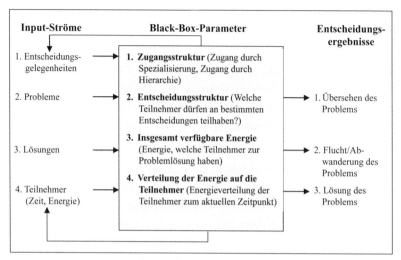

Abb. 7: Garbage-Can-Modell
Quelle: In enger Anlehnung an Macharzina & Wolf 2012, S. 627.

Die so genannten Mülleimer-Entscheidungen sind somit ein zufälliger Prozess, die einer Vielzahl miteinander verbundener Prozesse unterliegen, welche je nach Situation unterschiedlich ausgeprägt sind und von den Akteuren unterschiedlich interpretiert werden.[153] Die Rationalität einer Entscheidung wird oft erst ex post formuliert.[154]

Unternehmungen können folgende *Schlussfolgerungen* aus dem Modell ziehen: Klare, explizite Zielsetzungen (mit Bindungscharakter), entscheidungs-

---

[153] S. Eisenhardt & Zbaracki 1992, S. 27, Levitt & Nass 1989, S. 190.

[154] Das Garbage-Can-Modell ist aufgrund seiner Plausibilität in der BWL auf hohe Anerkennung gestoßen. *Levitt & Nass* (1989, S. 190) konnten nachweisen, dass das Modell, auch wenn es sich ursprünglich auf öffentliche Institutionen (Universitäten) bezieht, geeignet ist, realistische Entscheidungsprozesse in Unternehmungen abzubilden.

kompetente Personen sowie effizient funktionale Umsetzungsprozeduren/Personen sind anzustreben.

4. „Grass-Roots"-Modell

Das „Grass-Roots"-Modell von *Mintzberg* beruht auf Längsschnittstudien. Sie ergaben Indizien dafür, dass die Entwicklung von Strategien in der Realität nicht dem klassischen rationalen Planungsprozess entsprechen.[155] Ein alternatives Modell der Strategieformulierung mit sechs *Grundthesen* wurde daraufhin postuliert.[156]

– *„Strategien wachsen wie Unkraut im Garten; sie werden nicht wie Tomaten im Gewächshaus kultiviert"*: Die Entwicklung von Strategien sollte nicht unbedingt ein systematisch vorbereiteter und gesteuerter Prozess sein. Sie sind vielfach „overmanaged". Das „Gewächshaus" kann aber ex post hinzugezogen werden, um den „Plan" zu demonstrieren.

– *„Strategien können an jedem beliebigen Ort entstehen, an dem die Menschen die Möglichkeit haben zu lernen und über Ressourcen verfügen, um dies zu unterstützen"*: Strategien können von unterschiedlichen Personen auf verschiedene Weise entstehen. Manchmal entwickeln einzelne Personen ganze Strategien, ein anderes Mal geben sie nur den Anstoß für eine Idee, und mitunter sind ganze Gruppen von Personen an der Entwicklung einer Strategie beteiligt. Es kann also nicht immer geplant werden, wo genau Strategien entstehen. Von daher sollte die Strategieentwicklung sich auch selbst überlassen bleiben.

– *„Strategien werden dann Bestandteil einer Unternehmung, wenn sie kollektiv werden, d. h. wenn sich die Muster ausbreiten und das Verhalten der gesamten Unternehmung durchdringen"*: Jede Strategie, auch wenn sie zu-

---

[155] S. Mintzberg 1978, Mintzberg & McHugh 1985.

[156] S. zum Folgenden Mintzberg & McHugh 1985, S. 194-196, auch Macharzina & Wolf 2012, S. 630-631.

nächst wie „Unkraut" anmutet, hat eine Chance, Realität in Unternehmungen zu werden, wenn alle entscheidenden Mitglieder sie akzeptieren.

- *„Die Ausbreitung einer Strategie kann sich bewusst oder unbewusst vollziehen, sie kann gesteuert werden oder nicht":* Die Ausbreitung einer Strategie muss nicht bewusst über formelle oder informelle Führer geschehen, sie können auch unbewusst durch kollektive Handlungen in die Unternehmung gelangen. Werden diese dann als Strategien wahrgenommen, so kann die Ausbreitung bewusst gesteuert werden.

- *„Die Durchdringung neuer Strategien erfolgt meist in diskontinuierlichen Phasen und unterbricht die herkömmlichen und gängigen Vorgehensweisen":* In kritischen Phasen sind oft andere Strategien von Nöten als in stabilen Situationen. Diesen sollte unkritisch gegenübergestanden werden und neue Strategien nicht von vornherein abgelehnt werden.

- *„Den Prozess zu steuern heißt nicht, Strategien bewusst zu planen, sondern wahrzunehmen, wenn Strategien sich entwickeln und zu intervenieren, wenn es notwendig erscheint":* Den Strategieentwicklungsprozess zu steuern heißt, ein ansprechendes Klima für das Entstehen vielfältiger neuer Gedanken und Wege zu schaffen. Dies kann über flexible Organisationsstrukturen oder aber über die Schaffung von Leitbildern geschehen. Ziel sollte es sein, zu beobachten, welche Strategien aufkommen und nicht zu schnell über neue Wege zu urteilen.

Mintzberg & McHugh selbst bezeichnen ihr Modell als falsch, aber eben nur als genauso falsch, wie die Annahme, dass die Strategieentwicklung einem strategischen, systematischen Prozess folgt. Sie räumen ein, dass keine Unternehmung nur mit zufällig aufkommenden Strategien überleben kann. Auf der anderen Seite kann eine Unternehmung auch nicht nur mit bewusst intendierten Strategien funktionieren, da dies bedeuten würde, dass sie nicht bereit wäre zu lernen. Es müssen demnach beide Formen der Strategieentwicklung in Unternehmungen existieren.[157]

---

[157] S. Mintzberg & McHugh 1985, S. 196.

Die Aussagen im Modell sind ungenau, und es können keine Handlungsempfehlungen abgeleitet werden. Zudem macht das Modell den Anschein, normative mit präskriptiven Aussagen zu vermischen.[158] Allerdings: Völlig unrealistisch klingt es für viele Kenner der Unternehmungspraxis nicht.

5. *„Bauchentscheidungen"*

Ein weiterer Impuls zur kritischen Infragestellung rein rationaler, diesmal auch individueller Entscheidungsprozesse kommt über die Diskussion der Güte so genannter Bauchentscheidungen. *Gigerenzer* verweist mit seinen Thesen zum einen sowohl auf die Widersprüche zwischen offenbar intuitiv basierenden Entscheidungen bei gegenteiligen rationalen Argumenten und Problemanalysen als auch auf ebenso intuitive Entscheidungen bei unklaren Problemsituationen hin. Die Qualität intuitiver Entscheidungen ist dabei oft hoch. Letztlich, so die Schlussfolgerung, liegt dem Ganzen eine Art unbewusste Intelligenz zugrunde. Menschen wissen mehr als sie zu sagen wissen, als sie aussprechen können. Dem liegt eine aus sehr vielen Erfahrungen entstandene, aber (noch) unbewusste Argumentationslogik (eine Rekognitionsheuristik) zugrunde – sofern Erfahrungen vorliegen. Menschen greifen auf Erfahrungen, Faustregeln und soziale Heuristiken zurück – letztlich vielleicht unbewusste rationale Entscheidungstechniken.[159]

Gigerenzer thematisiert noch andere, damit zusammenhängende Thesen wie:

– *„Mehr ist nicht immer besser!"* Es gibt ein nützliches Maß an Unwissen, das Geschenk des Vergessens vieler Details, den Vorteil von Faustregeln

---

[158] S. Macharzina & Wolf 2012, S. 631.

[159] S. Gigerenzer 2007, auch Kahneman 2012, passim. Demnach sind „Bauchentscheidungen" also keine rein spontanen Beschlüsse. Ihnen liegt (idealtypisch) nur eine dem Entscheider nicht bewusste Rationalität zugrunde.

gegenüber komplexen Regelwerken, den Vorteil der schnellen („unüberlegten") Entscheidung.[160]

- „*Gute Intuitionen müssen nicht logisch sein!*" Logik grenzt manchmal inkonsistente Ideen aus. Interpretationen von Sätzen, wie beispielsweise „Das Glas ist halb voll oder halb leer.", sind fehlleitend.[161]
- „*One-Reason Decision Making!*" Gerade intuitive Entscheidungen werden oft auf einem guten Grund basiert. Andere bleiben außer Betracht. Bei Wohlentscheidungen trifft dies auch oft zu.[162]

Insgesamt gesehen werden so Impulse zur differenzierten Auseinandersetzung mit Entscheidungsprozessen – auch in der Black-box „Mensch" – gesetzt.

IV. Qualifikationen des Managements

Managementfunktionen beschreiben Aufgaben, die von Führungskräften wahrgenommen werden sollen. Sie können nur erfüllt werden, wenn die notwendigen Voraussetzungen gegeben sind. Die persönlichen Leistungsvoraussetzungen (im Sinne von *Anforderungen an die Qualifikation*) betreffen unterschiedliche individuelle Fähigkeiten, Fertigkeiten, Qualifikationen oder Ähnliches.[163] Bei diesen kann man drei Schlüsselbereiche identifiziert, die – bei entsprechend ausreichendem Vorhandensein – die Basis für eine erfolgreiche

---

[160] S. Gigerenzer 2007, S. 29-48.

[161] S. Gigerenzer 2007, S. 103-113.

[162] S. Gigerenzer 2007, S. 145-168.

[163] S. Berthel & Becker 2013, S. 259-269. Es gibt sicherlich auch andere Taxonomien zur Differenzierung der Leistungsvoraussetzungen.

Bewältigung der Managementfunktionen bilden.[164] Abbildung 8 visualisiert dies anhand von so genannten *Kompetenzarten* (i. S. v. Qualifikationsarten):[165]

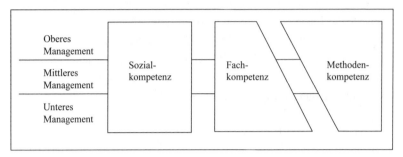

Abb. 8: Verteilung von Kompetenzen über die Managementebenen
Quelle: In Anlehnung an Staehle (Conrad & Sydow) 1999, S. 93.

– Fachkompetenz („*technical skills*") betrifft die Detailkenntnis sowie die technische Anwendung von Methoden und Verfahren im Bereich der sach-bezogenen Aufgabenerfüllung inklusive Fachwissen. Sie ist vor allem auf der unteren Managementebene gefragt. Auf höheren Ebenen nimmt sie als Anforderung relativ zu anderen Konpetenzarten ab.

– Sozialkompetenz („*human skills*") bezieht sich auf die Fähigkeiten im Be-reich der personenbezogenen Aufgabenerfüllung mit anderen Menschen und Gruppen – als Vorgesetzter oder Partner – effizient zusammenzuarbei-ten, sei es in der Gruppenarbeit oder als Vorgesetzter Verantwortung zu übernehmen, also zwischenmenschliche Interaktionsfähigkeit.

– Methodenkompetenz („*conceptual skills*") hebt ab auf Problembewusst-sein, auf eine ganzheitliche Sicht der Unternehmung und ihrer Teile, auf die Fähigkeit des Erkennens von Interdependenzen zwischen den Unter-nehmungsbereichen, auf das Know-how, selbstständig Problemlösungswe-ge zu finden und diese auch einzuschlagen. Hierzu zählen Einzelfähigkei-

---

[164] S. bspw. Katz 1974, S. 91-96, auch Steinmann & Schreyögg 2005, S. 23-24.

[165] In der Literatur werden teilweise noch andere Arten genannt (bspw. Führungskompe-tenz, persönliche Kompetenzen, generische Kompetenzen). Sie spezifizieren und diffe-renzieren insbesondere die Sozial- und die Methodenkompetenz etwas anders als hier.

ten wie kritisches, analytisches und vernetztes Denken, Lernfähigkeit, Reflexionsfähigkeit und Ähnliches. Sie ist auf höheren Managementebenen aufgrund des dort vorliegenden Aufgabenprofils stärker gefordert.

Die Kombination dieser (Teil-) Kompetenzen wird oft Handlungskompetenz genannt. Die Bedeutung der Sub-Kompetenzen variiert von Ebene zu Ebene, weniger jedoch von Zeit zu Zeit.

D. Unternehmungspolitischer Rahmen

I. Inhalte der Rahmenplanung

Die Rahmenplanung steht zunächst im *Mittelpunkt* der Entwicklung einer Strategie für die gesamte Unternehmung. Sie beschäftigt sich analysierend und vor allem auch gestaltend mit den Elementen des unternehmungspolitischen Rahmens, der allen nachfolgenden Entscheidungen zu Grunde liegt. Die Rahmenplanung steuert dadurch generell die Erarbeitung und die Umsetzung der sich nachfolgend ergebenden Strategien auf allen Ebenen.[166] Sie wird dabei nicht nur nach einem festen Planungszyklus durchgeführt, sondern auch dann, wenn Anpassungen durch Änderungen interner und/oder externer Rahmenbedingungen erforderlich erscheinen.

Der unternehmungspolitische Rahmen beinhaltet in dem hier vertretenen Verständnis vier voneinander differenzierbare, wenn auch nicht unabhängige *Kategorien*. Es werden hier v. a. folgende hervorgehoben (s. bereits Abb. 4):

- Unternehmungsumwelt,
- Unternehmungszweck, -vision, -mission und -ziele,
- Unternehmungskultur,
- Unternehmungsverfassung.

Nicht alle Teile des unternehmungspolitischen Rahmens von der Unternehmung können nach eigenem Gutdünken und/oder problemlos gestaltet werden. Die Gestaltungsansätze lassen sich prototypisch unterscheiden:

---

[166] Diese Thematik wird bspw. in Becker 2011, S. 113-150, näher erläutert.

1. *direkte Ausgestaltung* (bspw. durch die Formulierung der Unternehmungs-
   vision und anderer interner Situationsbedingungen) mit unmittelbarer Beeinflussung,
2. *indirekte Beeinflussung* (bspw. durch verändertes Top-Managementverhal-
   ten als Symbol der Unternehmungskultur, Gespräche mit politischen Entscheidungsträgern und Ansprechgruppen zur Veränderung externer Umweltbedingungen) sowie
3. *antizipative Auswahl alternativer Möglichkeiten* (bspw. durch die Wahl
   einer bestimmten Rechtsform, eines bestimmten Zweckes, eines bestimmten Marktes, eines bestimmten Produktes, einer bestimmten Technologie –
   jeweils statt einer/s anderen).

Jenseits dieser prinzipiellen Gestaltungsoptionen gehen von den vorhandenen
und antizipierten Rahmenbedingungen auch Einflüsse auf die Unternehmungsstrategie aus, die es zu analysieren und zu berücksichtigen gilt. Des
Weiteren ist zu beachten, dass die jetzt zu diskutierenden Elemente *nicht* unbedingt aufeinander aufbauen. Sie stehen in einem gewissen Sinne nebeneinander und geben Impulse an die jeweils anderen Elemente weiter.

II. Unternehmungsumwelt

Unternehmungsführung findet nicht im luftleeren Raum statt, sondern innerhalb gegebener, teilweise auch gestaltbarer Bedingungen. Diese Umweltbedingungen (*synonym: Umfeld*) sind einerseits Rahmen und Ausgangspunkt,
andererseits aber auch Objekt der Unternehmungsführung. Man differenziert
im Allgemeinen (s. Abb. 9)

– in *externes Umfeld* (Aspekte in der äußeren Umwelt der Unternehmung)
  und
– in *internes Umfeld* (innerhalb der Unternehmung selbst).[167]

---

[167] Fälschlicherweise wird oft „nur" das externe Umfeld als „Umwelt" bezeichnet. Den
Wirkungen unternehmungsinterner Situationsbedingungen wird dann – zumindest erst

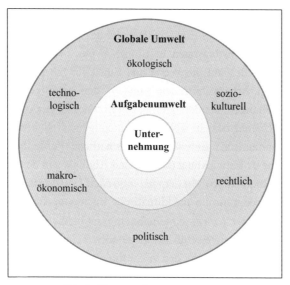

Abb. 9: Elemente der externen Umwelt

Externe Umfeldbedingungen lassen sich ebenen spezifisch differenzieren in:

– Die *globale Umwelt* betrifft zunächst alle Bedingungen in einem relevanten geografischen Raum (z. B. Region, Staat, Kontinent), die den Handlungs-spielraum der Unternehmung direkt oder indirekt beeinflussen. Diese Be-dingungen werden inhaltlich in sechs Kategorien unterschieden: (1) Das *politische Umfeld* betrifft die Stabilität des Landes, die Steuer-, Gesund-heits-, Arbeitsmarktpolitik und Ähnliches mehr. (2) Das *rechtliche Umfeld* setzt sich im Wesentlichen aus der Gesetzgebung im internationalen wie in den verschiedenen nationalen Bereichen zusammen. (3) Das *ökonomische*

einmal sprachlich – kein oder nur ein geringer Wert bei der Strategieentwicklung zuge-sprochen. Manche Unternehmungstheorien (z. B. Situationstheorie, Theorie der Pfadabhängigkeit) zeigen allerdings eindeutig, dass auch vom internen Umfeld wesent-licher Einfluss ausgeübt wird. Ihn gilt es explizit zu berücksichtigen. Bei der hier vor-genommenen Differenzierung zwischen internem und externem Umfeld als Bestandtei-le der Unternehmungsumwelt besteht aber die Problematik der Grenzziehung zwischen den Umweltsphären. S. B.II.4 und 7. S. zu den Umfeldbedingungen bspw. Steinmann & Schreyögg 2005, S. 176-219, Macharzina & Wolf 2012, S. 18-34.

Umfeld bezieht sich auf die jeweilige Entwicklung des Bruttosozialproduktes, der Bevölkerung, des Einkommens und dessen Verwendung, der Inflationsrate, der Wachstumsraten in Branchen etc. (4) Das *sozio-kulturelle Umfeld* bezieht sich auf die Werte und Einstellungen in der Bevölkerung (als potenzielle Arbeitnehmer wie Kunden), den jeweiligen Lebensstil, die Arbeitseinstellungen, die demografischen Entwicklungen etc. (5) Das *technologische Umfeld* bezieht sich auf Erfindungen, produktions- und informationstechnologische Entwicklungen, staatliche Förderungsmaßnahmen für Forschung & Entwicklung (F & E) und Ähnliches in den jeweiligen geografischen Räumen. (6) Mit dem *ökologischen Umfeld* sind beispielsweise Infrastruktur, geografische und klimatische Bedingungen angesprochen.[168]

– Die *Aufgabenumwelt* einer Unternehmung schließlich besteht aus unterschiedlichen, sich teilweise überschneidenden Teilsegmenten der Umwelt: den bislang bearbeiteten und den zukünftig zu bearbeitenden Märkten, den jeweiligen Branchen und Branchensegmenten sowie den Konkurrenten.

Diese externen Umweltbedingungen sind vor allem hinsichtlich ihrer *Auswirkungen* auf die Unternehmung näher zu analysieren und zu prognostizieren. Danach kann man in Grenzen entscheiden, ob man sich ihnen entziehen will,[169] ob man eine neue Technologie entwickelt[170] und/oder ob man in einem Markt bleibt.[171] Gestaltungsmöglichkeiten sind hier nur eingeschränkt vorhan-

---

[168] *Beispiele*: Hier ist zum Ersten ein mittlerweile in breiten Kreisen der Bevölkerung gestiegenes Interesse an einer unbelasteten Umwelt zu nennen. Zum Zweiten wird auch allein wegen der zumindest kurzfristigen Gefährdung von Arbeitsplätzen der Umweltschutz kritisch betrachtet. Zum Dritten bieten sich hier für viele Unternehmungen Chancen wie Risiken (bspw. Produkte, Verkehrsanbindungen etc.).

[169] *Beispiel*: Veränderung von Produkteigenschaften wie Nutzung von Pfandflaschen statt von Einwegflaschen und -dosen, Einsatz energieeffizienter Motoren zur Einhaltung der Vorgaben zum durchschnittlichen CO_2-Ausstoß.

[170] *Beispiel*: „Plötzlich" stärker empfundene Nachfrage nach Öko-Strom und „alternativen" Antrieben führt zu Entwicklungsimpulsen (Hybridmotor, Windrad).

[171] *Beispiel*: Hinsichtlich politischer Verhältnisse in einem Staat, die den eigenen ethischen Haltungen nicht entsprechen, verlässt man diesen (Google aus China).

den, wenngleich man den Einfluss von Großunternehmungen sowie auch von Verbandslobbyismus und Gewerkschaften nicht unterschätzen darf.

Als *unternehmungsinterne Umfeldbedingungen* gelten vor allem die Unternehmungsgeschichte, die ehemaligen und aktuellen Unternehmungsstrategien sowie das vorhandene Produktprogramm,[172] aber auch die zur Verfügung stehenden Ressourcen personeller, sachlicher und finanzieller Art sowie die Objekte der folgenden Abschnitte: Unternehmungszweck, -vision, -mission, Unternehmungskultur und Unternehmungsverfassung. Sie unterliegen im Allgemeinen einem Gestaltungswillen, wenngleich dies nur in einem eingeschränkten Maße umsetzbar ist.

III. Unternehmungszweck, -vision, -mission und -ziele

1. Überblick

Der folgenden Diskussion liegt eine abstrakte, vor allem aus didaktischen Erwägungen heraus entstandene Differenzierung zu Grunde.[173] Die in der Überschrift genannten vier Teilobjekte können prinzipiell – je nach terminologischem Verständnis und/oder Sprachgebrauch – sehr unterschiedlich verstanden werden, sowohl jeweils einzeln, als auch im Zusammenhang. Hier wird die Auffassung vertreten, dass es sich letztlich um vier unterschiedliche *Zielebenen* einer Unternehmung handelt. Jede Zielebene hat ein anderes Abstraktionsniveau und eine andere Funktion zu erfüllen. Es erscheint daher sinnvoll, *unterschiedliche Termini* – und selbstverständlich auch *Begriffe* – für die jeweiligen Zielebenen zu verwenden: Das Verständnis und die Kommunikation

---

[172] Hier ist v. a. auf die Pfadtheorie (B.II.7) hinzuweisen, die die „Einschränkungen" unternehmungsstrategischer Alternativen gerade durch vergangene Entscheidungen und Erfahrungen postuliert. Beispielsweise hätte die Firma Vorwerk größere Schwierigkeiten sowohl wenn sie keine Staubsauger mehr anbieten als auch wenn sie sich vom flächendeckenden Direktvertrieb verabschieden wollten. Die „alten" Entscheidungen wirken als interne Situationsbedingungen auf aktuelle Entscheidungen ein.

[173] Ähnlich Hungenberg 2006, S. 441-445, Müller-Stewens & Brauer 2009, S.150-209.

werden erleichtert sowie der funktionsbezogene Einsatz als Führungsinstrument verbessert. Abbildung 10 visualisiert die Zusammenhänge. Auf die einzelnen Ebenen wird danach sukzessive im folgenden Text eingegangen.

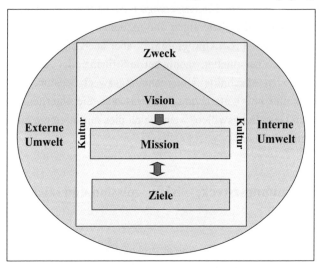

Abb. 10: Zusammenhang von Zweck, Vision, Mission und Ziele

Die drei oberen Teilobjekte „Zweck, Vision, Mission" sind Elemente eines *normativen Managements*, mit dem die normgebende Ausrichtung der Unternehmung festgelegt wird.[174] Das „restliche" Management (strategisches und operatives Management) setzt die normativ festgelegten, wenn auch allgemeinen Vorgaben um. Die Objekte des normativen Managements stellen durch ihren zunehmenden Konkretisierungsgrad eine Art Bindeglied zwischen dem Selbstverständnis der Unternehmung (v. a. Zweck, aber auch Vision) und der Realisierung durch strategische und später operative Maßnahmen dar.

Festzuhalten ist in diesem Zusammenhang noch Folgendes:

– *Normen* entziehen sich prinzipiell einer analytisch-stringenten Ableitung und eines „Beweises". Dies trifft auch für Normen, die in Unternehmungen

---

[174] S. dazu A.I.

gelten sollen, zu. Sie werden von den verantwortlichen Entscheidungsträgern festgelegt, sicherlich auch oft begründet – aber nicht in der logischen Zweck/Mittel-Beziehung, sondern axiomatisch. Es sind „vorgeschriebene" Werte, die in der Unternehmungsführung zu beachten sind.[175]

- In der betriebswirtschaftlichen Diskussion sind *Werturteile* – besonders des Akteurs bzw. der Akteurin „Wissenschaftler(in)" kritisch diskutiert worden. Die Diskussion zieht sich vom Postulat der Wertfreiheit wissenschaftlicher Aussagen über die praktisch-normative Diskussion (= Akzeptanz vorgegebener Normen in Unternehmungen und darauf basierende Aussagesysteme) und die Analyse von Werturteilen bis hin zur selbstverständlichen Akzeptanz, gar Forderung „akzeptabler" Normensetzung.[176]

2. Unternehmungszweck

2.1 Erläuterung

Der Unternehmungszweck („*purpose*") wird – hier – als die *oberste Unternehmungszielsetzung* verstanden. Er ist letztlich durch die Unternehmungseigner (genauer: die wesentlichen Anspruchsgruppen und Entscheidungsträger der Unternehmung) zu bestimmen und zu tragen. Warum existiert eine bestimmte Unternehmung? Diese Frage ist zu klären, da die Antwort auch wichtige Anforderungskriterien zur Bewertung der spezifischen Unternehmungsführung wie auch vorab zur Gestaltung derselben zu generieren hilft. Die Antwort bezieht sich dabei zum Ersten auf die Funktion für die Eigner in Verbindung mit der intendierten gesellschaftspolitischen Funktion (*eigentümerbe-*

---

[175] Diese Normen können auch Objekt wissenschaftlicher Forschung sein, und zwar hinsichtlich ihrer Wirkungen sowie ihrer rechtlichen wie moralischen Stellung.

[176] S. zum entsprechenden Methodenstreit bspw. Chmielewicz 1979, S. 207-236, 252-276, Albert & Topitsch 1971, Albert 1971, S. 181-210, Weber 1968, Schanz 1973. Eine letztlich wertfreie Forschung ist kaum möglich. Allerdings können sich die Forscher durch die explizite Offenlegung ihrer Auswahl- und Bewertungskriterien sowie ihrer Bewertungen bemühen, intersubjektiv nachvollziehbare Aussagen zu treffen.

zogener Unternehmungszweck)[177] sowie zum Zweiten auf die Vorstellung, welche Art von Produkten/Leistungen für wen als Teil der Gesamtwirtschaft erbracht werden soll (*marktbezogener Unternehmungszweck*). In diesem Abschnitt ist der erstgenannte Zweck von Bedeutung.[178]

Der Unternehmungszweck ist *prinzipiell langfristig* angelegt und ein konstitutives Element der Unternehmung. Er ist *handlungssteuernd*, denn er bietet Entscheidungskriterien für die Rahmenplanung wie die spätere Formulierung von Strategien, erleichtert die Koordination im Tagesgeschäft wie bei Konfliktfällen und legitimiert alle Unternehmungsentscheidungen.

Letztlich ist eine solche Zweckbestimmung wenig konkret. Ein hoher Konkretisierungsgrad wäre allerdings auch „störend". Je konkreter er formuliert wäre, desto häufiger müsste er aufgrund von Umweltveränderungen geändert werden, doch dies würde seine handlungsleitende Funktion beeinträchtigen. Konkretisierungen finden auf nachgelagerten Abstraktionsebenen statt, und zwar durch die Formulierung situations-, zeit- und gegebenenfalls bereichsbezogener Spezifizierungen (bezogen auf Gewinne, Aktienkurssteigerung, Marktanteile, Kundenzufriedenheit, Kostensenkung, Qualitätsführerschaft u. a.). Hierbei lassen sich unterschiedliche Objekte, quasi hierarchische Zielebenen, weiter benennen und verwenden, um die Sicht der Unternehmung zu konkretisieren und zu kommunizieren: vom Zweck über die Vision und Mission bis hin zu den Unternehmungszielen.[179]

---

[177] *Beispiel*: Die Unternehmung dient der nachhaltigen Sicherung der Einkommensquellen der Eigenkapitalgeber (und ihrer folgenden Generationen) wie der Mitarbeiter(innen)!

[178] *Beispiele*: Ohne unternehmerische Leistungen von Bauern, Müllern und Bäckern gäbe es kein Brot für die Bevölkerung. Insgesamt werden die konsumptiven und investiven Bedürfnisse sowie Steuern des Staates nur durch die Existenz erfolgreicher Unternehmungen sichergestellt.

[179] S. bspw. Hinterhuber 2011, S. 83-113, Dillerup & Stoi 201, S. 77-84, Grant & Nippa 2006, S. 88-92, Müller-Stewens & Lechner 2011, S. 220-239.

2.2 Shareholder- und Stakeholder-Ansätze

Im Zusammenhang mit der Formulierung und der Diskussion des Unternehmungszwecks ist der *Auftraggeber* des Managements oder der Unternehmung zu klären. In der wissenschaftlichen und der praktischen Diskussion wird hier vereinfacht in zwei unterschiedliche Positionen differenziert: *„shareholder approach"* und *„stakeholder approach"*. Beide pointieren unterschiedliche Anspruchsgruppen und ihre „Rechte" an der Unternehmung. Damit thematisieren sie auch eine Basis für den eignerbezogenen Unternehmungszweck.

- Mit dem *Shareholder-Ansatz* wird die Unternehmungsführung allein an den Interessen der Anteilseigner ausgerichtet. Es handelt sich um ein zwar traditionelles, aber auch nach wie vor aktuelles interessenmonistisches Grundkonzept. Die Interessen werden in der Diskussion oft fokussiert auf die − manchmal kurzfristig, manchmal langfristig ausgerichtete – Erhaltung und Steigerung des Unternehmungswertes und/oder die Gewinnmaximierung.[180]

- Diese einseitige Perspektive lässt sich um die Interessen anderer Gruppen erweitern. Es entsteht ein interessenpluralistisches Verständnis im Rahmen des *Stakeholder-Ansatzes.* Dieser zielt auf die Berücksichtigung der vielfältigen internen und externen Anspruchsgruppen einer Unternehmung ab. In aller Regel wird eine langfristig zukunftsbetonte Perspektive der Entwicklung einer Unternehmung in den Mittelpunkt gerückt.[181] Abbildung 11 veranschaulicht die Gruppen: *Primäre Stakeholder*, wie vor allem Kunden, Lieferanten, Kapitalgeber und Beschäftigte, beeinflussen mit unterschiedlichen Intentionen und Einflussstärken den Unternehmungszweck. Manche

---

[180] *Beispiele*: Es macht einen Unterschied aus, ob ein Shareholder eine entsprechende Orientierung der Unternehmungsführung an seinen Interessen erwartet, um die Unternehmung nach wenigen Jahren teuer zu verkaufen, oder ob ein Shareholder im Interesse seiner Familie und seiner Nachkommen an die durch den Unternehmungswert bestimmte Einkommensquelle über Jahrzehnte hinweg interessiert ist. S. zu den historischen Wurzeln Malik 1999, S. 107-188, auch Rappaport 1986.

[181] S. Freeman 1983, S. 37-55, 2004, Staehle (Conrad & Sydow) 1999, S. 427-430, Scholz 1987, S. 24-31.

davon können auch als interne Stakeholder bezeichnet werden. *Sekundäre Stakeholder* (stets externe) sind Staat, Medien, Interessenverbände etc. Diese erheben jeweils Ansprüche an die Unternehmung und deren Leitung, wenn auch mit unterschiedlichem Einfluss. Die Entscheidungsprozesse in Unternehmungen sind entsprechend auf diese Ansprüche zu fokussieren (und zwar im Rahmen eines Anspruchsgruppenmanagements sowie einer koalitionstheoretischen Betrachtung).[182]

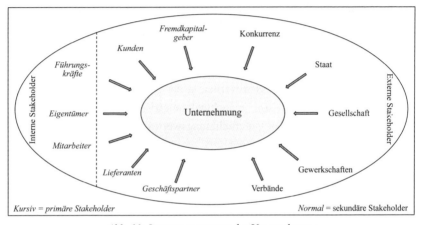

Abb. 11: Interessengruppen der Unternehmung

Die *Koalitionstheorie* geht davon aus, dass eine Unternehmung letztlich jeweils eine Koalition (mit durchaus partiell konfligierenden Sub-Koalitionen) aus unterschiedlichen Einzelpersonen und Interessengruppen, v. a. Führungskräfte, Anteilseigner, Mitarbeiter, Kreditgeber, Lieferanten usw., darstellt. Diese Personen und Gruppen verständigen sich in Verhandlungsprozessen auf Unternehmungszweck und -ziele, welche die jeweiligen Gruppeninteressen und -ziele mit einbeziehen. Die Verhandlungsprozesse werden dabei – entsprechend der Anreiz-Beitrags-Theorie – durch gruppenbezogene Kalküle umgesetzt: Ein Gleichgewicht von Anreizen und Beiträgen der jeweiligen

---

[182] S. bspw. Gassert 2002, S. 45-65, sowie auf ökologische Anspruchsgruppen bezogen Meffert & Kirchgeorg 1998, S. 94-96, und B.II.4.

Gruppen muss gewährleistet sein, ansonsten ist mit einem Austritt (Kündigung, Verkauf, Leistungszurückhaltung) zu rechnen.[183] Mitentscheidend für die Verhandlungsprozesse sind die jeweiligen Einflusspotenziale (Macht) der beteiligten Personen und Gruppen.[184] Für eine Unternehmung und ihr Management bedeutet dies, sich mit den unterschiedlichsten Ansprüchen verschiedener Koalitionen sowie den konträren Interessenlagen auseinander zu setzen. Allein von daher befinden sich Unternehmungen immer in einem facettenreichen Spannungsfeld.

In den vergangenen Jahrzehnten fanden verschiedene *Bewegungen* zwischen Stakeholder-Ansatz und Shareholder-Ansatz statt. Zunächst hatte in der Diskussion das Shareholder-Konzept eine Renaissance erfahren.[185] Die Argumente gegen eine Stakeholder-Orientierung wurden in folgenden Fragen ausgedrückt: Wie soll eine gleichzeitige Berücksichtigung unterschiedlicher Ziele möglich sein? Wie sollen sich konträre Zielsetzungen vereinbaren lassen? Es ist das Geld der Eigentümer, warum sollten diese zu Gunsten anderer Risiken eingehen, auf Einkommen verzichten u. Ä.? Es wurden auch einige gute Argumente gegen die Shareholder Value-Maximierung angeführt. Insbesondere die ausschließliche Orientierung am Unternehmungswert führt gewissermaßen zwangsläufig zu einer selektiven Informationswahrnehmung und –verarbeitung.[186] Als besonders relevant werden die (ausschließlich) wertsteigernden

---

[183] S. B.1.4, Cyert & March 1963, S. 31-46, March & Simon 1959, S. 35-110, zu Beitritt und Leistung. Sie pointiert einen Teil der Erkenntnisse aus der verhaltenswissenschaftlichen Entscheidungstheorie.

[184] *Beispiele: Schewe* (2010, S. 18-26) diskutiert das Zustandekommen der Unternehmungsverfassung aus koalitionstheoretischer Sicht. Die einzelnen Gruppierungen haben nicht nur Einfluss auf die betroffene Unternehmung. Sie stehen oft auch zueinander in einer *konfliktären Beziehung* (bspw. Kapitaleigner versus Umweltschutzgruppen).

[185] In der deutschsprachigen Betriebswirtschaftslehre hatte es bereits in der Zeit vor dem Zweiten Weltkrieg – wenn auch in einer anderen Terminologie – eine vergleichbare Auseinandersetzung gegeben, die zwei alternative „Auftraggeber" der Betriebswirtschaftslehre konfliktär diskutierten: Eigentümer oder Unternehmung.

[186] Ein besonderes eindrucksvolles Beispiel stellt der ehemalige Vorstandsvorsitzende der DaimlerChrysler AG, *Jürgen Schrempp*, dar. Er wurde in der Öffentlichkeit von den

Handlungen für die Anteilseigner angesehen. Dies führte vielfach auch in der Praxis zu einer Kurzfristorientierung der Unternehmungsführung. Diese ist nicht unbedingte Intention des „Stakeholder-Ansatzes", sondern nur dessen vielerorts umgesetzte Handhabung. Nicht der Shareholder-Ansatz an sich ist von daher kritisch zu betrachten, sondern seine vielfach in Theorie wie Praxis praktizierte Umsetzung. Bei den beiden Ansätzen handelt es sich auch nicht prinzipiell um gegensätzliche, sondern eher um komplementäre Positionen. Die Erhöhung des Shareholder Values müsste im Interesse der meisten Anspruchsgruppen sein. Nur so werden Arbeitsplätze geschaffen und erhalten, bieten sich weitere Liefer- und Dienstleistungsbeziehungen an, wird Kundennutzen geschaffen, werden Steuern gezahlt. Auch ein Handlungsspielraum für Stakeholder wird erst durch Shareholder-Value-Orientierung geschaffen. Eine Unternehmung kann auf der anderen Seite langfristig nur dann existieren, wenn es neben den Ansprüchen der Shareholder zugleich auch die Interessen von Lieferanten, Mitarbeitern, Öffentlichkeit und anderen berücksichtigt. Deren Leistungen an die Unternehmung werden dabei wesentlich mitbestimmt durch die Beiträge der Unternehmung zur Anspruchsbefriedigung.[187]

Für die Unternehmungsleitung (und für die Mitarbeiter) bleibt es relevant zu wissen, ob man vor allem im Interesse der Anteilseigner oder im Interesse der Unternehmung handeln soll. Entscheidungen in Unternehmungen werden sich daher auf diejenigen Stakeholder (ggf. auch ihrer Koalitionen) mit dem größten Einfluss konzentrieren.

Medien als das Paradebeispiel und der Vorkämpfer des Shareholder Value-orientierten Top-Managers – auch durch sein aktives Mitwirken – dargestellt. Die Akquisition von Chrysler und der damit verbundene Verfall des Shareholder Values von DaimlerChrysler stellten dann das Gegenteil des angesetzten Zieles dar. 1998 wurde er wegen seines eloquenten Eintretens für den Unternehmungswert zum „Manager des Jahres" vom Manager Magazin gewählt. 2005 wurde sein Rücktritt tituliert mit „Der Leitwolf schleicht davon" (Süddeutsche Zeitung). Propagandist im Wissenschaftssystem war im Übrigen *Alfred Rappaport* mit seinem Buch „Creating $hareholder Value" (1986).

[187] Dies ließe sich gut mit der Anreiz-Beitrags-Theorie darstellen, s. B.II.4.

2.3 Unternehmungsethik

In der Auseinandersetzung um den Unternehmungszweck, die Shareholder- versus Stakeholder-Orientierung und die Corporate Governance ist die Diskussion der *sozialen Verantwortung* der Unternehmung als Ganzes und ihrer Akteure (v. a. des Managements) enthalten. Ethisches wie unethisches Verhalten in und von Unternehmungen hat es in der Praxis seit eh und je gegeben. Auch die Frage, ob ethisches Verhalten internen wie externen Anspruchsgruppen gegenüber eine ökonomisch relevante Fragestellung ist, ist nicht neu. Erst seit den 1980er Jahren ist sie jedoch langsam stärker verfolgt worden, immer wieder genährt durch einzelne an die Öffentlichkeit gekommene Skandale.[188] Vermutlich ist das von vielen als unethisch bezeichnete Verhalten einiger Top-Manager und Unternehmungen[189] ein Impuls, sich näher mit ethischen Fragestellungen zu beschäftigen.[190]

Das „Problem" (unternehmungs-) ethischen Verhaltens trifft überall dort auf, wo Menschen (für sich selbst und/oder für eine Unternehmung) agieren. Die

---

[188] Ein frühes Dokument der Auseinandersetzung von Unternehmungen mit ethischen Fragen stellt das sog. *Davoser Manifest* dar. Beim ihm handelt es sich um ein 1973 auf dem sog. European Management Forum in Davos entwickeltes pragmatisches Manifest, das in vielen Fällen als Grundlage vor allem für die Auseinandersetzung um eine Führungsethik und die Erstellung von Führungsgrundsätzen diente. Dabei heißt es u. a.: „Berufliche Aufgabe der Unternehmungsführung ist es, Kunden, Mitarbeitern, Geldgebern und der Gesellschaft zu dienen und deren wiederstrebende Interessen zum Ausgleich zu bringen. ... *Die Unternehmensführung muss den Mitarbeitern dienen, denn Führung wird von den Mitarbeitern in einer freien Gesellschaft nur dann akzeptiert, wenn gleichzeitig ihre Interessen wahrgenommen werden. Die Unternehmensführung muss darauf abzielen, die Arbeitsplätze zu sichern, das Realeinkommen zu steigern und zu einer Humanisierung der Arbeit beizutragen.* ... die Dienstleistung der Unternehmensführung gegenüber Kunden, Mitarbeitern, Geldgebern und der Gesellschaft ist nur möglich, wenn die Existenz des Unternehmens langfristig gesichert ist." (Steinmann, 1973, S. 472 f., kursiv durch den Verfasser)

[189] *Beispiele*: Zu nennen sind hier der Nestlé-Fall, die Enron-Affäre, Umweltkatastrophen wie Bhopal, Brent Spar, Bespitzelungsaffären in deutschen Unternehmungen u. a.

[190] S. Drumm 2004, 2008, S. 665-677, Göbel 2003, Weibler 2003, Steinmann & Schreyögg 2005, S. 112-121, Steinmann & Löhr 1989, Berthel & Becker 2013, S. 791- 801.

Auseinandersetzung mit diesem Problem ist – trotz einer langen geistesge-schichtlichen und philosophischen Diskussion[191] schwierig: Unterschiedliche Gesellschaftskulturen, der laufende Wandel von Situationen u. a. lassen eine allgemeingültige und zeitlose Festlegung ethnischer Normen nicht zu.[192] Es ist letztlich Aufgabe der Entscheidungsträger einer Unternehmung, unterneh-mungsweit geltende ethische Normen zu formulieren, zu implementieren und entsprechende Verhalten positiv (oder negativ) zu sanktionieren. Welche Er-wartungen welcher Anspruchsgruppe bis zu welchem Ausmaß soll(en) nun die Unternehmung/die Führungskräfte erfüllen und warum (nicht)? Solche Fragen werden auf verschiedenen Ebenen diskutiert:

- Auf einer makroökonomischen Ebene thematisiert die allgemeine *Wirt-schaftsethik* die Rolle von Unternehmungen innerhalb der nationalen wie internationalen Gesellschaft. Besteht eine generelle soziale Verantwortung und wenn ja, wie weit, wann und für wen?[193]

- Auf einer mikroökonomischen Ebene ist die *Unternehmungsethik* anzu-führen. Die (soziale) Verantwortung der Unternehmung als Ganzes gegen-über den Anspruchsgruppen ist hier unternehmungsspezifisch zu klären.

- Auch die Ebene der *individuellen Ethik* der Führungskräfte als handelnde Entscheidungsträger der Unternehmung wie auch als private Einzelperso-nen ist hervorzuheben. Sie kann – muss aber nicht – im Konflikt zu unter-nehmungsethischen Vorstellungen stehen.

- Ethisches Verhalten ist nicht vorgeschrieben, weder für eine Unterneh-mung, noch für ein einzelnes Unternehmensmitglied. Es findet seinen Ur-sprung in einer Selbstverpflichtung der Handelnden. Gerade diese Selbst-verpflichtung unterscheidet Handlungen auf Basis einer Unternehmungs-ethik von jenen via Rechtssystems und/oder positiven und negativen An-

---

[191] S. insgesamt Küpper 2006, Göbel 2006, Götzelmann 2010, Löhr 2004, Sp. 1511-1520.

[192] S. Bleicher 2004, S. 97-104. Von daher beschäftigen sich viele Texte um die Wirt-schaftsethik auch stärker mit der Generierung ethischer Werte und Verhaltensweisen.

[193] Prinzipiell sind die aufgeworfenen Probleme rein rechtlich in Deutschland schon teil-weise „gelöst": „Eigentum verpflichtet" (Art. 14 GG), die Arbeitgeberbeiträge zu den Sozialversicherungen u. Ä. sind hier zu nennen.

reizen geleiteten Handlungen.[194] Sie kann im Übrigen auch inhaltlich und vom Ausmaß weiter gehen, als dies rechtliche Normen in einem bestimmten geografischen Rechtsraum vorschreiben. Sie kann sich im Sinne nicht näher kodifizierter Normen ausformen. Sie kann auch in kritischer Distanz zu geltendem Recht, beispielsweise in diktatorischen Staaten, stehen.

An dieser Stelle kann nicht positiv formuliert werden, was ethisch-moralisch auf den beiden letztgenannten Ebenen treffend wäre. „Die" Antwort darauf gibt es nicht. Es ist lediglich intendiert, auf verschiedene mögliche Konfliktfälle zwischen Ethik und unternehmerischem (speziell rein kurzfristig ökonomischem) Handeln hinzuweisen. Dies geschieht durch folgende Fragen:

- Inwieweit ist eine Unternehmung „verpflichtet", auf das Wohlergehen ihrer Mitarbeiter aktiv zu achten? (*Beispiele*: Arbeitszeitverlegungen, Arbeitspensum, gesundheitsfördernde Arbeitsbedingungen, Work-life-Balance von (angehenden) Familienvätern und -müttern.)
- Inwieweit ist eine Unternehmung „verpflichtet", auf besondere Situationen einzelner Mitarbeiter einzugehen? (*Beispiele*: Phasen von Ehescheidungen, Tod des/der Partners/in, von Kindern und Eltern, andere Mitarbeiterinteressen jenseits der Erwerbstätigkeit.)
- Inwieweit ist eine Unternehmung „verpflichtet", die Sicherung der (bestehenden) Arbeitsplätze sicherzustellen? (*Beispiele*: Verhalten während Krisen, „Einstellung" von Leiharbeitnehmern, Loyalität zu „verdienten" Mitarbeitern, Entgeltniveau, aktive Weiterbildung.)
- Inwieweit ist eine Unternehmung „verpflichtet", ökologische Umweltaspekte nicht nur ausreichend zu berücksichtigen, sondern darüber hinaus noch mehr zu tun – auch wenn die Mitwettbewerber dies nicht tun? (*Beispiele*: Rückzug aus zwar lukrativen, aber ökologisch bedenklichen Produkten und Prozessen, Energiesparen auch bei erst spät realisierbaren Kosteneinsparungen.)
- Inwieweit ist eine Unternehmung „verpflichtet", nur sinnvolle, vom Kunden verstehbare, qualitativ vertretbare Produkte anzubieten? (*Beispiele*:

---

[194] S. Löhr, 2004, Sp. 1516-1517.

Verhinderung von Plastikmüll, Verhinderung des sorglosen Umgangs mit Produkten, Angebot von guten Produkten statt von „nur guter Werbung".)
- Inwieweit ist eine Unternehmung „verpflichtet", mit den Zulieferern fair umzugehen? (*Beispiele*: Verzicht auf Bestechung, Treue zu langjährigen guten Partnern auch in Krisensituationen, Fair Trade.)

Im Zusammenhang mit der Zwecksetzung ist innerhalb eines normativen Managements die *unternehmungsethische Positionierung* (oft synonym: Management-/Unternehmungsphilosophie) festzulegen. Dies ist nicht ohne Opportunitätskosten und Kompromisse möglich, wie folgendes Zitat von *Drumm* deutlich macht: „Dass das Prinzip der Gewinnmaximierung und ethische Normen zur Schadensunterdrückung oder -begrenzung miteinander konkurrieren, ist unübersehbar. Wie dieser Konflikt aufgelöst werden kann, hängt vom Gewicht ab, das eine Unternehmung ethischen Normen beimisst: Vorstellbar ist eine wechselseitige, gleichgewichtige Beschränkung von Gewinnmaximierung und unternehmungsethischen Normen ..."[195]

In dem hier vertretenen *Managementverständnis* ist die Unternehmungsethik Bestandteil des selbst geschaffenen respektive entwickelten unternehmungspolitischen Rahmens und dort als normativer Aspekt des Unternehmungszwecks sowie gelebtem Teil der Unternehmungskultur zuzuordnen. Die Unternehmungsethik umfasst dabei die moralischen Maßstäbe der Unternehmung (verantwortet durch die Entscheidungsträger und getragen durch die wesentlichen Stakeholder), die zum einen ihre moralische und gesellschaftliche Verantwortung verdeutlichen sowie zum anderen ihr Handeln wie das ihrer Mitarbeiter legitimieren.

„*Corporate social responsibility*" (CSR) ist ein seit Jahren in diesem Zusammenhang gern verwendeter Terminus, um auf die Art und Weise einzugehen, mit der eine Unternehmung aus eigener Entscheidung über rechtlich festgelegte Mindestverpflichtungen in verschiedenen Bereichen gegenüber ihren An-

---

[195] Drumm 2008, S. 681.

spruchsgruppen hinausgeht.[196] Die Anspruchsgruppen haben oft unterschiedliche rechtliche Ansprüche.[197] Hierfür eine konkrete Verantwortung zu übernehmen, auch durch den Einsatz von zeitlichen und finanziellen Ressourcen, gehört ebenso zur CSR wie über vertragliche Regelungen hinausgehende zusätzliche Leistungen an die Mitarbeiterschaft oder ein tatsächlicher (nicht nur rechtlich notwendiger) fairer Umgang mit Lieferanten und Kunden.

3. Vision und Mission

Die *Vision* gilt als generelles Leitbild („Polarstern") unternehmerischer Tätigkeit. Sie konkretisiert die Vorstellung, wie eine Unternehmung in der Zukunft aus der Sicht der Entscheidungsträger „aussehen" (bezüglich „Sinn" und grundsätzlicher Entwicklungsrichtung) soll.[198] Es ist ein konkretes Zukunftsbild, welches nahe genug ist, um als realisierbar wahrgenommen zu werden, gleichzeitig aber fern genug, um eine Begeisterung für eine neue Wirklichkeit zu wecken: Warum tun wir das, was wir heute tun?[199]

---

[196] S. bspw. Hansen & Schrader 2005, S. 373-395.

[197] *Beispiele*: Mitarbeiter leiten diese Ansprüche ab aus Tarif- und Arbeitsverträgen, Kunden und Lieferanten aus Lieferverträgen. Manche Anspruchsgruppen (lokale staatliche Einrichtungen, soziale Einrichtungen, Konsumenten generell, Angehörige von Mitarbeitern) stehen dagegen im Allgemeinen nicht unter dem Schutz einer spezifischen rechtlichen Institution.

[198] S. v. a. Bleicher 2004, S. 105-125, sowie Steinmann & Schreyögg 2005, S. 112-121, Hinterhuber 2011, S. 83-113, Dillerup & Stoi 2011, S. 77-84, Kreikebaum, Grimm & Behnam 2011, S. 58-72.

[199] S. Boston Consulting Group 1988, S. 7. Oft wird eine solche Vision zurückgeführt auf das Ergebnis der Vorstellungskraft einer einzigen Person, deren subjektive Einschätzungen zukunftsweisende Entwicklungen in Gang setzen. *Beispiele*: *John F. Kennedy* wollte den ersten Amerikaner zum Mond bringen. *Ludwig Erhard* wollte Wohlstand für alle. *Martin Luther King* vermittelt den Traum gesellschaftlicher Gleichberechtigung. *Bill Gates* formulierte in den 1980er Jahren: „A computer on every desk and in every home." S. Dillerup & Stoi 2011, S. 78-79.

Das Spektrum des Verständnisses von „Vision" ist sehr breit – von einer reinen Absichtserklärung bis hin zum zentralen Leitmotiv.[200] Hier wird letztere Auffassung vertreten. Die Vision soll eine Richtung weisen und insofern handlungsanleitend sein. Sie hat damit den Charakter eines Ziels, ohne so konkret zu sein wie ein Ziel. Letztlich sollen Visionen einen Anspruch an die Mitarbeiter formulieren, an dem sie sich orientierten können und sollen. Damit kommen ihnen eine Identitäts-, eine Identifikations- und eine Mobilisierungs-*funktion* zu.[201] Um tatsächlich eine steuernde Funktion als Führungsinstrument erfüllen zu können, sind folgende vier *Anforderungen* zu erfüllen: (1) richtungsweisend, (2) anspornend, (3) plausibel und (4) prägnant.[202] Nur wenn diese weitgehend erfüllt sind, können die Funktionen erfüllt werden.

Die Verschriftlichung der Vision führt zur *Mission* (oft synonym: Unternehmungsleitbild, Führungsgrundsätze oder *„corporate principles"*). Damit wird versucht, das in der Vision aufgeführte Leitbild prägnant schriftlich zu formulieren, konsistent umzusetzen, die Wirkung aufrecht zu erhalten und/oder zu erhöhen. Die Vision ist an alle interne wie externe Stakeholder zu vermitteln, um somit auch ihre Wirkung aufrechtzuerhalten. Die Mission ist insofern in aller Regel detaillierter formuliert, um für alle Bereiche sichtbar und ausreichend zu kommunizieren. Vier *Funktionen* sollen so mit ihr verfolgt werden: Orientierung, Konkretisierung (der Vision), Legitimierung (spezifischen Verhaltens) und Motivation (der Mitarbeiter).

Die *Mission* hat drei Bestandteile,[203] um die Funktionen erfüllen zu können:

---

[200] Eine sehr negative Ansicht wird vielfach Alt-Bundeskanzler *Helmut Schmidt* zugesprochen: „Wer Visionen hat, soll zum Arzt gehen!" Diese Aussage wird immer wieder prominent genutzt, um Visionen in ein ungünstiges Licht zu stellen. Der Satz beweist an sich nichts. *Schmidt* wird zudem in manchen jüngeren Quellen zugesprochen, diesen Satz nie formuliert zu haben.

[201] S. Bleicher 2004, S. 107-108.

[202] S. Dillerup & Stoi 2011, S. 78, und die dort angegebene Literatur.

[203] S. Hungenberg 2006, S. 443-444.

- Beschreibung der gewählten Tätigkeitsgebiete der Unternehmung (= Sachziel): Wo wollen wir arbeiten? Eine solche Festlegung darf aber nicht so eng sein, dass sie die Unternehmungsstrategie zu sehr einengt.[204]
- Hervorhebung der einzusetzenden *unternehmerischen Fähigkeiten*: Wie wollen wir arbeiten? Hier werden die besonderen einzusetzenden Ressourcen sowie die besonderen organisationalen Fähigkeiten angesprochen, die vorhanden sind und/oder entwickelt und genutzt werden sollen.[205] So werden bestimmte Managementstrukturen und -prozesse festgeschrieben.
- Unter der Überschrift *„Werte der Unternehmung"* geht es um die Frage: Warum wollen wir arbeiten? Gerade hier werden eventuell vorhandene Werte, die die wesentlichen Entscheidungsträger der Unternehmung auch bei der Unternehmungsführung verfolgen wollen, als Normen formuliert.[206]

Eine solche Mission ist ein sinnvoller Ausgangspunkt für die zeit- und situationsspezifische Formulierung von Unternehmungszielen und -strategien.[207]

---

[204] *Beispiel*: Die Firma Boge Kompressoren (www.boge.de) spricht davon: „Wir liefern Druckluft". Das Sachziel (als Teil des Unternehmungszwecks) ist eindeutig festgelegt, lässt aber offen, ob dies über Kolbenkompressoren oder Schraubenkompressoren – ölgeschmiert oder ölfrei – oder gar über die Lieferung von tatsächlich „nur" Druckluft geschieht (innerhalb eines zu schaffenden eigenen Leitungsrohrsystems). Auch, ob die Lieferung über einen eigenen Vertriebsweg oder ein Händlernetz, ob die Produktion eigenständig oder über andere erfolgt, ob branchenweit oder nischenorientiert die Produkt/Märkte definiert werden, ist damit nicht festgelegt. Hier kann man sich Marktnotwendigkeiten und auch anderen situationsspezifischen Überlegungen anpassen.

[205] *Beispiel*: So verfolgt die Bertelsmann AG im Rahmen einer partnerschaftlichen Führungsphilosophie das Delegationsprinzip auch auf der Managementebene: Sehr viele Entscheidungsbefugnisse (und die dazugehörige Verantwortung) werden hierarchieabwärts delegiert. So agieren viele angestellte Top- und Middle-Manager quasi als „Unternehmer im Unternehmen" – mit vielen Freiheiten einer unternehmerischen Gestaltung. Dies ist in den Führungsgrundsätzen der Bertelsmann AG festgelegt.

[206] *Beispiel*: Das Familienunternehmen Wilhelm Böllhoff GmbH & Co. KG formuliert in diesem Zusammenhang Folgendes: Unabhängigkeit als wichtigstes Prinzip der Gesellschafter, nachhaltiges und langfristiges Erreichen der Ziele, Fairness zueinander und Mut bei der Arbeit. S. www.boellhoff.de.

[207] Viele Unternehmungen belegen durch ihre erfolgreiche und nachhaltige Existenz, dass eine Vision und/oder eine Mission keine notwendige Bedingung unternehmerischer Tä-

4. Ziele

Auf einer der nachgeordneten Ebenen werden die Ziele auf Basis von Zweck-Vision-Mission im Hinblick auf die gegebenen und erwarteten Rahmenbedingungen der Unternehmungsführung zu formulieren sein. Hier werden nun konkrete, Raum/Zeit-bezogene *Unternehmungsziele* – und zwar auf die Gesamtunternehmung – formuliert. Sie sind konkret, weil sie sich auf spezifische Erfolgsziele und in der Regel auf einen eng befristeten Zeitraum richten sowie Verantwortlichkeiten benennen. Die Zielformulierung vollzieht sich bereits im strategischen Management und wird dort auch weiter – hierarchieabwärts – konkretisiert.[208] Tabelle 5 verdeutlicht dies.

Tab. 5: Verschiedene Zielebenen

Relation	Zielebene	Beispiele
eigenständig (axiomatisch)	Zweck	– Bestandsgrund – Unternehmungsethik
eigenständig	Vision	– Leit-/Zukunftsbild
Zweck-Mittel	Mission	– Verschriftlichung des Leitbildes in Führungsgrundsätzen
Zweck-Mittel	Unternehmungsziel	– Sicherung der Überlebensfähigkeit – Shareholder Value – Rendite
Zweck-Mittel	Erfolgspotenziale	– Produkt/Marktpotenziale – Ressourcen (*„organizational capability"*)

Mit der Formulierung der Unternehmungsziele unter Bezugnahme auf die Erfolgspotenziale ist die Rahmenplanung diesbezüglich abgeschlossen.

---

tigkeit darstellen. Sie sind „nur" mögliche Führungsinstrumente (alternativ zu anderen), die eine erfolgreiche Unternehmungsführung schneller, effizienter und/oder nachhaltiger umzusetzen helfen. Das Vorhandensein einer Mission (und vorab einer Vision) ist insofern offenbar keine notwendige, allenfalls eine sinnvolle Bedingung.

[208] Zu einer intensiveren Auseinandersetzung um Ziele s. – wenngleich in einer anderen Terminologie – Macharzina & Wolf 2012, S. 211-229.

IV. Unternehmungskultur

1. Verständnis

Anfang der 1980er Jahre begann sich in der internationalen Unternehmungs-
theorie wie -praxis die Erkenntnis durchzusetzen, dass nicht allein hergestellte
und angebotene Produkte, organisierte Unternehmungsstrukturen sowie rational konstruierte (z. B. Planungs-) Systeme erfolgsbestimmend sind.[209] Mittlerweile hat sich diese Erkenntnis etabliert, so dass neben „harten" Erfolgsfak-
toren auch „weiche" diskutiert werden. Für sie hat sich die Überzeugung verstärkt, dass sie gemeinsam die Identität einer Unternehmung prägen, zudem
für Mitarbeiter handlungsleitend sind und dadurch eine erfolgsbeeinflussende
Wirkung entfalten. Die Diskussion wird unter dem subsumierenden Begriff
der „Unternehmungskultur" (synonym: Organisationskultur) geführt.[210]

Das Verständnis der Unternehmungskultur ist teilweise sehr unterschiedlich.
Weitgehend gemeinsame *Begriffsmerkmale* sind die folgenden:[211]

- Organisation im institutionellen Sinne gilt als Oberbegriff für alle Institutionen wie Unternehmungen, Verwaltungen, Non-Profit-Organisationen etc.
- Kultur wird als die Gesamtheit der von Organisationsmitgliedern vor allem
  in der Vergangenheit geschaffenen und weitergegebenen sowie damit zeit-
  und gruppenspezifischen Inhalte (Normen) verstanden. Sie ist tradiert.
- Diese Normen werden weitgehend akzeptiert, gelebt sowie gemeinsam und
  von – fast – allen Mitarbeitern geteilt. Unternehmungskultur ist dabei verhaltenssteuernd. Dies geschieht bewusst wie auch unbewusst.

---

[209] Bahnbrechend war damals (mit) das Buch „In the search of excellence" der beiden
McKinsey-Berater *Peters & Waterman* (1982). Es passte zur Zeit und anderen, auch
wissenschaftlichen Publikationen (wie bspw. Schein 1985), es betonte „soft facts" und
verursachte eine Unternehmungskulturwelle – selbst wenn es vermutlich deutlich häufiger gekauft als tatsächlich gelesen wurde.

[210] S. hierzu und zum Folgenden bspw. Macharzina & Wolf 2012 S. 240-257, Kasper &
Mühlbacher 2002, S. 95-126, Steinmann & Schreyögg 2005, S. 709-740.

[211] S. ähnlich Kasper & Mühlbacher 2002, S. 102-105.

- Die Normen bilden darüber hinaus ein relativ stimmiges System (ohne eine antagonistische Subkultur auszuschließen).[212]
- Die Inhalte und Formen der Kultur sind spezifisch und einmalig. Sie unterscheiden sich von Unternehmung zu Unternehmung, Zeitepoche zu Zeitepoche und befinden sich ständig im – langsamen – Wandel (durch Neuinterpretationen, Entwicklungen, Umformulierungen, neue Mitarbeiter). Sie ist dabei entwicklungsfähig, gegebenenfalls auch veränderbar.
- Die Unternehmungskultur ist zugleich Ergebnis wie Mittel der sozialen Interaktionen innerhalb der Unternehmung (= Prozess).
- Sie erfasst den ganzen Interaktionsprozess und kann zur Bewältigung wichtiger Probleme (funktionalistisch) herangezogen werden.
- Sie manifestiert sich in gemeinsamen Sprachregelungen, Symbolen, Mythen, Ritualen, Zeremonien, Praktiken u. Ä., welche ihrerseits wieder die Kultur beeinflussen. Nicht alles ist dabei direkt „fassbar".

Unternehmungskultur ist – hier – die Summe der von den Mitarbeitern einer Unternehmung (oder eines Teils hiervon) gemeinsam getragenen *Wertvorstellungen, Normen* und *Verhaltensmustern*. Sie kommt zum Ausdruck in sichtbaren Erkennungszeichen wie der Art des Umgangs der Mitarbeiter und wie der Gebäudearchitektur. Diese „Oberflächenstruktur" macht eine spezifische Unternehmungskultur nach außen hin deutlich. Dieses Verständnis der Unternehmungskultur lässt sich in verschiedenen Ebenen visualisieren (s. Abb. 12):

- Die Unternehmenskultur kommt zum Ausdruck in sichtbaren Erkennungszeichen und Symbolen („*Artefakte*") wie der Art des Umgangs der Mitarbeiter, in ihren gemeinschaftlich gepflegten Verhaltensweisen, Gebräuchen, Bekleidungsgewohnheiten, Sprachregelungen, aber auch in solchen Dingen wie der Gebäudearchitektur. Symbole wie Anekdoten, Mythen und

---

[212] *Beispiel*: Man kann nicht erwarten, dass in einer großen Unternehmung die Subkultur im Bereich der Forschung & Entwicklung die gleiche ist wie im Vertriebsbereich. Die Situationen sind zu unterschiedlich, als dass nicht auch gegensätzliche Werte, Normen und Symbole sich entwickeln. S. zu Subkulturen Bleicher 2004, S. 251-255, Kasper & Mühlbacher 2002, S. 121.

Slogans können hier bewusst genutzt werden.[213] Diese Oberflächenstruktur macht eine spezifische Unternehmenskultur nach außen hin deutlich. Sie ist auch für Außenstehende wahrnehmbar, jedoch ist das dahinter stehende Warum oft nicht leicht zu deuten.

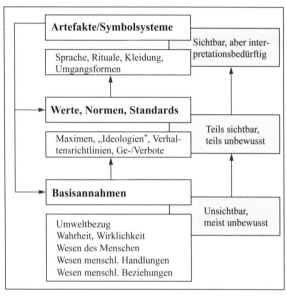

Abb. 12: Schichtenmodell der Unternehmungskultur
Quelle: In Anlehnung an Schein 1984, S. 4.

---

[213] *Beispiele*: Slogans wie „Nichts ist unmöglich – Toyota" und „Vorsprung durch Technik" (Audi) helfen auch die Kultur zu prägen. Anekdoten sind auch hilfreich, um das eine oder andere zu symbolisieren: (1) In manchen Unternehmungen wird immer wieder die Geschichte erzählt, wie der alte Unternehmungsgründer nach Feierabend durch die Büros geht, vereinzelte Lichter ausschaltet, Büroklammern aufhebt – und zwar jeweils mit einer schriftlichen Notiz an die Verursacher, in etwa mit den Worten: „Wie gehen Sie mit meinem Eigentum um?" Hier galt es, sparsam zu sein. (2) Vom ehemaligen Vorstandsvorsitzenden der Deutschen Bank, *Hermann Josef Abs*, wird erzählt, wie er seinen Namen zu buchstabieren pflegte: „A wie Abs, B wie Abs, S wie Abs." Deutlicher kann man die empfundene Spitzenstellung – sowohl seiner eigenen Person als auch indirekt der Deutschen Bank – kaum symbolisieren. Mehr hierzu bei Kasper & Mühlbacher 2002, S. 110-116.

- Dieses Warum wird durch *Werte, Normen und Standards* gesteuert und drückt sich konkret in Zielen, Handlungsmaximen, Verhaltensvorschriften aus. Dadurch werden sie teilweise sichtbar.[214]

- Maßgeblich dafür, dass solche Werte, Normen und Standards gelten, sind hinter diesen stehende *Basisannahmen*, die von den Unternehmungsmitgliedern als selbstverständlich vorausgesetzt und daher nicht mehr hinterfragt werden. Sie beziehen sich auf die Realität und den Sinn der Unternehmung, darauf, was als Triebfeder menschlichen Handelns und als Hintergrund menschlicher Beziehungen gesehen wird. Sie sind in stärkerem Maße unbewusst, für viele, insbesondere Außenstehende, unsichtbar sowie auf einer höheren Abstraktionsebene angesiedelt.[215]

2. Differenzierungen

Die Diskussion um die Unternehmungskultur lässt sich vertiefen, wenn man sich mit folgenden *Aspekten* näher auseinandersetzt:

(1) Typen von Unternehmungskulturen,

(2) Stärke der Unternehmungskultur,

(3) Erfolgsbeitrag „starker" Unternehmungskulturen und

(4) Gestaltbarkeit von Unternehmungskulturen.

---

[214] *Beispiele*: (1) Ziele sind aus den Visionen abgeleitet und betreffen insofern „Wir werden Marktführer!", „Wir bringen Ökonomie und Ökologie zusammen!". (2) Handlungsmaximen könnten sein: Vorschläge werden nur argumentativ befürwortet oder abgelehnt. Auch insensible Aspekte (wie soziale und ethische Argumente) sind bei Entscheidungen zu berücksichtigen. (3) Nicht verschriftlichte Verhaltens-"Vorschriften" können bspw. beinhalten: dunkler/s Anzug/Kostüm bei Kundengesprächen, „Wir begrüßen uns einander".

[215] Solche Basisannahmen können *beispielsweise* sein: Einstellungen zu Arbeitsweisen von Arbeitnehmern (Menschenbilder), „Es gibt immer Lösungen!", Verantwortung für die Gesellschaft.

Zu (1): Typen von Unternehmungskulturen

Inhalte und Formen der Unternehmungskultur sind unternehmungsspezifisch. Dies lässt sich durch eine Differenzierung von Typen veranschaulichen. Eine der bekanntesten Typologien von Unternehmungskulturen ist die von *Deal & Kennedy*.[216] Sie kategorisieren auf Basis verschiedener Unternehmungsanalysen zwei weitgehend unabhängige *Dimensionen*, anhand derer – in Kombination – Unterschiede in Kulturen identifiziert werden können: zum einen das Risiko von Entscheidungen sowie zum anderen die Geschwindigkeit der Erfolgsrückmeldung des Marktes, das auf eine Entscheidung folgt. Beide Dimensionen können hoch und niedrig ausgeprägt sein. Auf dieser Basis wurde eine Vier-Felder-Matrix (s. Tab. 6) gebildet mit vier unterschiedlichen Extremtypen von Unternehmungskulturen.[217]

Tab. 6: Typen von Unternehmungskulturen nach Deal & Kennedy

Feedback aus dem Markt („feedback speed")	rasch („fast")	*Brot- und Spiele-Kultur* („work hard/play hard")	*Macho-Kultur* („tough-guy, macho")
	langsam („slow")	*Prozess-Kultur* („process")	*Risiko-Kultur* („bet your company")
		niedrig („low")	hoch („high")
		Risikobereitschaft („degree of risk")	

Quelle: In Anlehnung an Deal & Kennedy 1982.

Sicherlich handelt es sich um eine recht grobe Klassifizierung mit einigen Ansatzpunkten für Kritik, dennoch vermittelt die Kategorisierung verständlich, dass unterschiedliche Kulturtypen in der Realität existieren und auch unterschiedliche Auswirkungen haben.[218] Die jeweils angegebenen Beispiele de-

---

[216] S. Deal & Kennedy 1982, auch bspw. Hungenberg & Wulf 2011, S. 88-104.

[217] S. Deal & Kennedy 1982, S. 107-123.

[218] S. zur allgemeinen Kritik (oberflächlich, unkritisch, positiv, manipulativ, Machbarkeitswahn) bspw. Neuberger & Kompa 1993, Steinmann & Schreyögg 2005, S. 722.

monstrieren eine gewisse Branchenabhängigkeit der Unternehmungskulturen. Andere Einflussfaktoren sind v. a.: Unternehmungsgröße, Eigentümer/Top-Management, Technologien.

- Die Kultur des „*tough-guy/macho*" ist durch risikofreudige, individualistisch orientierte, hart arbeitende Unternehmungsmitglieder gekennzeichnet. Deren Ansehen ergibt sich aus entsprechenden Erfolgen. Erfolge werden entsprechend gefeiert, Misserfolge führen zu individuellen Karriereknicken. „Alles-oder-nichts" könnte die Devise sein.[219]

- Bei der Kultur des „*work hard/play hard*" sind die Tätigkeiten in der Unternehmung durch harte Arbeit, aber auch durch Spaß dabei beschrieben. Teamorientierung in der Arbeit wie gemeinsame Freizeitaktivitäten – zumindest am Rande der Arbeit – sind Bestandteile dieses Kulturtyps. Auch Kundenorientierung wird ihm zugeschrieben. Die Geschäftsrisiken sind vergleichsweise überschaubar.[220]

- Die „*bet-your-company*"-Kultur ist dadurch charakterisiert, dass die Unternehmungsmitglieder durchaus bereit sind, risikoreiche Entscheidungen zu treffen, auch wenn es vermutlich etwas länger dauert, bis klar wird, ob ein (Miss-) Erfolg folgt. Typischerweise sind hiermit größere Investitionen mit verbunden, die dann sehr gewissenhaft und analytisch vorbereitet und oft miteinander besprochen werden.[221]

- Mit dem Kulturtyp „*process*" ist der Risikograd der getroffenen Entscheidungen in der Regel gering und der Zeitraum, bis zu dem (Miss-) Erfolgsmeldungen vorliegen können, nicht lang. Dabei steht insbesondere die Effizienz der Aufgabenerfüllung („Die Dinge richtig tun!") im Vordergrund.

---

[219] *Beispiele*: Musikindustrie, Sportler- und Trainerkarrieren, Aktienbörse und manche Vertriebsbereiche können hier genannt werden.

[220] *Beispiel*: Diesem Kulturtyp wird vielen im Internetboom um das Jahr 2000 gegründete Start-ups zugesprochen. Ansonsten sind in der Literatur auch Restaurants und Softwareunternehmungen angeführt.

[221] *Beispiele*: Unternehmungen im Maschinen- und (Groß-) Anlagenbau, in der Ölindustrie und im Flugzeugbau weisen vielfach einen solchen Kulturtyp auf.

Des Weiteren zählen zu den Kulturmerkmalen: strenge Hierarchien, eher träger Verwaltungsapparat („Dienstwege") u. Ä.[222]

Zu (2): Stärke der Unternehmungskultur

Um die Stärke einer Unternehmungskultur bewerten zu können, kann man vier *Dimensionen* nutzen:[223]

- *Prägnanz.* Wie deutlich sind die Werte, Standards und Symbole für die Unternehmungsmitglieder? „Starke" Kulturen zeichnen sich durch prägnante Vorstellungen darüber aus, was gewünscht ist und was nicht – und auch jeweils in welchen Situationen. „Schwache" Kulturen haben dagegen eher differenzierte Verhaltensregeln und durchaus variable Orientierungsmuster.
- *Verbreitungsgrad.* Starke Kulturen zeichnen sich dadurch aus, dass sie weit unter der Mitarbeiterschaft verbreitet sind und dass die Mitarbeiter die Kultur teilen. Bei schwachen Kulturen ist es umgekehrt.
- *Verankerungstiefe.* Je tiefer die kulturellen Muster von den Unternehmungsmitgliedern internalisiert sind, also zum selbstverständlichen Teil des (auch quasi gedankenlosen) Handelns geworden sind, desto stärker ist die Kultur. „Schwache" Kulturen setzen Werte dagegen eher kalkuliert ein. Ansonsten spielen sie weder bei der Entscheidungsfindung noch beim Verhalten eine maßgebliche Rolle.
- *Persistenz.* Je stabiler die Werte, Standards und Symbole im Zeitablauf sind, also je weniger sie volatil sind, als desto stärker gilt sie. „Schwache" Kulturen haben dagegen variable, anpassende und flexible Kulturelemente.

---

[222] *Beispiele*: Gerade in eher statischen, eher risikoarmen Branchen passt der Kulturtyp. Es werden insbesondere Kreditinstitute und Versicherungsunternehmungen, öffentlicher Dienst sowie Energieversorger als Vertreter eines solchen Kulturtyps angeführt. Als Subkultur kann auch die Buchhaltungsabteilung genannt werden.

[223] S. Steinmann & Schreyögg 2005, S. 722-724.

Zu (3): Erfolgsbeitrag „starker" Unternehmungskulturen

Man darf nicht den Fehler machen, starke Unternehmungskulturen generell als gut oder als besser als schwache Kulturen zu kennzeichnen.[224] Letztlich ist auch hier eine situations- oder konfigurationstheoretische Interpretation notwendig. Die Passbarkeit zur Unternehmungsstrategie (und von der wiederum zur Unternehmungsumwelt) ist von Bedeutung. Ändert sich die Unternehmungsstrategie grundlegend,[225] dann ist eine starke Kultur eher hinderlich. Sie behindert zumindest den raschen Erfolg der Strategieänderung. „Schwache" Unternehmungskulturen können also durchaus auch Vorteile aufweisen.

Zu (4): Gestaltbarkeit von Unternehmungskulturen

Im Allgemeinen werden die Möglichkeiten des konkreten Eingreifens (Gestaltung wie Veränderung) als gering eingeschätzt. Dennoch findet sich eine Anzahl von Versuchen, dieses Konstrukt der Unternehmungskultur als möglichen Erfolgsfaktor gezielt zu beeinflussen. In Grenzen und in bestimmten Situationen ist dies möglich, allerdings nicht unbedingt schnell und zielgerecht.[226] Ei-

---

[224] Gerade bei häufig wechselnden Umweltbedingungen und entsprechend angepassten Unternehmungsstrategien (i. S. marktorientierter Vorgehensweise) mag eine schwache Unternehmungskultur zweckmäßig sein. Sie gestattet eine größere Flexibilität.

[225] *Beispiele*: (1) Die Konversionsstrategien der Deutschen Bundesbahn zur Deutschen Bahn AG sowie der Deutschen Bundespost zur Telekom AG – von einer Behörde zu einer Unternehmung – haben diesen Prozess mit unterschiedlichen Erfolgen bewältigt. (2) Die Entwicklung der in den 1970er Jahren „drögen" Audi AG in eine hochprofessionelle Unternehmung kann auch angeführt werden: vom älteren Herren mit Hut als stereotypen Kunden zum Angebot innovativer, sportiver, hochqualitativer Fahrzeuge.

[226] *Beispiele*: (1) Wenn sich bei der Marktprognose ergibt, dass die Kunden nicht mehr so viel Wert auf die Qualität der Produkte legen, da für sie der (niedrige) Preis wichtiger wird. Die vorhandene Qualitätskultur in der Unternehmung kann man nicht einfach per Anordnung aufgeben. (2) Auch wenn sich eine Notwendigkeit zu einer schnelleren Innovationsorientierung ergeben hat, kann man eine vorher geltende Sicherheits- und Bürokratiekultur nicht sogleich ändern.

ne entscheidende Rolle kommt dem Verhalten der Unternehmungsleitung, m. a. W. der Glaubwürdigkeit (Einheit von Wort und Tat) dieser Instanz zu.[227]

3. Unternehmungsidentität

Eng verbunden mit der Unternehmungskultur sind weitere Konstrukte, die in aller Regel unter dem Sammelbegriff der Unternehmungsidentität („*corporate identity*") angesprochen werden. Sie beziehen sich gewissermaßen auf eine Vorstellung einer persönlichkeitsorientierten Analogie der Unternehmung (spezifische „Unternehmungsidentität"). Im hier vertretenen Verständnis ist der Begriff der Unternehmungskultur abzugrenzen von dem der Unternehmungsidentität.[228] Letzterer zielt nur auf die sichtbare Ebene ab und beinhaltet Vorschläge, diese „verkaufsorientiert" bestmöglich zu gestalten. Die Unternehmungsidentität beschreibt das strategische Konzept zur Positionierung einer Unternehmung. Dies umfasst die Benennung und Beschreibung der Identitätsmerkmale sowie deren Integration in ein nach außen sichtbares, kongruentes Handlungskonzept, mit dessen Hilfe sich Strukturen, Inhalte und „Persönlichkeit" einer Unternehmung erkennen und gezielt steuern lassen. *Ziel* der Identitätsgestaltung ist es, ein profiliertes und klar erkennbares Bild in den Vorstellungen der Konsumenten zu verankern („corporate image").

Als *Bestandteile* einer Unternehmungsidentität kann man differenzieren:

- „corporate behavior" (Handeln und Verhalten der Unternehmung),
- „corporate design" (visuelle Gestaltung der Artefakte) und
- „corporate communications" (Kommunikation nach außen wie innen).

---

[227] S. bspw. Macharzina & Wolf 2012, S. 251-255, Steinmann & Schreyögg 2005, S. 707-741. Zur Klärung der Gestaltbarkeitsfrage kann man über organisationstheoretische Ansätze versuchen, Erklärungsmuster zu erhalten. Gerade die evaluationstheoretischen, die pfadtheoretischen und die verhaltenswissenschaftlichen Organisationstheorien geben hier wertvolle Impulse. Versuchen Sie einmal solchermaßen angesetzte Analysen!

[228] S. auch Macharzina & Wolf 2012, S. 244-245, Birkigt & Stadler 2002, S. 13-24, Schnyder 1991, S. 260-266.

In diesem Sinne ist auch zu überprüfen, ob die Innensicht der Unternehmung mit der Außensicht der Öffentlichkeit, also dem „*corporate image*", übereinstimmt. Siehe zu den Zusammenhängen Abbildung 13.

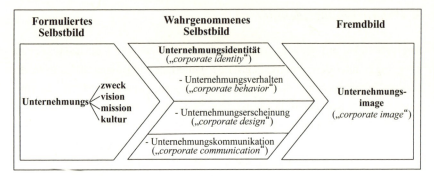

Abb. 13: Zusammenhang zwischen Unternehmungszweck,
Unternehmungsidentität und Unternehmungsimage

Die drei Blöcke können in der Realität durchaus voneinander abweichen. Weder mag es gelungen (oder gar gewollt) sein, dass formulierte Selbstbild in der Praxis umzusetzen, noch mag die Eigenwahrnehmung mit dem Fremdbild der Stakeholder übereinstimmen. Solche Misfits sind dann Ursache für Missverständnisse, nicht wirksame Unternehmungsstrategien und anderes.

V. Unternehmungsverfassung

1. Verständnis

Die Unternehmungsverfassung legt nach Maßgabe der Gesellschafts-, Handels- und Mitbestimmungsgesetze für die in der Regel selbst gewählte Rechtsform die rechtlichen Rahmennormen für eine Unternehmung fest. Eine in sich geschlossene Unternehmungsverfassung existiert allerdings nicht. Vielmehr finden sich die unterschiedlichen Regelungstatbestände in verschiedenen Gesetzen: Vor allem Handelsgesetzbuch, Aktiengesetz, GmbH-Gesetz, Betriebsverfassungsgesetz und die Mitbestimmungsgesetze beinhalten einschlägige Regelungen. Diese bilden einen umfassenden Ordnungsrahmen, der die

(Grundrechte der) Unternehmungsorgane allgemein sowie die Aufgaben, Kompetenzen, Zusammensetzungen und Interaktion der zu bildenden Organe im Speziellen beinhaltet.[229] Da vielfach dispositives Recht vorliegt, besteht rechtsformspezifisch unterschiedliches Gestaltungspotenzial.

Nach den möglichen Regelungsobjekten lässt sie sich differenzieren in die Organisations-, die Markt- und die Finanzverfassung. Die beiden letztgenannten Objekte interessieren hier nicht. Die *Organisationsverfassung* selbst thematisiert die Unternehmungsorgane hinsichtlich ihrer Zusammensetzung, ihrer Aufgaben und Kompetenzen organisatorischen Eingliederung und ihres Zusammenwirkens mit anderen Organen. Ein Teil hiervon ist die *Spitzenverfassung*, die den Regelungskomplex der institutionellen Ausgestaltung der Leitungsorgane vor allem aus rechtlicher Sicht thematisiert. Sie ist in dem hier vertretenen Verständnis ähnlich zur Corporate Governance (D.V.3). Ihr organisatorisches Pendant (aufbau- und ablauforganisatorische Umsetzung) ist die Spitzen-, gegebenenfalls auch die *Leitungsorganisation*.[230]

Lediglich ausgewählte, für den unternehmungspolitischen Rahmen als besonders wichtig angesehene Objekte werden nachfolgend herausgegriffen und überblicksartig dargestellt. Es handelt sich dabei um drei zentrale *Bereiche* der Organisationsverfassung: Grundtypen des Gesellschaftsrechts und der Rechtsformen, Corporate Governance und Mitbestimmung. Alle drei haben zentrale Bedeutung für den unternehmungspolitischen Rahmen.

2. Grundtypen

Ein einheitlich kodifiziertes Gesellschaftsrecht für die Unternehmungsleitung liegt in Deutschland nicht vor. Prinzipiell lassen sich aber zwei *Systeme* mit Varianten unterscheiden:

---

[229] S. Chmielewicz 1992, 1993, Bleicher 2004, S. 191-234, Schewe 2010, S. 8-18, auch zum Folgenden.

[230] S. Becker 2007. Von Werder (2008) 1, S. 17-34, spricht hier von Führungsorganisation.

- Bei *monistischen Systemen* ist die Gesamtverantwortung für die Unternehmungsführung einem Leitungsorgan übertragen.[231] Mit dem Ein- und dem Zwei-Gremium-Modell werden zwei Abarten differenziert.
- Bei *dualistischen Systemen* wird eine dreigliedrige Spitzenorganisation geschaffen, dadurch entsteht ein Drei-Gremien-Modell.

Letztlich liegen drei prinzipielle Alternative vor, um Eigentum, Management und Aufsicht jeweils unterschiedlich und situationsspezifisch zu gestalten. Der rechtliche Rahmen ist von außen vorgegeben, aber in der Regel selbst gewählt. Nachfolgend wird auf die in den drei *Modellen* unterschiedlich verteilte Entscheidungskompetenz eingegangen:[232]

- Der erste Grundtyp („*Ein-Gremien-Modell*") entspricht einer Einzelunternehmung wie der Offenen Handelsgesellschaft (OHG). Hier bilden prinzipiell alle Gesellschafter das Leitungsorgan mit der Zuständigkeit für die Unternehmungsführung. Die Gesellschafterversammlung besteht aus den gleichen Personen. Ein gesondertes Kontrollorgan besteht nicht.[233] Die oberste Entscheidungskompetenz für die Unternehmungsführung (wie -kontrolle) hat der rechtlich quasi omnipotente Gesellschafter respektive haben die gemeinsamen Gesellschafter zu regeln.[234]
- Beim zweiten Grundtyp („*Zwei-Gremien-Modell*")[235] differenziert im Allgemeinen der Kreis der Leitungsorganmitglieder mit dem der Gesellschaf-

---

[231] Man spricht hier auch von Vereinigungsmodell und meint damit die Vereinigung von Unternehmungsführung und -aufsicht in einem Organ.

[232] S. auch Becker 2007, S. 75-79.

[233] S. §§ 105-160 HGB.

[234] Die „Einzelunternehmung" hat keinen Gestaltungsspielraum. Etwas mehr Gestaltungsoptionen bietet die OHG, was die Aufgabenteilung zueinander betrifft. Bei beiden steht im Wesentlichen nur die eventuelle Schaffung eines Beratungsorgans (Beirat) sowie das Ausmaß der Delegation auf nachgeordnete Leitungsebenen (wenn vorhanden) zur Diskussion und Disposition.

[235] Das Zwei-Gremien-Modell wird manchmal auch eingliedriges System, monistisches System oder Vereinigungsmodell genannt, da zumindest in den angelsächsischen Cor-

ter. Die zentrale Gesellschafterversammlung wird durch ein für die Geschäftsführung zuständiges Organ (Geschäftsleitung) ergänzt. Es wird eine Aufgabendifferenzierung eingeführt.[236] Die Gesellschafterversammlung hat in der Regel die Personalhoheit über das Topmanagement, ein Kontrollrecht und eine zentrale Position beim normativen Management. Die Kommanditgesellschaft, die mitbestimmungsfreie Gesellschaft mit beschränkter Haftung (GmbH) und auch die US-amerikanische Stock-Corporation entsprechen diesem Typ.[237]

– Beim dritten Grundtyp („*Drei-Gremien-Modell*")[238] werden drei Organe mit spezifischen Aufgaben und Rechten gebildet. Typische Rechtsform ist die Aktiengesellschaft (AG), die Kommanditgesellschaft auf Aktien (KGaA) und die mitbestimmte Gesellschaft mit beschränkter Haftung (GmbH).[239] Neben der Gesellschafter- bzw. Hauptversammlung und der Geschäftsleitung (bzw. Vorstand) besteht ein Kontrollorgan (= Aufsichtsrat), welches, die Unternehmungsführung des Leitungsorgans überwacht und Personalhoheit über dieses hat.[240]

---

porations die Aufgaben der Unternehmungsführung und der Unternehmungsüberwachung in einem Organ (dem Board) vereinigt sind.

[236] Es gibt verschiedene rechtlich mögliche Ausdifferenzierungen dieses Typs, so dass die eigentliche Machtposition und die Unternehmungsführung zwischen Gesellschafterversammlung, Geschäftsleitung und eines ggf. vorhandenen Beirats unterschiedlich verortet werden kann. S. v. Werder 2005, S. 122-130, Becker 2007, S. 115-121.

[237] S. v. Werder 2008, S. 143-156, §§ 13-52 GmbHG sowie §§ 161-177a HGB.

[238] Vielfach wird es auch zweigliedriges System, dualistisches System oder Trennungsmodell (Trennung von Unternehmungsführung und Kontrolle) genannt.

[239] S. v. a. §§ 76-146, 278-285 AktG, §§ 13-52 GmbHG und D.V.3.

[240] Als *Paradebeispiel* gilt die deutsche Aktiengesellschaft: Der Vorstand ist für die (primäre) Unternehmungsführung zuständig, der Aufsichtsrat für die entsprechende Überwachung (bis zur sekundären Unternehmungsführung). Auch die vielgestaltige GmbH lässt sich in ein Drei-Gremien-Modell wandeln. Bei der mitbestimmten GmbH ist rein rechtlich schon ein Aufsichtsrat zu bilden. Diesem Organ sind gesetzlich Kompetenzen zugeordnet (§§ 84, 111 AktG), wenngleich nicht so weit reichende wie bei der Aktiengesellschaft. Die statuarische Einrichtung eines Beirats führt ebenso zur Institutionalisierung eines dritten Gremiums. Werden einem solchen Beirat per Gesellschaftervertrag und/oder Satzung Kompetenzen – unter Umständen noch mehr als es einem Auf-

Je nach Grundtyp besteht unterschiedliches Einflusspotenzial der Akteure. Dieses kann sich bereits aus den rechtlichen Vorschriften der jeweiligen Rechtsform ergeben oder sich durch unternehmungsspezifische Strukturierungen (bei fakultativen Rechtsnormen) ergeben. Die Spannbreite der Unternehmungen geht von der – historisch etablierten – eigentümergeführten Unternehmung über Hybridunternehmungen (mit gemischter Unternehmungsleitung) bis hin zur ausschließlich managergeführten Unternehmung.[241] Die Tendenz geht weg von rein eigentümergeführten Unternehmungen.[242] Dies führt zu einer stärkeren Nachfrage nach dem Drei-Gremien-Modell.

3. Corporate Governance

Corporate Governance stellt in Deutschland eine rechtlich determinierte, wenngleich innerhalb der gesetzten Grenzen (v. a. AktG, GmbHG, Mitbestimmungsgesetze) zum Teil gestaltbare Restriktion dar. Basierend auf den bislang dargestellten gesellschaftsrechtlichen Grundregeln der Unternehmungsverfassung sind im Zeitablauf unter dem „neuen" Blickwinkel des Corporate Governance mehrere Rechtsnormen entstanden, die auf das Verhalten der Unternehmungsakteure, speziell der fremdgeführten Unternehmungen, Einfluss nehmen (sollen).

Hier sind insbesondere folgende Regelungen hervorzuheben:

---

sichtsrat zusteht – zugeteilt, dann ist eine zumindest äußerlich vergleichbare Form zur Aktiengesellschaft geschaffen worden.

[241] *Beispiele* für Eigentümerleitung: Peter-Lacke GmbH (www.peter-lacke.de) und Schäferbarthold GmbH (www.schaeferbarthold.com), Hettich Holding GmbH & Co. oHG (www.hettich.com) und Seidensticker GmbH (www.seidensticker.de) für gemeinsam von Gesellschaftern und Fremdmanager geführte Unternehmungen sowie die Bertelsmann AG (www.bertelsmann.de) und Gildemeister AG (http://ag.gildemeister.com) als ausschließlich managergeführte Unternehmungen.

[242] Viele Familienunternehmungen nehmen aufgrund des Unternehmungswachstums und nur begrenzt vorhandener Familiennachfolger entweder Fremdmanager in die Unternehmungsleitung auf oder überlassen ihnen sogar gänzlich die Unternehmungsführung.

(1) das *Gesetz zur Kontrolle und Transparenz im Unternehmensbereich* (KonTraG) und

(2) der *Deutschen Corporate Governance Kodex* (DCGK) zur Bestimmung des Einflusses der Unternehmungseigner sowie

an späterer Stelle noch die Mitbestimmungsgesetze zum Einfluss von Arbeitnehmer (-vertretungen).[243]

Zu (1): Gesetz zur Kontrolle und Transparenz im Unternehmensbereich

Mit dem KonTraG wurden mit Wirkung zum 01.05.1998 zehn Gesetze und Verordnungen geändert.[244] Im Wesentlichen beziehen sich diese die Unternehmungsführung betreffende Änderungen auf das Aktiengesetz und das Handelsgesetzbuch. Folgende Regelungen sind hier hervorzuheben:

- Es wurde zur Pflicht für Vorstände von Aktiengesellschaften, ein unternehmungsweites *Risikomanagement* einzurichten und die interne Revision zu verstärken.[245] Dazu zählen Maßnahmen zur Risikoanalyse und -prognose ebenso wie zur Vermeidung, Verminderung und zum Umgang mit Risiken. Im Lagebericht ist hierauf explizit einzugehen.
- Die *Berichtspflicht* der Unternehmungsleitung gegenüber dem Aufsichtsrat wurde erweitert, und zwar bezüglich der strategischen Unternehmungsführung (speziell Finanz-, Situations- und Personalplanung).
- Der *Abschlussprüfer* ist vom Aufsichtsrat zu bestellen. Ihm ist auch der Prüfungsbericht zu übergeben. Er muss auch zwingend an der Bilanzsitzung des Aufsichtsrates teilnehmen. Der Prüfungsbericht geht an alle Mitglieder des Aufsichtsrates oder des Bilanzausschusses. Zudem sind die Voraussetzungen zur Bestellung als Abschlussprüfer verschärft worden.

---

[243] S. D.V.3 sowie Macharzina & Wolf 2012, S. 139-164.

[244] S. Bundesgesetzblatt (BGBl) 1998 1, Nr. 24, S. 786-794.

[245] S. § 91 II AktG.

- Es wurde die *Haftung* für Vorstand, Aufsichtsrat und Wirtschaftsprüfer erweitert. Auch Schadenersatzansprüche an die Organisationsmitglieder sind seitdem vereinfacht umsetzbar.
- Die *Publizitätspflichten* zu den Konzernabschlüssen wurden erweitert (v. a. Kapitalflussrechnung und Segmentberichterstattung).
- Es besteht nun eine *Prüfungspflicht* des Risikomanagementsystems. Darin eingeschlossen ist auch das entsprechende IT-Controllingsystem.
- Die Gewährung von *Bezugsrechten* an Mitglieder oder Unternehmungsleitung und an Arbeitnehmer aus einer bedingten Kapitalerhöhung nach § 192 AktG erhielt eine gesetzliche Grundlage.
- Weitere Änderungen betreffen: Durchführung der Hauptversammlungen, Änderungen beim Stimmrecht (Abschaffung von Mehrfachstimmrechten, Einschränkung von Vollmachtstimmrechten), Informationsstrukturen zwischen Aufsichtsrat und Vorstand, Prozessregelungen für den Aufsichtsrat sowie der Erwerb eigener Aktien.

Insgesamt werden die Änderungen als positiv für die Stärkung des Finanzplatzes „Deutschland" sowie zur besseren Steuerung von Unternehmungen in der Öffentlichkeit wahrgenommen. Aus der Sicht der Unternehmungsführung sind gerade das Risikomanagement sowie die Stärkung der Aufsichtsratsrechte positiv hervorzuheben.[246]

Zu (2): Deutscher Corporate Governance Kodex

Beim Deutscher Corporate Governance Kodex (DCGK) handelt es sich um Verhaltensregeln „guter Unternehmungsführung", d. h. um eine rechtlich indi-

---

[246] Der Gesetzgeber hat durch weitere Gesetze die durch das KonTraG eingeleitete „Politik der kleinen Schritte" (Westermann 1999, S. 256) fortgesetzt: das Transparenz- und Publizitätsgesetz (TransPuG, 2002), das Bilanzreformgesetz (BilReG, 2002), das Bilanzkontrollgesetz (BilKoG, 2004) und die Einführung internationaler Rechnungsstandards (IAS/IFRS, 2005) und das Anlegerschutzverbesserungsgesetz (AnSVG, 2004).

zierte Selbstverpflichtungserklärung hierzu.[247] Seit einigen Jahren gelten diese Regeln als Verhaltensmaßstäbe für Unternehmungsleitung und Unternehmungsüberwachung vor allem für das dualistische Modell der deutschen börsennotierten Aktiengesellschaft. Mit dem Kodex sollen die in Deutschland geltenden Regeln für Unternehmungsleitung und -überwachung für nationale und internationale Investoren transparent gemacht werden. Der DCGK bezieht sich fast ausschließlich auf die Aufgaben, Pflichten, Befugnisse von Vorstand und Aufsichtsrat sowie das Zusammenwirken dieser beiden Organe.[248] Objekte sind: Aktionäre und Hauptversammlung, Vorstand, Aufsichtsrat, Zusammenwirken von Vorstand und Aufsichtsrat, Transparenz sowie Rechnungslegung und Abschlussprüfung.

Der Deutsche Corporate Governance-Kodex wurde schließlich durch das Transparenz- und Publizitätsgesetz (TransPuG, 2002) rechtlich verbindlich eingeführt. Über die *Entsprechenserklärung* gemäß § 161 AktG besitzt der Kodex eine gesetzliche Grundlage. Demgemäß erklären Vorstände und Aufsichtsräte von börsennotierten Aktiengesellschaften jährlich, dass den vom Bundesministerium der Justiz im amtlichen Teil des elektronischen Bundesanzeigers bekannt gemachten Empfehlungen der „Regierungskommission Deutscher Corporate Governance Kodex" (nicht) entsprochen wurde sowie auch welchen Anregungen gefolgt wurde.

---

[247] S. von Werder 2004, 2005, S. 34-41: „http://www.dcgk.de/de/kodex.html" [Abruf: 01.04.2015], „www.corporate-governance.at/" [Abruf: 01.04.2015] „http://www. economiesuisse.ch/de/PDF%20Download%20Files/pospap_swiss-code_corp-govern_ 20080221_de.pdf" [Abruf: 01.04.2015].

[248] Letztlich sind die Vorschläge zunächst über verschiedene Kommissionen (Frankfurter Grundsatzkommission Corporate Governance sowie *Berliner Initiativkreis* „German Code of Corporate Governance"), zuletzt die Baums- und die Cromme-Kommission, erarbeitet worden und dann durch den Gesetzgeber beraten und verabschiedet worden : Zunächst hatte die *Baums*-Kommission einen ebenso umfangreichen wie unbefriedigenden Bericht über die Novellierung des Aktiengesetzes mit einem Schwerpunkt auf einer Reform des deutschen Corporate Governance-Systems vorgelegt. Aufbauend erarbeitete die *Cromme*-Kommission im Auftrag der Bundesregierung einen Vorschlag für einen Deutschen Corporate Governance Kodex. S. Baums 2001. S. auch die OECD-Grundsätze (www.oecd.org/dataoecd/57/19/32159487.pdf [Abruf: 01.02.2013].

- Die *Empfehlungen des Kodexes* sind im Text durch die Verwendung des Wortes „soll" gekennzeichnet. Die Aktiengesellschaften können hiervon jeweils abweichen. Allerdings sind sie dann dazu verpflichtet, dies jährlich offen zu legen und zu begründen.
- Darüber hinaus enthält der DCGK auch *Anregungen* („sollte", „kann"). Von diesen kann man ohne besondere Offenlegung abweichen.
- Zudem beinhaltet der Kodex – eigentlich überflüssigerweise – noch Bestimmungen, die dem geltenden Recht entnommen sind, also von daher schon anderweitig verpflichtend sind (*„muss"*).

Von den Empfehlungen und Anregungen werden nachfolgend für die hier verfolgte Themenstellung wesentliche skizziert:[249]

- *Aktionäre und Hauptversammlung.* (1) Der Vorstand *soll* sowohl die Tagesordnung (inkl. der beigefügten Unterlagen) als auch den Geschäftsbericht auf der Internetseite der Unternehmung bereitstellen. (2) Die Verfolgung der Hauptversammlung *sollte* den Aktionären beispielsweise über das Internet ermöglicht werden.
- *Zusammenwirken von Vorstand und Aufsichtsrat.* (1) Der Aufsichtsrat *soll* die jeweiligen Informations- und Berichtspflichten des Vorstands definieren. (2) Bei Bedarf *sollte* der Aufsichtsrat ohne den Vorstand tagen. (3) In mitbestimmungspflichtigen Unternehmungen *sollten* die Arbeitnehmer- und die Eigentümervertreter jeweils in gesonderten Treffen Aufsichtsratssitzungen – u. U. auch mit Vorstandsmitgliedern – vorbereiten. (4) Nebentätigkeiten von Vorstandsmitgliedern – vor allem Aufsichtsratsmandate – *sollen* nur mit einer Zustimmung des Aufsichtsrates ausgeübt werden.
- *Aufgaben, Zuständigkeiten, Zusammensetzung, Vergütung und Interessenkonflikte des Vorstands.* (1) Es *soll* eine Pluralinstanz (mehrköpfiger Vorstand) vorgesehen sein. (2) Die Vorstandsarbeit *soll* durch eine Geschäftsordnung, in der auch die Zuständigkeiten der Vorstandsmitglieder festgelegt sind, geregelt werden. (3) Vorhandene variable Vergütungen (insb.

---

[249] S. http://www.dcgk.de/de/kodex.html [Abruf: 01.04.2015].

Aktienoptionen und vergleichbare Instrumente) *sollen* mit relevanten Vergleichsparametern versehen sein.[250] (4) In Vorstandsverträgen *soll* beachtet werden, dass bei einer vorzeitigen Beendigung der Vorstandtätigkeit ohne wichtigen Grund die Abfindungszahlungen begrenzt sind (maximal in Höhe von zwei Jahresvergütungen inkl. Nebenleistungen und nicht mehr als die Restlaufzeit des Vertrages). (5) Der Aufsichtsratsvorsitzende *soll* die Hauptversammlung über die Grundzüge des Vergütungssystems informieren. (6) Es *soll* eine Offenlegung der Vorstandsvergütung erfolgen.

– *Aufgaben, Zuständigkeiten, Zusammensetzung, Vergütung und Interessenskonflikte des Aufsichtsrates.* (1) Bei der Zusammensetzung des Vorstands *soll* der Aufsichtsrat auf Vielfalt (Diversität) achten. (2) Gemeinsam mit dem Vorstand *soll* eine langfristige Nachfolgeplanung erarbeitet werden. (3) Der Vorsitzende des Aufsichtsrates *soll* mit dem Vorstandsvorsitzenden/-sprecher regelmäßig in Kontakt stehen und dabei die Strategie, die Unternehmungsentwicklung und das Risikomanagement thematisieren. (4) Der Aufsichtsrat *soll* einen Prüfungsausschuss einrichten, der sich vor allem mit der Rechnungslegung, dem Risikomanagement, der Compliance (Regelüberwachung von Gesetzen, Verordnungen, Kodizes), der Unabhängigkeit des Abschlussprüfers und dem Prüfungsauftrag (u. a. Prüfungsschwerpunkte, Honorarvereinbarung) beschäftigt. (5) Es *sollen* nicht mehr als zwei ehemalige Vorstandmitglieder dem Aufsichtsrat angehören.[251] (6) Bei der Wahl zum Aufsichtsrat *sollen* Einzelwahlen angesetzt werden. (7) Aufsichtsratsmitglieder *sollen* neben einer fixen auch eine erfolgsorientierte variable Vergütung erhalten. (8) Diese Vergütungen *sollen* im Corporate Governance-Bericht individualisiert wiedergegeben werden. (9) Die variable Vergütung *soll* auch den langfristigen Unternehmungserfolg mit honorieren. (10) Bei einer Teilnahme an weniger als der Hälfte der Auf-

---

[250] *Beispiel*: Dies bedeutet, dass variable Entgelte sich nur dann ergeben, wenn die Unternehmung zu vergleichbaren Mitwettbewerbern ebenso oder besser abgeschnitten hat.

[251] Sowohl mit dieser Soll-Regelung als auch mit der „*cooling-off*"-Frist (s. u.) soll verhindert werden, dass bei den Mitgliedern des Aufsichtsrates eine gewisse Abhängigkeit von den selbst in der Vergangenheit verantworteten Entscheidungen vorliegt.

sichtsratssitzungen *soll* dies mit Namensnennung im Aufsichtsratsbericht vermerkt werden. (11) Bei Abschluss einer D & O-Versicherung[252] *soll* ein angemessener Selbstbehalt vorgesehen sein. (12) Eine der wesentlichen Ergänzung dieser Empfehlungen seit 2002 betrifft die so genannte „*cooling-off*"-*Frist*: Es wird empfohlen, dass ein Wechsel vom Vorstand in den Aufsichtsrat erst nach frühestens zwei Jahren erfolgen soll.[253]

– *Transparenz gegenüber Aktionären und der Öffentlichkeit.* (1) Aktionäre wie Dritte *sollen* während eines Geschäftsjahres durch Zwischenberichte informiert werden. (2) Der Aufsichtsrat *soll* eine Erklärung des ausgewählten Abschlussprüfers einholen, dass diese in keiner Abhängigkeit zur Unternehmung steht. (3) Der Corporate Governance-Bericht *soll* Angaben über ein vorhandenes Aktienoptionsprogramm o. Ä. enthalten.

Diese Vorschläge werden jährlich von der Regierungskommission neu bedacht und gegebenenfalls modifiziert. Insgesamt gesehen, wird der DCGK von den betroffenen Unternehmungen weitgehend angenommen, wenn auch nicht bei allen Empfehlungen und Anregungen.[254]

Auch wenn sich die Diskussion der Corporate Governance auf börsennotierte Aktiengesellschaften konzentriert, so ist die Problematik prinzipiell auf alle *anderen Unternehmungen* übertragbar,[255] zumindest auf solche, bei denen Eigentümer und Geschäftsleitung nicht vollends identisch sind. Allerdings: Die

---

[252] Hierbei handelt es sich um eine *Directors and Officiers-Versicherung* (Organ- oder Manager-Haftpflichtversicherung), die bei einer gewissenhaften und ordentlichen Aufgabentätigkeit die Aufsichtsräte sowie Vorstandsmitglieder und Leitende Angestellte für eventuelle Haftungsansprüche abgeschlossen wird.

[253] Ausnahme: Der Vorschlag erfolgt von einem Aktionär, der mehr als 25 Prozent der Stimmrechtsanteile hat.

[254] S. hierzu genauer von Werder & Talaulicar 2010, von Weber & Bartz 2014.

[255] S. v. a. folgende Kodizes: Kodex für Familienunternehmungen (www.kodex-fuer-familienunternehmen.de) und Public Corporate Governance Kodex (http://www.bundesfinanzministerium.de/Web/DE/Themen/Bundesvermoegen/Privatisierungs_und_Beteiligungspolitik/Grundsaetze_guter_Unternehmensfuehrung/grundsaetze_guter_unternehmensfuehrung.html) [Abruf für beide: 01.04.2015].

teilweise „emsige Erarbeitung"[256] der entsprechenden Normen deutet auf eine „Mode"-Erscheinung hin, die nicht unbedingt zu einer effizienteren, wohl aber zu einer von den Anspruchsgruppen akzeptierte(re)n Unternehmungsführung und -überwachung führt.[257] Auch solche Moden bestimmen nachhaltig die Realität. Von daher stehen die damit verbundenen Dynamiken in den Leitungsorganen zu Recht viel stärker im Blickfeld der Diskussionen in Wissenschaft wie Praxis.[258]

4. Mitbestimmung

4.1 Einstieg

Die jeweils geltenden Mitbestimmungsregelungen in den Staaten, in denen die Unternehmung tätig ist, stellen einen elementaren Bestandteil des unternehmungspolitischen Rahmens und der Unternehmungsverfassung dar. Zu differenzieren ist bei diesen Regelungen einerseits in die unternehmerische Mitbestimmung (Mitbestimmung über den Aufsichtsrat) und andererseits in die betriebliche Mitbestimmung (v. a. Mitbestimmung über den Betriebsrat). Auf beide wird nachfolgend näher eingegangen.[259]

---

[256] Küsters 2002, S. 317.

[257] S. auch Hakelmacher 1995, Kieser 1996.

[258] Mittlerweile haben die Veränderungen in der Corporate Governance-Diskussion auch durchaus Signalwirkungen und infolge auch positive Wirkungen auf die Unternehmungspraxis ausgeübt: Auch Moden können sinnvoll sein! Auf Basis bspw. der Theorie der Pfadabhängigkeit, der Agenturtheorie, der Mikropolitik und/oder der Konfigurationstheorie ließe sich dabei erklären, warum die Prozesse zur Verbesserung i. S. des Kodex aber so langsam, zumindest teilweise unbefriedigend im Ergebnis, nicht noch weitergehender und/oder mehr pro forma umgesetzt sind.

[259] S. auch Berthel & Becker 2013, S. 684-699. Zu beachten ist vorab, dass bei der Mitbestimmung auf Betriebsebene die Mitarbeiteranzahl entscheidend für die geltenden Regelungen ist. Bei der Mitbestimmung auf Unternehmungsebene ist es dagegen zunächst die Rechtsform und dann z. T. noch die Mitarbeiterzahl, die die geltenden Regelungen bestimmen. Des Weiteren ist darauf hinzuweisen, dass die Terminologie in den Rechtsnormen nicht unbedingt mit der in der Managementlehre übereinstimmt, oft ist sie auch

4.2 Mitbestimmung auf Unternehmungsebene

Mitbestimmung auf Unternehmungsebene (synonym: unternehmerische Mitbestimmung) der Arbeitnehmer vollzieht sich über Arbeitnehmervertreter *im Aufsichtsrat* von Unternehmungen, teilweise auch über das Organ „Arbeitsdirektor" im Vorstand. Durch die Mitwirkung im Aufsichtsorgan werden die Arbeitnehmervertreter insbesondere über wirtschaftliche Probleme und Entscheidungen größerer Tragweite informiert. Sie sind darüber hinaus an wesentlichen Entscheidungen formal und/oder informal als Akteure beteiligt.

In der Bundesrepublik Deutschland gelten verschiedene Regelungen, die sich nach Unternehmungsgröße (v. a. gemessen an der Mitarbeiterzahl), Gesellschaftsform und Branche unterscheiden.[260] Von den nachfolgend skizzierten Regelungen sind allerding nur *Kapitalgesellschaften* betroffen:[261]

– Das *Montan-Mitbestimmungsgesetz* von 1951[262] regelt die unternehmerische Mitbestimmung der Arbeitnehmer in Unternehmungen des Bergbaus sowie der Eisen und Stahl erzeugenden Industrie in der Rechtsform der Kapitalgesellschaft mit mehr als 1.000 Beschäftigten. Der jeweilige Aufsichtsrat dieser Gesellschaften setzt sich *paritätisch* aus Arbeitnehmervertretern und Anteilseignervertretern. Die Möglichkeit einer Pattsituation wird dadurch ausgeschaltet, dass außerdem noch ein *neutrales Mitglied*, welches das Vertrauen sowohl der Arbeitgeber- als auch der Arbeitnehmerseite hat, dem Aufsichtsrat angehört. Schließlich muss dem Vorstand ein

---

inkonsistent. In diesem Abschnitt wird in den Rechtsnormen unter „Betrieb" im Grunde das interne Gebilde der Unternehmung verstanden sowie unter „Unternehmen" die primäre und sekundäre Unternehmungsleitung, zuständig für generelle Entscheidungen.

[260] Zu Regelungen der Corporate Governance und der Mitbestimmung in anderen Staaten s. Macharzina & Wolf 2012, S. 165-191.

[261] Personengesellschaften sind – größenunabhängig – von den Regelungen ausgenommen, da es einen zu großen Eingriff in die Eigentumsrechte von Privatpersonen, die unbegrenzt für die Unternehmung haften, bedeuten würde (Eigentumsschutz Art. 14 GG).

[262] Gesetz über die Mitbestimmung der Arbeitnehmer in den Aufsichtsräten und Vorständen der Unternehmen des Bergbaues und der Eisen und Stahl erzeugenden Industrie – MontanMitbestG.

Arbeitsdirektor (D.V.4.2) als gleichberechtigtes Mitglied angehören. Zur Sicherung des Status quo der Montanmitbestimmung trägt das *Montan-Mitbestimmungsergänzungsgesetz* von 1956[263] bei. Dieses regelt die Mitbestimmung ebenfalls von Konzernobergesellschaften des Bergbaus sowie der Eisen und Stahl erzeugenden Industrie. Dabei gelten die gleichen Regelungen bezüglich der Besetzung des Aufsichtsrates wie beim Montan-Mitbestimmungsgesetz. Der Arbeitsdirektor kann hier allerdings gegen die Stimmen der Arbeitnehmervertreter gewählt werden.[264]

– Das *Mitbestimmungsgesetz* von 1976[265] regelt die unternehmerische Mitbestimmung der Arbeitnehmer in Unternehmungen für alle Kapitalgesellschaften einschließlich Konzernen mit mehr als 2.000 Arbeitnehmern, soweit sie nicht in den Geltungsbereich des Montan-Mitbestimmungsgesetzes fallen. Die Zusammensetzung des Aufsichtsrates bestimmt das Gesetz je nach Größe der Unternehmung. Arbeitnehmer- und Eigentümervertreter sind gleich stark im Aufsichtsrat vertreten. Der Arbeitnehmerseite gehört neben den Arbeitnehmervertretern mindestens ein Leitender Angestellter an. Eine mögliche Pattsituation zwischen der Anteilseigner- und Arbeitnehmerbank wird dadurch aufgelöst, dass nach verfahrensmäßigen Vorkehrungen dem Aufsichtsratsvorsitzenden eine Zweitstimme in Pattsituationen

---

[263] Gesetz zur Ergänzung des Gesetzes über die Mitbestimmung der Arbeitnehmer in den Aufsichtsräten und Vorständen der Unternehmen des Bergbaues und der Eisen und Stahl erzeugenden Industrie – MitbestErgG.

[264] Das MitbestErgG wurde notwendig, weil durch die Änderung des Produktionszweckes bei fast allen bisher montanmitbestimmten Konzernobergesellschaften der Eisen- und Stahlindustrie in den vergangenen Jahren die gesetzlichen Anwendungsvoraussetzungen der Montanmitbestimmung entfallen sind. Wenn die Voraussetzungen des Montan-Mitbestimmungsgesetzes weggefallen sind, richtet sich die Mitbestimmung dann nach dem MitbestErgG, sofern die unter das Montan-Mitbestimmungsgesetz fallenden Konzernunternehmungen und abhängigen Unternehmungen mindestens ein Fünftel der Umsätze sämtlicher Konzernunternehmungen und abhängigen Unternehmungen erzielen oder wenn sie i. d. R. mehr als 2.000 Arbeitnehmer beschäftigen.

[265] Gesetz über die Mitbestimmung der Arbeitnehmer MitbestG.

eingeräumt wird.[266] Schließlich muss dem Vorstand als gleichberechtigtes Mitglied ein Arbeitsdirektor angehören.

- Das *Drittelbeteiligungsgesetz* von 2004[267] enthält Vorschriften für die unternehmerische Mitbestimmung von Arbeitnehmern für Unternehmungen, mit in der Regel mehr als 500 Arbeitnehmern und weder unter das Montan-Mitbestimmungsgesetz noch unter das Mitbestimmungsergänzungsgesetz sowie aufgrund ihrer Mitarbeiterzahl noch nicht unter das Mitbestimmungsgesetz fallen.[268] Im Rahmen der Unternehmungsmitbestimmung ist vorgesehen, dass in Aufsichtsräten eine Drittelparität besteht, d. h. dass ein Drittel der Stimmen und Sitze von Arbeitnehmervertreter zu besetzen sind.

Die Intensität der Einflussnahme der Arbeitnehmervertreter und die weitere Ausgestaltung sind bei den vier Gesetzen sehr unterschiedlich.

Hervorzuheben ist die Institution „*Arbeitsdirektor*". Er ist ein gesetzlich definiertes, gleichberechtigtes Mitglied eines Vorstandes und dient als Organ der unternehmerischen Mitbestimmung der Arbeitnehmer. Der Arbeitsdirektor hat als gleichberechtigtes Mitglied wie die übrigen Mitglieder des zur gesetzlichen Vertretung der Unternehmung befugten Organs seine Aufgaben (i. W. Personal- und Sozialaufgaben) in engem Einvernehmen mit dem Gesamtorgan auszuüben. Nach dem Montan-Mitbestimmungsgesetz darf der Arbeitsdirektor nicht gegen die Stimmen der Mehrheit der Arbeitnehmervertreter bestellt wer-

---

[266] Durch beide Regelungen findet faktisch keine paritätische Mitbestimmung statt. Letztlich haben die Eignervertreter eine knapp höhere Stimmenanzahl. Übrigens: Die Zweitstimme des Aufsichtsratsvorsitzenden kann sich auch mit den Stimmen der Arbeitnehmerbank verbinden. *Beispiel*: Bei der Volkswagen AG wurde der Einfluss des Aufsichtsratsvorsitzenden *Ferdinand Piëch* auch über seine Zweitstimme im Verbund mit Arbeit*nehmer*vertretern begründet. S. http://www.spiegel.de/wirtschaft/a-413929.html, vom 30.04.2006 [Abruf: 01.02.2013].

[267] Gesetz über die Drittelbeteiligung der Arbeitnehmer in Deutschland – DrittbG – im Wesentlichen bereits geregelt im BetrVG von 1952.

[268] Eine Ausnahme bilden Aktiengesellschaften, die vor dem 1.10.1994 gegründet wurden und keine Familiengesellschaften sind. Diese fallen auch mit weniger als 500 Mitarbeitern unter diese Regelung.

den (Sperrklausel), während nach dem Mitbestimmungsgesetz und Montan-Mitbestimmungsergänzungsgesetz für seine Bestellung nichts anderes wie für die sonstigen Vorstandsmitglieder gilt. Die Geschäftsordnung des Vorstands legt dann auch die Zuständigkeit genau fest.

Die Mitbestimmung der *Europäischen Gesellschaft* (Societas Europaea – SE) ist nicht nach einem einheitlichen Modell geregelt.[269] Sie basiert auf einem europaweiten Rechtsrahmen, an den sich die Mitgliedsstaaten und die dort gegründeten SE zu halten haben. Dieser beinhaltet eine einheitliche Grundstruktur, der verschiedenen Gestaltungsoptionen sowohl bei monistischen wie bei dualistischen Systemen zulässt, wie die Möglichkeit einer Verhandlungslösung der Mitbestimmungsbeteiligten vor gesetzlich vorgegebenen Regelungen („maßgeschneiderte Regelungen"), ein Gebot bestehender Beteiligungsrechte der Arbeitnehmer bei einer Umgründung (GmbH/AG → SE) beizubehalten („Vorher-Nachher-Prinzip") und nationale Regelungen zur Spezifizierung.[270]

4.3 Mitbestimmung auf Betriebsebene

Die Mitbestimmung auf Betriebsebene (synonym: betriebliche Mitbestimmung) ist im Betriebsverfassungsgesetz (BetrVG von 1972) geregelt. Sie vollzieht sich im Wesentlichen über den *Betriebsrat* unmittelbar in der Unternehmung. Dieser vertritt die Interessen der Arbeitnehmer. Der im Betriebsverfassungsgesetz festgelegte *Grundsatz der vertrauensvollen Zusammenarbeit* von

---

[269] S. Richtlinie 2001/86/EG des Rates vom 8.10.2011 zur Ergänzung des Status der Europäischen Gesellschaft hinsichtlich der Beteiligung der Arbeitnehmer (http://beck-online.beck.de/default.aspx?bcid=Y-100-G-EWG_RL_2001_86, Abruf: 01.02.2013]; auch Macharzina & Wolf 2012, S. 181-186, von Werder 2008, S. 156-170.

[270] In Deutschland ansässige Unternehmungen (bspw. E.ON, Allianz, BASF, Goldbeck) haben nach einer Umwandlung in eine SE die vorherige Unternehmungsmitbestimmung (i. S. des Mitbestimmungsgesetzes) beibehalten, wenngleich oft mit einem – aus organisatorischen Gründen und Effizienz orientiert – verkleinerten Aufsichtsrat.

Betriebsrat und Arbeitgeber manifestiert, dass Konflikte nicht auf dem Wege von Arbeitskämpfen ausgetragen werden dürfen.[271]

Nach dem Betriebsverfassungsgesetz können, sofern die Arbeitnehmer dies wollen, in Unternehmungen mit mindestens fünf ständigen wahlberechtigten Arbeitnehmern, von denen drei wählbar sind, Betriebsräte gebildet werden.[272] Die *Größe* des Betriebsrates richtet sich nach der Mitarbeiterzahl der Unternehmung. Die *Amtszeit* des durch die Belegschaft zu wählenden Betriebsrates beträgt vier Jahre. In größeren Unternehmungen besteht aufgrund unterschiedlicher Standorte und rechtlich selbstständiger Konzerngesellschaften die Möglichkeit, einen Gesamtbetriebsrat und einen Konzernbetriebsrat zu bilden.

Zu den *allgemeinen Aufgaben* des Betriebsrates zählen (§ 80 BetrVG):

- Überwachung der Einhaltung von Rechtsnormen und arbeitsrechtlichen Grundsätzen, die zugunsten von Arbeitnehmern gelten,
- Beantragung von Maßnahmen, die der Unternehmung und den Arbeitnehmern dienen,
- Entgegennahme von Anregungen der Arbeitnehmer sowie der Jugend- und Auszubildendenvertretung, Vertretung der Anregungen,
- Eingliederung schutzbedürftiger Personen,
- Zusammenarbeit mit der Jugend- und Auszubildendenvertretung,
- Förderung der Beschäftigung älterer Arbeitnehmer,
- Eingliederung ausländischer Arbeitnehmer,
- Qualifizierung, Beschäftigungssicherung sowie
- umweltpolitische Fragen.

---

[271] Dieser Grundsatz ist allerdings wenig operational. In der Unternehmungspraxis finden sich von viele verschiedene Konstellationen: von der fast klassenkämpferischen Gegenposition zum Arbeitgeber über eine vertrauensvolle, wenngleich durchaus interessenorientierten Zusammenarbeit bis hin zu einer wenig engagierten Pflichterfüllung. S. zum Folgenden Berthel & Becker 2013, S. 678-695, und die dort angegebene Literatur.

[272] Es liegt zumindest rechtlich nicht in der Hand einer Unternehmung, ob ein Betriebsrat gebildet wird oder nicht – selbst wenn es immer wieder Versuche gegeben hat, eine solche Bildung zu fördern oder (vermutlich häufiger) zu verhindern.

Nach den *Gegenständen* der Mitwirkung unterscheidet das Betriebsverfassungsgesetz die folgenden Bereiche, bei denen eine betriebliche Mitbestimmung vorgesehen ist:

- *soziale* Angelegenheiten (§§ 87-89 BetrVG) inklusive der Gestaltung von Arbeitsplatz, Arbeitsablauf und Arbeitsumgebung (§§ 90 und 91 BetrVG),
- *personelle* Angelegenheiten, unterteilt in „allgemeine personelle Angelegenheiten" (§§ 92-95 BetrVG), „Berufsbildung" (§§ 96-98 BetrVG) und „personelle Einzelmaßnahmen" (§§ 99-105 BetrVG),
- *wirtschaftliche* Angelegenheiten, unterteilt in „Unterrichtung in wirtschaftlichen Angelegenheiten" (§§ 106-110 BetrVG) und „Betriebsänderungen" (§§ 111-113 BetrVG).

Die Mitwirkungsrechte in den verschiedenen mitbestimmungsmöglichen Angelegenheiten sind unterschiedlich umfassend. Das Betriebsverfassungsgesetz unterscheidet dabei verschiedene Arten von Beteiligungsrechten:[273]

- Die *Individualrechte* nach §§ 81-86 BetrVG umfassen Unterrichtungs-, Anhörungs-, Erörterungs- und Beschwerderechte sowie das Recht, Personalakten einzusehen. Sie sind vor allem wegen ihres betriebsbezogenen Charakters im Betriebsverfassungsgesetz geregelt, lassen sich jedoch auch aus dem individuellen Arbeitsvertrag und der damit verbundenen Fürsorgepflicht des Arbeitgebers ableiten. Damit gelten die Individualrechte nicht für leitende Angestellte und nur für Unternehmungen und Arbeitnehmer, auf die das Betriebsverfassungsgesetz anwendbar ist.
- Die *Beteiligungsrechte des Betriebsrats* lassen sich nach ihrem Ausmaß wie folgt abstufen: *(1) Informations- und Unterrichtungsrecht* bei allen Angelegenheiten, die von Arbeitnehmerinteresse sein könnten (u. a. bei

---

[273] Mitbestimmung ≠ Mitbestimmung: Da manche so genannte Mitbestimmung sich nur auf Informationsrechte bezieht, wäre eigentlich ein anderer Terminus sinnvoll. So suggeriert er mehr als er gesetzlich halten kann. Der Terminus „Mitwirkung" wäre hier treffender. Zu beachten wäre auch, dass der Terminus „*Partizipation*" in einem anderen begrifflichen Zusammenhang verwendet wird. Dabei gilt es jenseits mitbestimmungsrechtlicher Anlässe, Mitarbeiter in die unternehmerische Entscheidungsprozesse gerade an und um ihre Stelle herum zu involvieren. Also: Partizipation ≠ Mitbestimmung!

Beschwerden, Unfallschutz, Personalplanung, Änderungen von Arbeitsverfahren, Arbeitsplätzen und Bauten, Jahresabschluss, personelle Einzelmaßnahmen), *(2) Anhörungs- und Erörterungsrecht* (bei Kündigungen), *(3) Vorschlagsrecht* (z. B. Vorschlag zur Einführung einer Personalplanung, Durchführung betrieblicher Bildungsmaßnahmen), *(4) Beratungsrecht* (z. B. Personalplanung, Arbeitsschutz, Betriebsänderungen, Berufsbildung, Planung von Änderungen), *(5) Widerspruchsrecht* (v. a. bei Kündigungen), *(6) Zustimmungsrecht* (z. B. bei Auswahlrichtlinien, Personalfragebogen, Beurteilungsgrundsätzen), *(7) Zustimmungsverweigerungsrecht* (v. a. bei personellen Einzelmaßnahmen), *(8) Mitbestimmungsrecht* (i. e. S.) mit und ohne Initiativrecht (z. B. soziale Angelegenheiten, Sozialplan, innerbetriebliche Stellenausschreibung, Interessenausgleich).

Weitere Organe der betrieblichen Mitbestimmung sind von Bedeutung:[274]

– In Unternehmungen, in denen mindestens fünf Schwerbehinderte nicht nur vorübergehend beschäftigt sind, werden gemäß Schwerbehindertengesetz ein Vertrauensmann oder eine Vertrauensfrau und wenigstens ein Stellvertreter gewählt. Zu den Hauptaufgaben der *Schwerbehindertenvertretung* gehört die Förderung der Eingliederung Schwerbehinderter in die Unternehmung sowie die Vertretung der Interessen der Schwerbehinderten.

– Das Sprecherausschussgesetz (SprAuG) regelt die Bildung von Sprecherausschüssen der leitenden Angestellten. Der *Sprecherausschuss* ist die repräsentative Vertretung der leitenden Angestellten einer Unternehmung. Er kann in Unternehmungen mit i. d. R. mehr als zehn leitenden Angestellten gewählt werden. Das Gesetz enthält kein Mitbestimmungsrecht, sondern nur einige Mitwirkungsrechte. Gegebenenfalls werden Gesamt-, Unternehmungs- und/oder Konzernsprecherausschüsse eingerichtet.

– In allen Unternehmungen mit mehr als 100 ständig beschäftigten Arbeitnehmern ist ein *Wirtschaftsausschuss* zu bilden. Dieser hat die Aufgabe,

---

[274] S. zu den einzelnen Angaben vertiefend Schaub 2011.

mit dem Top-Management über wirtschaftliche Angelegenheiten[275] zu beraten und den Betriebsrat zu unterrichten (§ 106 I BetrVG). Die Unternehmungsleitung hat den Wirtschaftsausschuss rechtzeitig und umfassend über die wirtschaftlichen Angelegenheiten der Unternehmung unter Vorlage der erforderlichen Unterlagen zu informieren sowie die sich daraus ergebenden Auswirkungen auf die Personalplanung darzulegen – soweit Unternehmungs- und Geschäftsgeheimnisse nicht gefährdet werden (§ 106 II BetrVG).

– *Jugend- und Auszubildendenvertretungen* werden in Unternehmungen mit mindestens fünf Arbeitnehmern, die das 18. Lebensjahr noch nicht vollendet haben (jugendliche Arbeitnehmer) oder die zu ihrer Berufsausbildung beschäftigt sind und das 25. Lebensjahr noch nicht vollendet haben, gewählt. Wahlberechtigt ist der vorgenannte Personenkreis, wählbar sind alle wahlberechtigten Arbeitnehmer unter 25 Jahren mit Ausnahme von Betriebsratsmitgliedern. Bestehen in einer Unternehmung mehrere Vertretungen, so ist eine Gesamt-Jugend- und -Auszubildendenvertretung zu wählen. Die Vertretung hat folgende Aufgaben: (1) Maßnahmen, die ihrem Klientel dienen, beim Betriebsrat zu beantragen; (2) Überwachung der zugunsten ihrer Klientel geltenden Gesetze zu Ordnung, Unfallverhütungsvorschriften, Tarifverträgen und Betriebsvereinbarungen; (3) Entgegennahme von Anregungen der Klientel insbesondere bei Fragen der Berufsausbildung sowie ggf. die Vertretung dieser Anregungen gegenüber dem Betriebsrat; (4) Maßnahmen zur Durchsetzung der tatsächlichen Gleichstellung sowie (5) die Integration ausländischer Jugendlicher zu fördern.

---

[275] Zu den *wirtschaftlichen Angelegenheiten* i. S. des BetrVG zählen bspw. die wirtschaftliche und finanzielle Lage der Unternehmung, Fragen des betrieblichen Umweltschutzes, die Produktions- und Absatzlage oder Rationalisierungsvorhaben; s. § 106 III BetrVG. Hiermit besteht insofern auch ein Informationsrecht partiell in Fragen der strategischen Unternehmungsführung. Zur Erhöhung der inhaltlichen Kompetenz darf der Betriebsrat hier auch in begrenztem Umfang externe Sachkundige als Ausschussmitglieder benennen.

4.4 Auswirkungen der Mitbestimmung

Die betriebliche wie die unternehmerische Mitbestimmung werden hinsichtlich ihrer Auswirkungen immer wieder kritisch diskutiert. Neben dem zeitlichen und finanziellen Aufwand für die entsprechenden Tätigkeiten wird als Argument die Zurückhaltung internationaler Investoren auf dem deutschen Kapital- und Gesellschaftsmarkt angeführt. Dies würde eine Verteuerung der Eigen- und Fremdkapitalfinanzierungen bedeuten.[276] Demgegenüber wird als positive Auswirkung der Mitbestimmung auf die in Deutschland vergleichsweise geringen Streiktage hingewiesen. Durch die mit den Mitbestimmungsregelungen organisierte Kommunikation (mit i. d. R. einem Einigungswillen) werden die meisten Konflikte zwischen Arbeitgeber und Arbeitnehmer im beiderseitigen Einvernehmen einer Lösung zugeführt. Dies macht viele Streikaktionen überflüssig. Die damit verbundenen Ausfalltage und finanziellen Einbußen entfallen insofern, Mitbestimmung rentiert sich dementsprechend.[277]

Sicherlich sind die Mitbestimmungsregelungen nicht an sich effizient, sie sollten von allen Seiten konstruktiv genutzt werden. Dies schließt auch den Gesetzgeber ein. Die Regelungen der unternehmerischen Mitbestimmung hinsichtlich der Größe des Aufsichtsrates sieht beispielsweise bei größeren Aktiengesellschaften viel zu große Aufsichtsräte vor. Die Arbeitsfähigkeit von Gremien jenseits von acht Mitgliedern ist aus verschiedenen Gründen gefährdet.[278] Allerdings zeigt die politische Diskussion zur Änderung der Mitbestimmungsgesetze, dass sachfremde, mehr politische Interessengruppen betreffende Argumente von Interessengruppen effiziente Regelungen verhindern.

---

[276] Entsprechende Behauptungen beziehen sich i. d. R. auf Einzelfälle, nicht auf das durchschnittliche Verhalten internationaler Investoren. In der Vergangenheit ist auch in Zeiten kritischer Diskussionen zur Mitbestimmung allerdings eine Zunahme dieser Investments festgestellt worden – möglicherweise hätte sie aber höher sein können.

[277] S. hierzu Dilger 2002, 2006, Berthel & Becker 2013, S. 695.

[278] S. Becker 2007, 102-108, Malik 2008, S. 181-185, Ruppel 2006, S. 47-53.

E. PLANUNGS- UND KONTROLLFUNKTIONEN

I. Zusammenhänge

Planung- und Kontrollsysteme sind sinnvollerweise zwei miteinander eng verbundene Managementsubsysteme: Planung ohne Kontrolle führt weder zu Lernmöglichkeiten noch zu einer möglichen Umsteuerung bei Fehl- oder ungünstigen Entwicklungen. Kontrolle ohne Planung ist sogar sinnlos. Insofern macht es Sinn, die beiden Subsysteme innerhalb eines Kapitels näher zu betrachten, wenngleich die Spezifika gesondert hervorzuheben sind.

II. Planungssystem und -prozess

1. Grundbegriffe und Funktionen der Planung

Planung stellt einen permanenten willensbildenden, informationsverarbeitenden, prinzipiell systematischen Entscheidungsprozess mit dem Ziel dar, zukünftige Entscheidungs- oder Handlungsspielräume der Unternehmung problemorientiert einzugrenzen und zu strukturieren. Diesen Planungsbegriff kann man entlang der formulierten einzelnen Begriffsmerkmale noch weiter en detail erläutern. Bei einigen Merkmalen sei dies im Folgenden umgesetzt:

– *Willensbildung* bedeutet, dass eine Entscheidung getroffen wird, sei es über einen ratifizierten Plan oder eine primär ratifizierte Strategie. Das Entscheidungsergebnis (= ratifizierter Plan) gibt präskriptiv einen Teil des zukünftigen Unternehmungsverhaltens vor.

– *Informationsverarbeitung* steht für eine primär kognitive, aktive Suche, Verarbeitung und Bewertung von entscheidungsrelevanten Informationen. Letztlich zählen dazu auch Prognosen sowie subjektive Einschätzungen.

- *Systematisch* steht dafür, dass Planung rationales (Denk-) Handeln bedeutet. Intuitives, improvisierendes und gewohnheitsmäßiges Handeln soll mittels der Planung durch systematisches, zielgerichtetes Denken ergänzt werden. Gerade in einem multipersonalen Planungsprozess ist die Nachvollziehbarkeit sowie die systematische Vorgehensweise eine unbedingte Voraussetzung. *Prinzipiell* bedeutet dabei, dass Gefühl, Erfahrung und Fingerspitzengefühl (i. S. v. „Bauchentscheidungen") durchaus eine nützliche und fruchtbare Ergänzung zur analytischen Dimension des Denkhandelns darstellen. Hierauf sollte eine Planung nicht verzichten. Dennoch gilt vor allem das Rationalitätspostulat.[279]

- Aus der Vielzahl an potenziell möglichen *Entscheidungs- und Handlungsspielräumen* wird eine bezogen auf situationsspezifische Gegebenheiten eingegrenzte Auswahl getroffen, die die Entscheidungsträger bindet (z. B. durch Produkt/Markt-Wahl, Strategieentscheidung, Ressourceneinsatz).[280]

Das Ziel ist ein ratifizierter *Plan* bzw. eine Strategie,[281] welcher durch legitimierte Planer erarbeitet wird. Der Plan enthält Aussagen zu(r): Ziel(en), Prämissen, Problemstellung(en), Maßnahmen, Ressourcen, Terminen, Trägern der Planrealisation sowie periodenspezifische Ergebnissen (s. Tab. 7).

---

[279] S. zur Entstehung und zur Nützlichkeit von Bauchentscheidungen auch Gigerenzer 2007 (s. C.II.5) sowie zur Nutzung von Subjektivität Becker 2009, S. 216-221. Spätestens seit Simon (1949) kann man hierbei aber von einer *begrenzten Rationalität* („bounded rationality") ausgehen, der Homo Oeconomicus ist passé, und zwar nicht erst seit dem Erstarken der Neurowissenschaften!

[280] *Beispiele:* (1) Prinzipiell könnte die Claas KGaA auch Autos oder Kaugummis herstellen; sie hat sich aber aus dem gesamten Handlungsraum dafür entschieden, vor allem Hersteller von Landtechnik wie Mähdreschern u. Ä. zu sein. (2) Statt langfristige Kredite bei Banken aufzunehmen oder einem langfristigen Investor Kapitalanteile anzubieten, beschafft sich die KGaA direkt Kapitalmittel von internationalen Finanzmarkt. (3) Wie jede andere Unternehmung auch, ist Claas aus ökonomischen Gründen gehalten, sich beim knappen Ressourceneinsatz zwischen prinzipiell möglichen Strategiealternativen zu entscheiden – und sei es für eine alternative Linie: Zulieferindustrie für die Flugzeugindustrie. Die Rendite mag nicht unbedingt die gleiche sein, Risikodiversifikation des Vermögens hat aber auch einen Wert.

[281] S. Szyperski & Winand 1980, S. 32, ähnlich Macharzina & Wolf 2012, S. 403-412, Schweitzer & Schweitzer 2015, S. 326-329.

Tab. 7: Bestandteile eines Plans

Bestandteile	Beispiele
Ziele	– Umsatzsteigerung im nächsten Geschäftsjahr um 10 % – Erhöhung des Marktanteils bis in drei Jahren auf 20 % – ...
Prämissen	– Bestimmte Annahmen über Konjunkturentwicklung (nächste Branchenkrise: 2012) – Bestimmte Annahmen über Devisenkursentwicklung (Dollar wird 2012 schwächer) – ...
Problemstellung(en)	– Stagnierender Umsatz im Produkt/Markt-Bereich im laufenden Geschäftsjahr – Verzögerungen bei der Entwicklung des Neuprodukts x – ...
Maßnahmen	– Marketingkampagne für bestimmte Produkt/Markt-Kombination – Neueinstellung von Entwicklungsingenieuren – ...
Ressourcen	– 5 Mio. Euro für Marketingkampagne – 600.000 Euro zusätzlicher Personaletat (für Ingenieure) – ...
Termine	– Start der Marketingkampagne am 1. März des Planjahres (Dauer: zwei Monate) – Einstellung der Ingenieure zum 1. Januar des Planjahres – ...
Träger der Plan-erfüllung	– Vertriebsleiter verantwortet Marketingkampagne – Auswahl der Ingenieure durch Personal- und Entwicklungsleiter – ...
Ergebnisse	– 3 % Umsatzerhöhung im 2. Quartal durch Marketingkampagne – Fertigstellung des Neuproduktes zum 1. Dezember des Planjahres – ...

Der Hauptzweck besteht darin, die Ressourcen der Unternehmung effektiv und effizient[282] zum Erreichen der Unternehmungsziele einzusetzen. Dies lässt sich in verschiedenen *Funktionen* der Planung differenzieren:[283]

– Zielausrichtung (Abstimmung von Zielen, Verhalten und Ressourcen auf die Oberziele),

---

[282] Hier wie folgt zu verstehen: *Effektivitätssicherung* = Beitrag zur Zielerreichung („Das Richtige tun!"), *Effizienzsteigerung* = ressourcenoptimale Arbeitsweise („Es richtig tun!").

[283] S. Schweitzer & Schweitzer 2015, S. 328-329, Wild 1982, S. 19.

- Frühwarnung (Erkennen von zukünftigen Problemlagen und Erarbeitung von Gegenmaßnahmen),
- Koordination (Teilpläne werden horizontal wie vertikal aufeinander abgestimmt, um Ineffizienzen zu vermeiden),
- Entscheidungsvorbereitung (Vorbereitung situationsadäquater Entscheidungen, Schaffung von Entscheidungsspielräumen),
- Basis für Kontrolle (Kontrolle ohne einer Vorabplanung fehlt die Basis.),
- Mitarbeiterinformationen (Unterrichtung aller Mitarbeiter über unternehmerische Potenziale, Restriktionen, Ziele, Termine u. a.) sowie
- Mitarbeitermotivation (Mitwirkung am Planungsprozess betrifft Motivation und Arbeitszufriedenheit).

Im Folgenden werden die Grundelemente von Planungssystem und -prozess näher erläutert.

2. Parameter des Planungssystems

Ein *Planungssystem* ist die Gesamtheit aller in der Unternehmung erstellten Pläne sowie ihre gegenseitigen, funktionalen und zielgerichteten Beziehungen, d. h. Abhängigkeiten, Über- oder Unterordnungen. Bei der Gestaltung ist sowohl die vertikale Abstimmung (Planungshierarchie) als auch die horizontale Abstimmung (Koordination gleichrangiger Pläne) vorzunehmen (Abb. 14).

Wie bei einem System üblich, besteht es aus einer Vielzahl verschiedener, miteinander verbundener sowie – im Bestfall geordneter – Einzelelemente. Neben den in der Abbildung genannten Elementen (hier: unterschiedliche Pläne) sind noch zu nennen: Informationsverarbeitung, Bewertung und Auswahl.

Um ein Planungssystem beschreiben und gestalten zu können, gilt es zunächst, verschiedene formale Aspekte eines Planungssystems (= Parameter) voneinander zu differenzieren.[284] Hierzu wird in Bezugsobjekte und Vorgehensweisen unterschieden.

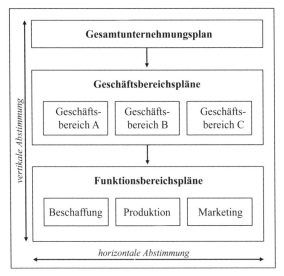

Abb. 14: Vertikale und horizontale Abstimmung von Plänen

Als *Bezugsobjekt* lassen sich fünf Parameter anführen:

– Der Bezugszeitraum betrifft die *Fristigkeit der Planung* d. h. die zeitliche Dauer, auf die sich die Planung und der Plan beziehen: (1) kurzfristige Planung (ca. einjähriger Zeitraum, Detailplanung), (2) mittelfristige Planung (ca. ein- bis vierjähriger Zeitraum) und (3) langfristige Planung (ca. Zeitraum, der über vier Jahre hinaus geht, Grobplanung). Eine allgemein gültige Abgrenzung der Bezugszeiträume ist allerdings nicht möglich. Planungsfristen sind abhängige Variablen. Der gewählte Bezugszeitraum ist

---

vor allem von der Branche der Unternehmung, der Produktlebensdauer, der Qualität der Prognose und vom Planungsgegenstand abhängig.[285]

- Für jeden *Funktionsbereich* (und somit für jede Verrichtung) wird auf hierarchisch nachgeordneter Ebene geplant, und es werden entsprechende Pläne erarbeitet. Insofern lassen sich unterscheiden: Marketingplanung, Finanzplanung, Beschaffungsplanung, Produktionsplanung u. Ä.

- Die *Leitungshierarchie* einer Unternehmung differenziert organisatorisch auch die Planung in verschiedenen Ebenen. Insofern wird im Allgemeinen unterschieden in Unternehmungs(gesamt)planung („corporate level"), in Geschäftsbereichsplanung („business level") und in Funktionsbereichsplanung („functional level").[286]

- Die *Planungshierarchie* betrifft die Differenzierung in operative und strategische Planung: (1) Strategische Pläne gelten operativen Plänen gegenüber als übergeordnet. Sie beziehen sich auf die grundsätzliche Ausrichtung der Unternehmungszukunft (Unternehmungsziele, Produktprogramm, Qualitäts- oder Kostenführerschaft, Internationalisierungsgrad u. Ä.). Ihre Planungsprobleme sind oft schlecht definiert, insofern schwieriger zu bearbeiten. Der Wirkungshorizont der Pläne ist langfristig, nicht immer jedoch ihr Aktionshorizont. (2) Operative Planungen beschäftigen sich abgeleitet mit so genannten wohl definierten Problemen, in aller Regel kurzfristigen Aktivitäten sowie Detailproblemen und sind sehr differenziert.[287]

---

[285] *Beispiel*: In der IT-Branche hat ein Einjahreszeitraum eine völlig andere Bedeutung als im Großanlagenbau: Die Produktentwicklung ist deutlich dynamischer sowie die Wettbewerbssituation viel schwieriger vorhersehbar.

[286] Diese Dreiteilung hat sich nicht nur in vielen Lehrbüchern (bspw. Becker 2011), sondern auch in der Unternehmungspraxis durchgesetzt. Weitere Differenzierungen gerade bei größeren Unternehmungen mit einem weitverzweigten Produkt-Markt-Programm sind dabei nicht ausgeschlossen, aber auch nicht systemfremd.

[287] Eine direkte Zuordnung von operativ zu kurzfristig und strategisch zu langfristig ist bedenklich, da jeweils andere Bezugsmerkmale betroffen sind. Operative Pläne sind zwar in aller Regel kurzfristig orientiert, allerdings kann auch ein strategischer Plan eine kurzfristig umzusetzende (aber langfristig wirkende) Akquisition beinhalten. Ein operativer Plan eines Großanlagenbauers kann im Übrigen auch bereits einzelne Arbeitsschritte über drei Jahre hin vorsehen.

– Im Bezug auf die *Beeinflussbarkeit der externen Umwelt* lässt sich Planung in zwei Untergruppen differenzieren: (1) Die Outside-In-Planung geht davon aus, dass die eigene Unternehmung vor allem den Marktgegebenheiten zu folgen hat und wenig Einfluss auf die Marktpartner hat (= marktorientierte Unternehmungsführung). (2) Die Inside-Out-Planung sieht dagegen durchaus Möglichkeiten, einzelne Marktparameter nachhaltig zu beeinflussen. Die Marktmacht, aber auch eine interne Ressourcenstärke tragen dazu bei, aktiv(er) in das Marktgeschehen einzugreifen zu können (= ressourcenorientierte Unternehmungsführung).[288]

Um Planungen und Pläne bestmöglich zu koordinieren, bieten sich verschiedene, alternative und miteinander kombinierbare *Vorgehensweisen* an:

– Der *zeitliche Horizont* der Planung lässt sich in verschiedene Arten differenzieren:[289] (1) Der Aktionshorizont legt fest, bis zu welchem Zeitpunkt (innerhalb der Planzeit) die Beeinflussung des gegebenen Handlungsspielraums durch einzelne Planungsschritte oder Aktionen konzipiert wird. (2) Der Planungshorizont legt fest, bis zu welchem Zeitpunkt maximal Pläne erstellt werden sollen, also neue Vorhaben explizit mit in die Entscheidungen einbezogen werden. (3) Der Wirkungshorizont (synonym: Konsequenzenhorizont) definiert, bis zu welchem Zeitpunkt Folgen der Planrealisierung bezüglich der Unternehmungsziele überhaupt betrachtet werden. Generell gilt zwischen den einzelnen Horizonten die Relation: Aktionshorizont < Planungshorizont < Wirkungshorizont.[290]

---

[288] S. auch Schweitzer & Schweitzer 2015, S. 337, B.II.9.

[289] S. Szyperski & Winand 1980, S. 51, 54-55.

[290] *Beispiel*: Sie planen Ihr Studium. Der *Planungshorizont* bezieht sich dabei auf drei Jahre (Bachelorstudium) oder fünf Jahre (plus Masterstudium). Der *Aktionshorizont* ist abhängig von den einzelnen Studienschritten: Planung einzelner Lehrveranstaltungstermine oder kompletter Vorlesungen oder ganzer Semester. Sie betrachten immer einen Zeitraum innerhalb des Planungshorizontes – also innerhalb der drei bzw. fünf Jahre. Der *Wirkungshorizont* ist länger. Je nach Eignung für ein Fach, je nach Wahl der Ausbildungsvarianten und Intensität des Kompetenzwertes wird Ihre weitere berufliche Zu-

- Die verschiedenen Pläne sind während der Planung zu koordinieren, es bedarf einer inhaltlichen wie zeitlichen *Abstimmung der Teilpläne*. Ist ein Planungssystem horizontal differenziert (bspw. ein Nebeneinander von Absatz-, Produktions- und Finanzplan), so sind die prinzipiell gleichrangigen Pläne aufeinander abzustimmen. Dies kann auf zwei Wegen erfolgen: (1) Bei der Sukzessivplanung wird zunächst ein Teilbereich (z. B. Marketing) ausgeplant, dessen Plan dann die Basis der Planentwicklung für die übrigen Sachfunktionen darstellt. (2) Bei der Simultanplanung werden alle Planbereiche gleichzeitig erarbeitet – mit einer quasi parallel stattfindenden Abstimmung der Teilpläne. Ähnliches betrifft die Abstimmung kurz-, mittel- und langfristiger Pläne.[291] Prinzipiell können alle Teilpläne gleichrangig sein, erst wenn in einem Bereich ein Engpass auftritt, dann nimmt dieser Bereich an Wichtigkeit im Planungsprozess zu, die Abstimmung aller Teilpläne erfolgt auf diesen Engpass hin.[292]

- Die *Ableitungsrichtungen der Planung* (synonym: Hierarchiedynamik) beziehen sich auf die vertikalen Entwicklungsrichtungen des Planungsprozesses (s. Abb. 15): (1) Bei der Bottom up-Planung (progressive Variante) erarbeiten nachgeordnete Managementebenen für die jeweils nächst höhere Managementebene Planentwürfe. Damit wird intendiert, dass objektnahe Informationen und Erfahrungen genutzt werden. (2) Bei der Top down-Planung (retrograde Variante) erstellt das übergeordnete Management Rahmenpläne für die jeweils nachgeordnete Ebene. Diese detaillieren und konkretisieren diese Pläne. So wird sichergestellt, dass entlang grundsätzlicher Unternehmensziele eine Vorab-Koordination der Planungen auf den nachgeordneten Managementebenen gelingt. (3) Das Gegenstromverfahren

---

kunft über das Endexamen hinweg beeinflusst, ggf. bis an das Ende Ihrer Karriere, auf jeden Fall aber in den ersten Jahren nach Studienabschluss.

[291] S. Schweitzer & Schweitzer 2015, S. 337-339. In Wettbewerbssituationen, bei denen Zeit eine große Rolle spielt – sei es aus Schnelligkeits- und/oder Kostengründen – ist eine Simultanplanung unbedingt notwendig. Die dabei systembedingten Abstimmungsprobleme (bspw. zeitweiliges Auseinanderdriften der Subgruppen, Missverständnisse, unterschiedliches Tempo) werden dann aufgewogen.

[292] Man nennt dies auch nach Gutenberg (1983) das „Ausgleichsgesetz der Planung".

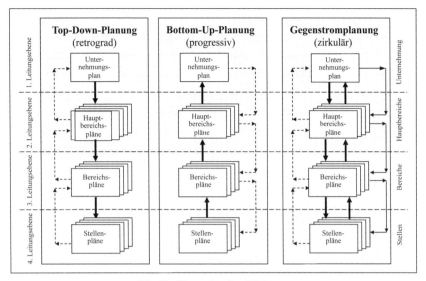

Abb. 15: Hierarchische Ableitungen
Quelle: In enger Anlehnung an Schweitzer & Schweitzer 2014, S. 339.

(zirkuläre Variante) ist als Kombination der Bottom up- und der Top down-Planung zu verstehen. Danach startet der Planungsprozess mit der Formulierung von vorläufigen Rahmenplänen auf der Top-Management-Ebene. Unter Beachtung der Rahmendaten werden dann von der Middle-Management-Ebene vorläufige, konkretere Bereichspläne entwickelt, die die Realisierbarkeit der Leitentwürfe sicherstellen sollen und Hinweise für deren Modifikation liefern. Die vorläufigen Pläne werden bei Bedarf modifiziert. Sie liefern dann die Ausgangsbasis für die Formulierung von vorläufigen, konkreten Funktionsplänen durch das Lower-Management, die selbst wiederum zur Überprüfung der vorläufigen Bereichspläne dienen. Analog können diese modifiziert und neue, vorläufige Fundierungspläne entworfen werden.[293]

---

[293] S. z. B. Schweitzer & Schweitzer 2015, S. 339-341. Die Erkenntnisse der verhaltenswissenschaftlichen Entscheidungstheorie haben gezeigt, dass mit dem Gegenstromverfahren (unter normalen Umständen) verschiedene Vorteile verbunden sind, v. a.: höhere Akzeptanz der Nachgeordneten und deren höherer Motivation bei Planformulierung

– Die *zeitliche Verkettung* betrifft die unmittelbaren Zusammenhänge von lang-, mittel- und kurzfristiger oder strategischer und operativer Pläne (s. Abb. 16): (1) Nach dem Prinzip der Reihung werden Pläne unterschiedlicher Fristigkeit unmittelbar und lückenlos hintereinander ausgeführt. Die

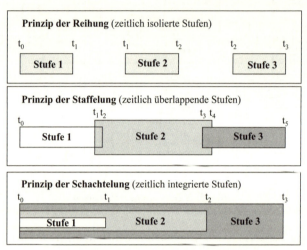

Abb. 16: Zeitliche Verkettung von Planungsstufen
Quelle: In Anlehnung an Macharzina & Wolf 2012, S. 435.

jeweiligen Planzeiten überlappen sich nicht. (2) Das Prinzip der Stufung sieht überlappende Zeiträume bei Plänen unterschiedlicher Fristigkeit vor. Der Endzeitraum des kürzerfristigen Plans ist zugleich Anfangszeitraum des längerfristigen Plans. Man will so die Anschlussfähigkeit der Pläne sicherstellen. (3) Das Prinzip der Schachtelung bedeutet die Integration von kurz-, mittel- und langfristigen Plänen und zwar so, dass die jeweiligen Planzeiten des kürzerfristigen Plans vollständig in denen des längerfristigen Plans eingebettet sind. Bei Revisionen des längerfristigen Plans wer-

---

wie -implementierung sowie Nutzung der Fachkompetenz Nachgeordneter und insofern marktgerechtere Lösungen. Nur bei Zeitnot und notwendigen grundsätzlichen Änderungen sind Top-Down-Prozesse sinnvoll bis notwendig.

den dadurch gleichzeitig auch die kürzerfristigen Pläne überarbeitet, aber nicht umgekehrt.[294]

– Der *Anpassungsrhythmus* betrifft die Anpassung von Plänen im Zeitablauf. Hier liegen prinzipiell zwei Varianten vor: (1) Die rollende Planung betrifft die Fortschreibung, die Konkretisierung und die Aktualisierung von Plänen. Die Pläne sind nach dem Prinzip der Reihung gebildet. Normalerweise wird die Planzeit in zwei Phasen gegliedert: Der zeitlich nächstliegende, kurzfristige Abschnitt wird detailliert, während der folgende langfristige Abschnitt nur grob geplant wird. Nach Abschluss der ersten Phase wird die gesamte Planzeit um den ersten Abschnitt zeitlich vorgeschoben und der neue Planzeitraum wieder entsprechend aufgeteilt und geplant. In einer Unternehmung wird so jeder kurzfristige Zeitraum unter langfristiger globaler Orientierung geplant und zugleich eine laufende Konkretisierung, Aktualisierung und Fortschreibung der langfristigen Planung gewährleistet. Siehe dazu Abbildung 17. (2) Die revolvierende Planung stellt eine Sonderform der rollenden Planung dar und bezeichnet ein Anpassungs- oder Revisionsprinzip für Pläne unterschiedlicher Fristigkeit: Die Pläne verschiedener Fristigkeit sind gemäß dem Prinzip der Schachtelung verbunden. Die Pläne geringer Fristigkeit werden aus den längerfristigen abgeleitet. Revolvierende Planung sieht nun vor, dass die Pläne aller Fristigkeitsstufen zyklisch revidiert werden, wobei bei einer Überarbeitung eines längerfristigen Plans auch alle kürzerfristigen Pläne angepasst werden.[295]

---

[294] S. z. B. Macharzina & Wolf 2012, S. 435. Je grundsätzlicher und konsequenter geplant wird, desto notwendiger ist das Prinzip der Schachtelung. Nur so ist eine langfristige integrierte Planung und eine konstante, aufeinander aufbauende Umsetzung möglich, wenngleich mit prinzipiellen Änderungen der Aufwand zunimmt. Die systemtheoretische Organisationstheorie kann helfen, solche Konzepte zu verstehen und zu gestalten.

[295] S. z. B. Schweitzer & Schweitzer 2015, S. 342-343, Macharzina & Wolf 2012, S. 439-440. Diese Vorgehensweise ist aufgrund ihrer überzeugenden Merkmale auch in der Unternehmungspraxis üblich. Varianten der evolutionstheoretischen Organisationstheorie helfen hier bei der Interpretation.

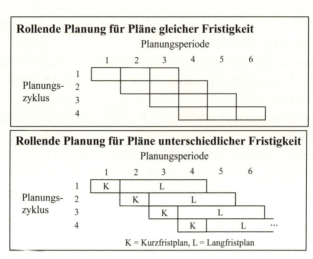

Abb. 17: Rollende Planung

3. Planungsprozess

Planungsprozesse gliedern die Planung in sachlogische Schwerpunktaktivitäten. Damit sollen eine sachliche und zeitliche Ordnung der Informationsverarbeitungs- und Willensbildungsschritte geschaffen sowie Ansatzpunkte für eine koordinierte, arbeitsteilige Erfüllung der Planungsaufgabe festgelegt werden. Der Planungsprozess ist dabei in den Managementprozess eingebettet, wie Abbildung 18 visualisiert. Die Phasen werden nachfolgend erläutert:[296]

– Die *Zielbildung* beinhaltet zunächst die Festlegung von operationalen Soll-Zuständen für die Unternehmung und ihre verschiedenen Bereiche im Sinne von prinzipiellen Wunschvorstellungen.

---

[296] S. ähnlich Macharzina & Wolf 2012, S. 412-426; anders bspw. Schweitzer & Schweitzer 2015, S. 329-330, 344-359.

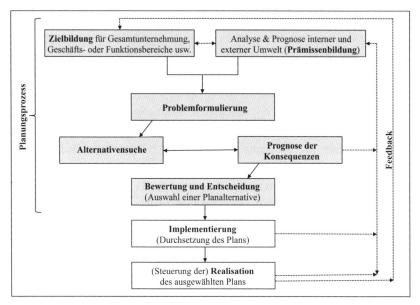

Abb. 18: Managementprozess
Quelle: In weiter Anlehnung an Macharzina & Wolf 2012, S. 413.

– Eine angemessene Zielformulierung setzt voraus, dass sowohl das innere als auch das äußere Umfeld analysiert (Ist-Zustand) und prognostiziert (Wird-Zustand) wird. Auf Basis einer entsprechenden Umweltuntersuchung erfolgt eine *Prämissenbildung* (Annahme über Konjunkturen, Geldwerte, Kundenwünsche usw.), die in enger gegenseitiger Wechselwirkung zur Zielbildung steht. Die Umweltanalyse und -prognose sind der Zielbildung in einem iterativen Prozess sowohl vor- als auch nachgelagert.[297]

---

[297] Vernünftigerweise beziehen sich beide *aufeinander*: Eine Zielbildung ohne Bezugnahme zur realistischen Entwicklung wäre Unsinn. Zugleich kann ein anspruchsvolles Ziel auch zu – auch intendierten – Änderungen der internen Umwelt führen. Dies schließt keine – in Anbetracht der erwarteten Umweltentwicklungen – ambitionierte Zielsetzungen aus. Aber: Sowohl Zielinhalte wie deren Ausmaß entstehen in einer Auseinandersetzung mit der erwarteten Umwelt – Irrtümer ausgenommen. Die Mercedes S-Klasse „W 126" (Modell der Jahre 1991-98) ist ein solches Beispiel: technisch in vielen Bereichen ausgereift, optisch passt sie von ihrer Größe und ihren Proportionen nicht in die damalige Umwelt. Kleinere, bescheidenere, preiswertere Fahrzeuge waren gefragt.

- Die *Problemformulierung* konkretisiert nun die zu lösende Aufgabenstellung zwischen dem formulierten *Zielsystem* und der erwarteten Umwelt. Sie setzt sich aus vier Teilphasen zusammen: Zunächst wird das unternehmerische Zielsystem auf Basis der beiden vorherigen Planungsphasen konkretisiert. Diese Problem*erkennung* umfasst die kognitive Wahrnehmung und Grobskizzierung von vermuteten Spannungen zwischen Zielen und Umweltsituationen oder, anders formuliert, die operationale Spezifizierung des Problems. Die Problem*beurteilung* schätzt die relative Bedeutung des Problems ein (z. B. Bedeutung der Marktposition für das Unternehmenswachstum). Die Problem*analyse* beinhaltet die Aktivitäten der Präzisierung der problemrelevanten Informationen und die Durchdringung der Problemstruktur (bspw. Wirkungen der unterschiedlichen Marktpositionen). Mit der Problem*definition* wird letztlich bestimmt, welches Problem durch die Planung zu handhaben ist.

- Da Planungsprobleme in aller Regel nicht nur auf eine einzige Art und Weise lösbar sind, sind *alternative Pläne* zu entwickeln.[298] Diese unabhängig voneinander zu realisierenden Lösungen unterscheiden sich bezüglich der verwendeten Ressourcen und Technologien, des Horizonts, ihrer Wirtschaftlichkeit, der ihnen anhaftenden Risiken und anderen Aspekten.[299]

---

[298] *Achtung*: Es scheint auch in der Praxis ein Problem zu sein, wirklich alternative Pläne zu entwerfen. Folgt man dem Idealtypus aber nicht, so geht man ein Risiko ein. Erst nach der Bewertung eines Planentwurfs erweist sich, ob die favorisierte Vorgehensweise zur Problemlösung ausreichend beiträgt. Auf der sicheren Seite wäre man, wenn zumindest eine Zeitlang alternative Planentwürfe – vielleicht bis zu einer Zwischenevaluation – verfolgt würden. Zudem sollte beachtet werden, dass marginale Veränderungen in einer Planalternative nicht gleich eine zweite Alternative begründen. Die Unterschiede müssen grundsätzlicher Natur sein. Dies ist schwierig zu differenzieren. *Beispiel*: Das Studium der Rechtswissenschaft ist eine andere Alternative als das der Wirtschaftswissenschaften (WiWi). Trifft diese Feststellung auch auf die Alternative „Studium in Köln oder in Bielefeld" zu oder gar noch auf die Alternativen „Ein-Fach-Bachelor" oder „Zwei-Fach-Bachelor" (Kombination der WiWi mit anderem Fach) zu?

[299] Wohlgemerkt handelt es sich hierbei um die Antizipation unterschiedlicher Umweltzustände für eine Planalternative, also um drei Varianten derselben. Prinzipiell gelten die Alternativen für die gleichen erwarteten Situationen. Eine Variante dieser Vorgehensweise – wenn auch mit anderen Vorzeichen – ist es, für unterschiedliche Umwelten („worst case, best case, real case") jeweils Pläne zu erarbeiten.

– Begleitet wird die Alternativensuche durch eine *Prognose der Konsequenzen*. Planung kommt ohne Aussagen über die Zukunft nicht aus. Für die Auswahl geeigneter Planalternativen ist es insofern unerlässlich, sich über die problemrelevanten Entwicklungen auf Basis der jeweiligen Planrealisierung zu informieren und Wirkungsprognosen hierüber abzugeben. Sie sollten möglichst begründet und nachvollziehbar die Wirkungen der Planentwürfe vorhersagen.

– Da zur Handhabung eines Planungsproblems letztlich nur eine der erarbeiteten Alternativen verwendet werden kann, ist es notwendig, die *Alternativen zu bewerten*. Bewertungsmaßstab ist die Zielwirksamkeit, also der Bezug zur vorab definierten Zielsetzung.

– Die schlussendliche *Entscheidung* ist die prinzipiell bewusste, rationale und verpflichtende Auswahl einer Alternative.[300]

Damit ist der Planungsprozess beendet. Nachfolgend ist der gewählte Plan noch zu implementieren und zu realisieren. Dies geschieht in zwei Phasen:

– Die *Implementierung* (Bestandteil des Managementprozesses) bereitet dabei die Realisation vor. Dies geschieht durch eine Präzisierung der Zeitpunkte, die Bereitstellung der Ressourcen und durch die Schaffung eines Commitment (Planakzeptanz der betroffenen Mitarbeiter). Die Implementierung ist zwar ein Teil des Managementprozesses, nicht jedoch der Planung im eigentlichen Sinne.

– Zum Schluss bedarf es noch der (Steuerung der) *Realisation* des gewählten Plans (Ausführung außerhalb des Managementprozesses). Die Realisation ist dabei weder Planungs- noch Managementaufgabe, sondern reine Ausführungsaufgabe für die dem Management nachgeordneten Aufgabenträger. Lediglich die Steuerung dieser Umsetzung ist Führungsaufgabe.

---

[300] Viele Literaturbeiträge haben sich in der Vergangenheit damit beschäftigt, ob „Entscheidung" der „Planung" folgt oder einen Bestandteil der Planung darstellt. Hier wird von der letztgenannten Auffassung ausgegangen.

III. Kontrollsystem und -prozess

Das *Kontrollsystem* umfasst die Gesamtheit aller Vergleiche zwischen Soll- und Ist-Zuständen sowie die Analyse eventueller Abweichungen.

Kontrolle und Planung stehen in einem engen Zusammenhang: Sie ergänzen und bedingen einander. Eine Planung, die auf eine systematische Kontrolle verzichtet, begibt sich zum einen eines wichtigen Lernpotenzials. Gerade durch Kontrollkonzepte wird Planung in die Lage versetzt, bei Fehlentwicklungen frühzeitig Korrekturen vorzunehmen.[301] Kontrolle ohne Planung macht zum anderen keinen Sinn. Insgesamt gesehen kann man daher auch von einem integrierten Planungs- und Kontrollprozess sprechen. Ein inhaltlicher Unterschied zwischen Planung und Kontrolle besteht darin, dass der Kontrolle im Gegensatz zur Planung kein unmittelbarer Gestaltungsaspekt zukommt.

Zunächst ist zu klären, wer *Aufgabenträger* der Kontrolle ist. Zwei prinzipielle Möglichkeiten sind gegeben:

- *Selbstkontrolle* von Planung und Planrealisierung liegt dann vor, wenn der Planer die Überwachung des Planungsablaufs, der Planprämissen, der Fortschritte im Verlauf der Planrealisierung oder des Realisationsergebnisses für den eigenen Verantwortungsbereich entweder vollständig oder teilweise eigenverantwortlich durchführt.
- Wenn die Kontrollaufgabe durch dazu beauftragte Dritte (vor allem Vorgesetzte und Controller) wahrgenommen wird, spricht man von einer *Fremdkontrolle* der Planung. Entsprechend ist dann die Verantwortung für die Kontrolle und für die zu ziehenden Konsequenzen aus festgestellten Abweichungen an diese Dritte (einzeln oder gemeinsam) vergeben.

---

[301] Von daher ist der Spruch „*Planung ersetzt den Zufall durch den Irrtum!*" allenfalls Ausdruck eines Unverständnisses oder einer partiellen Unfähigkeit, sich vorab über die Zukunft Gedanken zu machen.

Des Weiteren ist zu klären, was *Gegenstand der Kontrolle* ist (s. Tab. 8):[302]

Tab. 8: Kontrollarten

Vergleichs-größe Plangröße	Soll	Wird	Ist
Soll	Zielkontrolle (*Soll-Soll-Vergleich*)	Planfortschritts-kontrolle (*Soll-Wird-Vergleich*)	Ergebnis-kontrolle (*Soll-Ist-Vergleich*)
Wird		Prognosekontrolle (*Wird-Wird-Vergleich*)	Prämissenkontrolle (*Wird-Ist-Vergleich*)

Quelle: In Anlehnung an Bea & Haas 2013, S. 238.

- Im Rahmen der *Zielkontrolle* werden die Planziele (als Soll-Größe) auf ihre Verträglichkeit zueinander, ihre Konsistenz, ihre Realisierbarkeit und ihre Beziehung zu den oberen Unternehmungszielen hin überprüft (Soll/Soll-Vergleich).

- Eine *Planfortschrittskontrolle* (Soll-Wird-Vergleich) beschäftigt sich mit den für einen Planungszeitraum oder einen bestimmten Planabschnitt geplanten Ausprägungen von Zielgrößen (Zwischenziele bzw. Meilensteine) sowie mit den für diese Größen prognostizierten Werten. Gegebenenfalls führt dies zu zwischenzeitlichen Anpassungsmaßnahmen (s. a. zur Abweichungsanalyse weiter unten).

- Die *Ergebniskontrolle* gilt als „klassische" Kontrollart mit ihrem Soll/Ist-Vergleich. Sie wird – eigentlich wie auch bei den anderen Kontrollarten – begleitet durch eine Abweichungsanalyse, die Aufschluss über die gegebenenfalls konstatierten Abweichungen geben soll.

Diese Sichtweise von Kontrolle greift aus mehreren Gründen zu kurz:[303]

---

[302] S. bspw. Steinmann & Schreyögg 2005, 264-286, 402-413, Bea & Haas 2013, S. 238-242, S. 249-257.

[303] Erfolgen Kontrollen erst ex post nach der Planrealisierung, so können sie ihrer Managementfunktion, zu einer der Zielsetzung entsprechenden Planrealisierung beizutragen, überhaupt nicht oder nur bedingt (in der nächsten Planperiode) gerecht werden. Diese Problematik zeigt sich vor allem bei langfristigen Planungsprozessen. Ex post-

- Eine während des Planungsprozesses laufende Überprüfung, ob die angenommenen Prämissen der Planung noch aktuell sind, erhöht die Chance, rechtzeitige Modifikationen an ratifizierten Plänen vorzunehmen. Insofern ist eine *Prämissenkontrolle* sinnvoll.[304]
- Eine *Prognosekontrolle* macht Sinn, um die im Rahmen des Planungsprozesses aufgestellten Prognosen (sowohl über die Umweltentwicklungen als auch über die Wirkungen von Planalternativen) laufend zu überprüfen, auf ihre Konsistenz wie ihre weiterhin vorhandenen Plausibilitäten. Der Wird/Wird-Vergleich sollte insofern nicht einmalig durchgeführt werden.

Für den Kontrollprozess ist es sinnvoll, vor der Durchführung von Kontrollen Toleranzgrenzen zur Verringerung des Erfassungs-, Beurteilungs- und Verwaltungsaufwands festzulegen. Liegen festgestellte Abweichungen innerhalb der Grenzen, kann darauf verzichtet werden, analysierende und korrigierende Maßnahmen einzuleiten und/oder höhere Hierarchieebenen zu benachrichtigen. Lediglich bei Überschreiten der Werte ist sowohl eine Benachrichtigung übergeordneter Hierarchieebenen als auch eine ergänzende *Abweichungsanalyse* zur Identifizierung der Ursachen durchzuführen. Die Analyse der Differenzen zwischen geplanten und realisierten Entwicklungen und Zuständen liefert dann Ansatzpunkte, Korrekturen einzuleiten und indirekt die Qualität der Planung zu erhöhen. Bei den Abweichungsursachen ist dabei in unvorhersehbare Ereignisse und echte Planungsfehler zu unterscheiden. Die Revision von

---

Kontrollen ignorieren Veränderungen interner und externer Rahmenbedingungen, die sich bereits während des Planungsprozesses ereignen. Pläne werden in Folge zunächst implementiert und realisiert, auch wenn ihr Zielbeitrag aufgrund veränderter Bedingungen nicht mehr gewährleistet ist. Diese Sichtweise von Kontrolle ist angesichts der hohen Umweltdynamik dahingehend erweitert worden, dass Kontrolle auch die beinhalte fortlaufende Überprüfung der im Planungsprozess angenommenen Umweltbedingungen sowie die Fortentwicklungen der Implementierung einschließt.

[304] *Beispiel*: Einer Projektkalkulation liegt u. a. die Prämisse zugrunde, dass die zur Projektbearbeitung notwendigen Mitarbeiterqualifikationen auch tatsächlich zu angenommenen Preisen zur Verfügung stehen. Im Rahmen des Wird/Ist-Vergleichs kann man kontrollieren, ob die Annahme tatsächlich noch zutrifft (bzw. zutreffen wird). Sollten sich Abweichungen zeigen, die nicht mehr ausgeglichen werden können, besteht so noch eine Chance zur Plananpassung.

Plänen und die Anpassung von Aktivitäten an vorgegebene Pläne (i. S. einer nachfolgenden Steuerung der Unternehmungsaktivitäten) sind also vielleicht die Reaktion auf die Ergebnisse der Kontrolle und der Abweichungsanalyse.

Abbildung 19 visualisiert die Zusammenhänge zum Planungssystem und zeigt gleichzeitig auch den Kontrollprozess an.

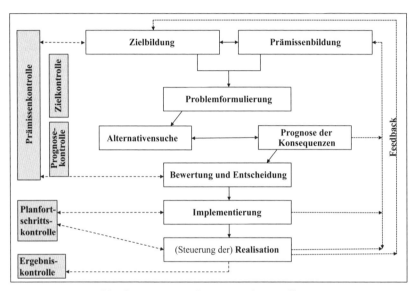

Abb. 19: Integriertes Planungs- und Kontrollsystem

Der *Kontrollprozess* lässt sich (zumindest für die Soll/Ist-Kontrolle) wie in Abbildung 20 dargestellt visualisieren.[305]

Nach Festlegung der Ziele respektive Sollwerte erfolgt die Umsetzung der als passend geplanten Maßnahmen – idealtypischerweise ohne Störgrößen, die von dessen prognostizierten Umweltentwicklungen abweichen. Über eine gleichzeitige Kontrolle und ein entsprechendes Feedback erhält man Rück-meldungen, die gegebenenfalls Anstöße zu intensivieren oder anderen Umset-

---

[305] S. Steinmann & Schreyögg 2005, S. 404-406.

zungsmaßnahmen führen. Ex post-Rückmeldungen zu Soll/Ist-Vergleichen und eventuell notwendige Abweichungsanalysen helfen zudem, zumindest für einen späteren Prozess treffende Sollwerte zu definieren.

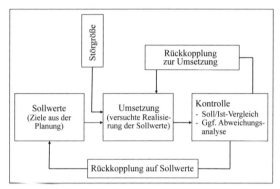

Abb. 20: Kontrolle als Regelkreis
Quelle: In Anlehnung an Steinmann & Schreyögg 2005, S. 404.

Planung und Kontrolle (inkl. des Steuerungsaspektes) müssen aufeinander abgestimmt werden. Im deutschsprachigen Raum hat sich vielfach für die Verbindung dieser beiden Führungssubsysteme der Terminus *Controlling* durchgesetzt. Wenngleich sehr unterschiedlich definiert,[306] versteht man hierunter eine Aufgabe, die ergebnisorientiert die Verbindung zwischen Planung und Kontrolle sowie einer hierzu notwendigen Informationsversorgung koordiniert. Dadurch soll die Zielorientierung der Unternehmungsführung an den Nahtstellen strategischer und operativer Führung sowie Planung (in all ihren Teilphasen) und Kontrolle nachhaltig gefördert werden. Differenziert werden kann entsprechend in ein strategisches und ein operatives Controlling: Ersteres bezieht sich mehr auf die Überwachung, Prämissenkontrolle und Durchführungskontrolle von Unternehmungsstrategien, Letzteres mehr auf die Planeinhaltung und -steuerung in operativen Realisationsfragen der tagtäglichen Unternehmungsführung in den Linieneinheiten.

---

[306] S. bspw. Weber 2004, Sp. 152-159.

IV. „Management-by"-Konzepte

In der Literatur werden mit dem Terminus „Management-by-..." verschiedene Managementmodelle[307] diskutiert, die jeweils eine bestimmte inhaltliche und/ oder prozessuale Ausrichtung des Managementsystems und seiner Subsysteme betonen. Am bekanntesten sind die im folgenden genannten Konzepte: Management-by-Objectives (Führung durch Ziele), Management-by-Exception (Führung durch Abweichungskontrolle und Eingriffe in Ausnahmefällen), Management-by-Delegation (Führung durch Aufgabenübertagung an nachgeordnete Mitarbeiter/innen), Harzburger Führungsmodell (Motivation durch Delegation von Aufgaben und Verantwortung), Management-by-Decision Rules (Führung durch detaillierte Verhaltensanweisungen und -regeln), Management-by-Systems (Führung durch Systemsteuerung) und Management-by-Results (Führung durch laufende Überwachung der Zwischenergebnisse im Hinblick auf vorgegebene Ergebnisgrößen).[308] Jedes dieser Managementmodelle ist für sich, also als alleinige Ausrichtung des Managementsystems entwickelt worden. Sie sind nicht unabhängig voneinander, das heißt einzelne Teilphilosophien und Elemente sind durchaus vergleichbar. Manche sind Teil ihrer Zeit und mittlerweile nicht weiter thematisiert.

Auf die beiden theoretisch wie empirisch am besten fundierten Konzepte wird im Folgenden näher eingegangen:

---

[307] Teilweise wird auch alternativ von Managementtechniken und -instrumenten gesprochen. Diese Ausdrücke suggerieren aber, dass es sich nur um einzelne, spezifische und gegebenenfalls miteinander kombinierbare Stellschrauben handelt. Mit den „Management-by"-Konzepten ist aber mehr angesprochen, nämlich die gesamte Ausrichtung der Unternehmung. Insofern sind die synonym verwendbaren Ausdrücke „Modell" und „Konzept" treffender.

[308] Daneben sind aber auch einige eher ironische, wenn auch mit ernstem Hintergrund entwickelte „Konzepte" entstanden, bspw.: Management-by-Jeans (An den wichtigsten Stelle sitzen die größten Nieten!), Management-by-Walking-Around (Den Job im Gehen erledigen!), Management-by-Nilpferd (Auftauchen, Maul aufreißen, wieder untertauchen!), Management-by-Champignon (Die Mitarbeiter im Dunkeln lassen, mit Mist bewerfen und wenn sich Köpfe zeigen: „absägen"!), Management-by-Helikopter (Über allem schweben, gelegentlich auf den Boden kommen und viel Staub aufwirbeln!).

(1) Management-by-Objectives und

(2) Management-by-Exception.

Zu (1): Management-by-Objectives

Als ein für den gesamten Managementprozess sinnvolles Vorgehen, ist das Management-by-Objectives (MbO,) zu verstehen.[309] MbO stellt letztlich eine nach einem bestimmten Kriterium („Ziele") ausgestaltete Managementkonzeption dar: Alle Subsysteme (Planung, Kontrolle, Organisation, Personal) sind danach ausgerichtet, dass über Ziele – und damit verbundene Partizipationsaspekte – geführt wird.[310] Das Modell basiert gewissermaßen einerseits auf der These, dass Führungskräfte und Mitarbeiter(innen) ihre Positionsziele kennen sollten, sowie andererseits auf der verhaltenswissenschaftliche Erkenntnis,[311] dass menschliches Handeln maßgeblich durch Ziele beeinflusst und gesteuert werden kann. Von daher wird das Modell zur Kommunikation, Stimulierung und Verhaltenssteuerung eingesetzt, um gerade die Kenntnis der eigenen Positionsziele systematisch zu verbessern sowie die Motivation der Betroffenen anzureizen wie zu nutzen.[312]

---

[309] Es liegen verschiedene MbO-Konzepte vor (Klassiker: Drucker 1954, Humble 1972, Odiorne 1967, Carroll & Tosi 1973), die jeweils unterschiedliche Schwerpunkte setzen. Entsprechend existieren verschiedene Konzepte, die zumeist eine Empfehlung bezüglich der Mitarbeiterpartizipation bei der Zielformulierung beinhalten: Eine *autoritäre Variante* ist „Management mit Zielvorgabe", während „Führung durch Zielvereinbarung" ein *kooperatives Vorgehen* nahe legt. Beide sind möglich und prinzipiell sinnvoll. Mit der hier synonym benutzten, neutralen Übersetzung „Führung durch Ziele" ist keine Einengung auf eine bestimmte Zielfindungsvariante verbunden. S. Fallgatter 1996, S. 91-104, Kappler 2004, Watzka 2011, S. 25-36.

[310] Der Planungsprozess ist nach dem Gegenstromverfahren zu gestalten. Das Kontrollsystem setzt stark auf Selbstkontrolle. Das Organisationssystem stattet Stellen mit einem höheren Ausmaß an Kompetenz und Verantwortung aus. Das Personalsystem entwickelt Selbstständigkeit als wichtige Führungskräftequalifikation u. a. m.

[311] S. v. a. Locke & Latham 1991, S. 212-230.

[312] Diese Sichtweisen werden auch in flapsigen Sprüchen und Zitaten zum Ausdruck gebracht: „Ohne Ziel ist jeder Weg der richtige!", „Der Langsamste, der sein Ziel nicht

MbO steht letztlich für einen Prozess, bei dem Ziele gemeinsam formuliert oder vorgegeben, einzelnen Mitarbeitern und Bereichen zugeordnet und ex post anhand des jeweiligen Zielerreichungsgrades überprüft werden. Die nachgeordneten Mitarbeiter(innen) sind dabei relativ autonom bei der Planentwicklung und -realisation zur Zielerreichung. Insgesamt soll das Konzept sowohl die Analyse, Planformulierung und Realisation inhaltlich verbessern, als auch die Implementierung (Umsetzung und Durchsetzung) der formulierten Pläne sicherstellen helfen.

In einer *prozessualen Darstellung* lässt sich das MbO wie folgt skizzieren (s. Abb. 21):[313]

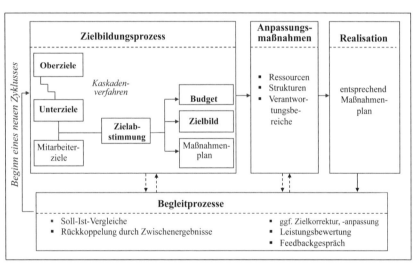

Abb. 21: Prozess des Management-by-Objectives
Quelle: In Anlehnung an Fallgatter 1996, S. 189.

– Im Rahmen eines *Kaskadenverfahrens* werden in der Hierarchie Ziele formuliert, Ober- mit Unterzielen formuliert (entweder gemeinsam in einem

---

aus den Augen verliert, geht immer noch geschwinder als der, der ohne Ziel herumirrt." (*G. E. Lessing*)

[313] S. ähnlich Macharzina & Wolf 2012, S. 582-584.

kooperativen Prozess oder gewissermaßen hierarchisch vorgegeben).[314] Nach einer vertikalen wie horizontalen Zielabstimmung in der Gesamtunternehmung (bspw. via Gegenstromverfahren) werden dann mitarbeiter- oder stellenbezogene Budgets festgelegt, Zieloperationalisierungen vorgenommen (Zielbild) und gegebenenfalls mögliche alternative, sich ergänzende Maßnahmen bekannt. Damit ist die Zielbildung abgeschlossen.

– Es folgen dann notwendige *Anpassungsmaßnahmen*, um ausreichend Ressourcen zur Zielerreichung bereitzustellen, gegebenenfalls personale Strukturen zu schaffen und Verantwortungsbereiche umzuorganisieren.

– Danach setzt die *Realisation* ein. Hier besteht dann die weitgehende Freiheit der Stelleninhaber, selbstständig – in einem gewissen Rahmen – zielorientiert Wege einzuschlagen (freie Mittelwahl).

– Der gesamte bislang skizzierte Prozess wird fast laufend im Rahmen einer *Selbst- wie Fremdkontrolle* bewertet. Diese Rückmeldungen zu Zwischenergebnissen, laufenden Prozessen und individuellen Verhaltensweisen gestatten weitere Anpassungsmaßnehmen und Lernchancen.

Mit einem solchen partizipativen Entscheidungsprozess – in welcher Variante auch immer – sollen in zweierlei Hinsicht Vorteile genutzt werden:[315]

– Zum einen soll eine *Motivationswirkung* die Effizienz der Mitarbeiter erhöhen, die Unternehmungsführung entlasten, Konflikte offen legen, eine Identifikation mit den Unternehmungszielen fördern und eine partnerschaftliche, inhaltliche Zusammenarbeit durch Einbeziehung verschiedener Hierarchieebenen steigern. Gerade bei Entscheidungsproblemen ist der interaktive, gemeinsame Kommunikationsprozess kompetenter Führungskräfte auf verschiedenen Ebenen gefordert. Daneben beeinflussen die vorhandenen Freiheiten bei der Zielerreichung das Verantwortungsbewusstsein, die Eigeninitiative und die Kreativität. Idealerweise fördert die Mit-

---

[314] S. Watzka 2011, S. 29-30, 37-41, 89-119.

[315] S. zu den theoretischen und empirischen Hintergründen Locke 1968, Locke & Latham 1990, Nerdinger 2001, S. 357-362, Kappler 2004, Sp. 774-777.

wirkung auch die Kompetenz und Bereitschaft, einen selbst mitentwickelten Plan umzusetzen (Selbstverpflichtungseffekt).[316]

– Zum anderen wird zusätzlich eine *Rationalitätswirkung* angestrebt. Systematisch und kongruent abgeleitete Ziele sollen dabei zu einer unmittelbaren Koordination einzelner Handlungen und ganzer Entscheidungsbereiche führen sowie Suboptimierungen verhindern. Die Qualität realistischer Pläne wird durch das vielfältige Informationspotenzial und die spezifischen Kenntnisse verbessert. Dadurch, dass der Mitarbeiter das angestrebte Ergebnis kennt, ist es für ihn eher möglich, erforderliche Schritte durchzuführen. Gerade für die bedeutenden strategischen Entscheidungen ist ein solcher konsistenter Zusammenhang von großer Bedeutung. Das Übersetzungsproblem zwischen strategischem und operativem Management wird durch die Beteiligung erleichtert.[317]

Für die Funktionsfähigkeit einer Führung durch Ziele sind folgende Voraussetzungen zu erfüllen: Eine institutionalisierte Unternehmungsplanung gestattet Zielformulierung für verschiedene Hierarchieebenen. Daneben ist ein Delegations- und Handlungsspielraum erforderlich, innerhalb dessen Mitarbeiter ihre Aufgaben insbesondere der ebenenspezifischen Planentwicklung eigenverantwortlich erfüllen können. Der Erfolg des MbO hängt entscheidend auch davon ab, inwieweit es der Unternehmung und ihren Führungskräften gelingt, die jeweiligen Ziele präzise, operationalisiert, weitgehend konfliktfrei und

---

[316] Zu praxisorientiert formulierten Effekten s. Watzka 2011, S. 56-72. Hier ließe sich zudem wunderbar die Anreiz-Beitrags-Theorie (B.II.4) sowohl als Analyse- als auch als Gestaltungshilfe verwenden.

[317] Der Grundsatz der Einheit der Planungsaufgabe, d. h. die gleichzeitige Verantwortlichkeit für die strategischen und operativen Aufgaben, sollte verfolgt werden. Ohne eine Beteiligung der für die Durchführung Verantwortlichen würden sich zwangsläufig motivationale Probleme sowie die Gefahr, dass die Betroffenen nicht akzeptierte Planteile zu verändern oder zu umgehen versuchen, ergeben.

ausreichend anspornend zu formulieren.[318] Dies ist eine Managementaufgabe im Rahmen der *Meta-Planung* (= Planung der Planung).[319]

Zu (2): Management-by-Exception

Ein ergänzendes Konzept ist das Management-by-Exception (MbE). Es fordert, dass im Rahmen der unternehmungsweiten und hierarchischen Arbeitsteilung die Vorgesetzten sich vor allem mit ihren Führungsaufgaben beschäftigen sollen, während die nachgeordneten Mitarbeiter die Aufgabenerfüllung und auch die dafür notwendigen Entscheidungen übernehmen. Die Mitarbeiter können dann in diesem Aufgaben- und Kompetenzbereich frei und selbstständig handeln und auch einen wesentlichen Teil der Kontrolle übernehmen (Institutionalisierung von Selbstkontrolle) – bis vorher festgelegte Toleranzgrenzen bei bestimmten Zwischenergebnissen und -terminen (Ziele, Sollwerte, Bewertungsmaßstäbe) überschritten werden und/oder nicht vorhersehbare Ereignisse eintreten.[320] In diesen Entscheidungs- und Handlungsprozess greifen Vorgesetzte nur in *Ausnahmesituationen* ein. Diese sind gegeben, wenn die vorgegebenen Entscheidungsspielräume überschnitten werden und andere un-

---

[318] Erfahrungen deuten darauf hin, dass zum Ersten das MbO oben in der Hierarchie beginnen sollte, dass zum Zweiten in der Einführungsphase (für die Unternehmung als Ganzes oder für eine neu einbezogene Führungskraft) Geduld und ein etwa dreijähriger aktiver Begleitprozess vorgesehen werden sollte, und dass zum Dritten die so genannten SMART-Zielregeln („specific", „measurable", „attainable", „relevant" und „trackable") eingehalten werden sollten. S. bspw. Watzka 2011, S. 119.

[319] *Beispiel*: PhoenixContact, Blomberg, hat die MbO-Einführung etwa drei Jahre mit Qualifikationsmaßnahmen begleitet, um das passende Verhalten aller Beteiligten zu schulen und zu verfestigen. Es ist nämlich gar nicht so einfach, Ziele genau zu formulieren, sie passend zu operationalisieren, mit Soll/Ist-Abweichungen umzugehen, unerwartete Umweltveränderungen einzubauen, unterjährige Zeiträume zu berücksichtigen. Schulungen und Coaching sind da über einen mittelfristigen Zeitraum notwendig.

[320] *Beispiel*: In den vorherigen Gesprächen zwischen Vertriebsleitung und Vertriebsmitarbeiter wurde ein Umsatz von 3,6 Mio. Euro als Ziel vereinbart und auf die erwarteten Monatsgrößen verteilt. Solange reale Monatsumsätze nicht mehr als fünf Prozent (plus/minus) von den erwarteten Größen abweichen, ist keine Information an die Vertriebsleitung notwendig. Dies muss erst bei höheren Abweichungen geschehen. (Im Übrigen lässt sich dies heute gut in ein IT-gestütztes Controlling-System integrieren.)

erwartete Entwicklungen sich ergeben. Voraussetzungen sind die Vorabfestlegung operationaler Ziele, die Definition der Entscheidungsspielräume sowie passende Informations- und Kontrollsysteme. Die Mitarbeiter(innen) vergleichen dann ständig die Werte. Im Abweichungsfall informieren sie die Vorgesetzten und erarbeiten eine Abweichungsanalyse.

Problematisch können eng gesetzte Spielräume sein, weil sie Mitarbeiter sehr behindern können. Auch unzureichende Informationssysteme und/oder unzuverlässige Mitarbeiter sind Aspekte, die problematisch mit diesem Management-by-Konzept sind. Die Konzentration auf negative Abweichungen ist zudem kritisch zu beurteilen. Als *Ergänzung* zum MbO eignet sich die Idee jedoch prinzipiell sehr gut. Die große Freiheit im Rahmen des MbO wird auf diese Weise ein wenig dadurch reglementiert, als dass zusätzlich Situations- und Erfolgsbedingungen sowie Toleranzgrenzen (nach unten wie nach oben) formuliert sind, die den Einsatz der jeweiligen Vorgesetzten fordern.

F. ORGANISATIONSFUNKTION

I. Organisationsbegriff

Organisation als Tätigkeit ist eine *Managementfunktion*. Organisation als Ergebnis dieser Tätigkeit, also die Gesamtheit der geschaffenen organisatorischen Regeln, ist dabei ein Instrument der Unternehmungsführung. Insofern hat Organisation – ebenso andere Managementfunktionen – einen Instrumentalcharakter: Sie besteht nicht an sich oder wird um ihrer selbst willen ausgeübt, sondern sie wird zur Zielerreichung der Unternehmung eingesetzt (Ziel-Mittel-Beziehung).[321] Organisation ist somit auch ein – zwar notwendiger, aber nicht hinreichender – Erfolgsfaktor.[322]

Bei der Organisationsfunktion wird insofern der *instrumentelle Organisationsbegriff* verwendet: Unter Organisation ist die Gesamtheit aller generellen, expliziten Regelungen zur Gestaltung von Aufbau- und Ablaufstrukturen der Unternehmung zu verstehen. Die Unternehmung hat eine Organisation![323]

---

[321] Dies wird als *funktionalistische Sichtweise* verstanden (s. Parsons 1960) und hat die Betriebswirtschaftslehre stark beeinflusst. Entsprechend werden die Systemelemente einer Unternehmung als Mittel zur Zielerreichung (Bestandserhaltung u. a.) verstanden. Sie folgen einer *teleologischen Sichtweise*: Handlungen sind an Zwecken (oder Zielen) orientiert und sollten durchgehend zweckmäßig (oder zielorientiert) ablaufen.

[322] Es gibt sicherlich auch *substituierende Effekte* bei unterschiedlichen Ausprägungen der Führungsinstrumente aller Managementfunktionen. *Beispiel*: Ein(e) begabte(r) Mitarbeiter(in) kann in einer Situation wenig geeignete organisatorische Regeln ausgleichen.

[323] *Achtung*: Weder der institutionelle Begriff der Organisation als Oberbegriff für Institutionen aller Art, wie beispielsweise Unternehmungen, Krankenhäuser (Die Unternehmung ist eine Organisation!), noch der funktionale Organisationsbegriff als Tätigkeit (Die Unternehmung organisiert!) sind in dem genannten Zusammenhang sinnvoll.

Ein solcher Begriff bezieht sich auf die gesamte Unternehmung (*Unternehmungsorganisation*) und differenziert zunächst nicht in den leitenden und in den ausführenden Teil einer Hierarchie. Beide Teilbereiche können aufgrund unterschiedlicher Anforderungen spezifiziert werden (s. Abb. 22):[324]

- Die *Arbeitsorganisation* (synonym: Ausführungsorganisation) bezieht sich auf die Stellen ohne Leitungskompetenzen. Auf einer solchen operativen Ebene stehen die Willensrealisation und die dafür geeigneten strukturellen wie prozessualen Organisationsregeln im Zentrum: Arbeitszeit, Arbeitsspezialisierung u. Ä.

- Die *Leitungsorganisation* (oft synonym: Führungsorganisation) stellt auf die Instanzen (s. u.) sowie damit dem Bereich der hierarchiebezogenen Willensbildung und -durchsetzung ab, und zwar sowohl strukturell wie prozessual. Objekte sind: Delegationsgrad, Management-by-Objectives und -by-Exception, Kontrollspanne u. Ä.

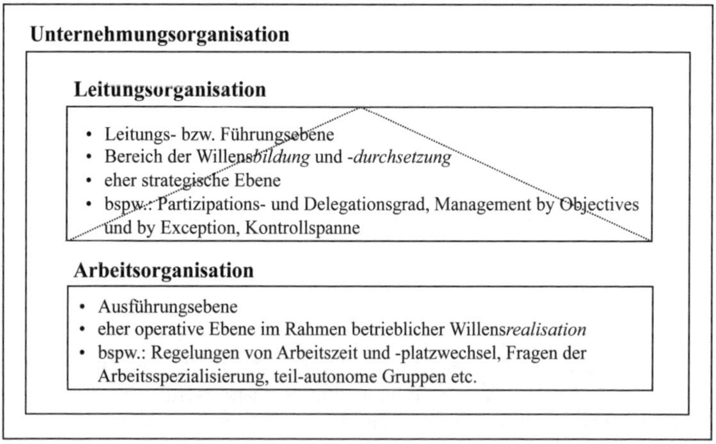

Unternehmungsorganisation

Leitungsorganisation

- Leitungs- bzw. Führungsebene
- Bereich der Willensbildung und -durchsetzung
- eher strategische Ebene
- bspw. Partizipations- und Delegationsgrad, Management by Objectives und by Exception, Kontrollspanne

Arbeitsorganisation

- Ausführungsebene
- eher operative Ebene im Rahmen betrieblicher Willensrealisation
- bspw.: Regelungen von Arbeitszeit und -platzwechsel, Fragen der Arbeitsspezialisierung, teil-autonome Gruppen etc.

Abb. 22: Objekte der Unternehmungsorganisation
Quelle: Becker 2007, S. 25.

---

[324] S. Becker 2007, S. 24, ähnlich Seidel & Redel 1987, S. 6.

Der Begriff „Organisation" wird in zwei generelle Aspekte differenziert:[325]

- Unter der *Aufbauorganisation* (synonym: Strukturorganisation) wird die Festlegung des Gebildes der Unternehmung nach den Merkmalen der Verrichtung und/oder des Objekts verstanden.[326] Dies betrifft die Gliederung der Unternehmung in arbeitsteilige Einheiten (*Spezialisierung*) und hierarchische Elemente (*Konfiguration*) sowie ihrer *Koordination*. Stellen und Stellenmehrheiten (wie Abteilungen) sind Objekte der Aufbauorganisation. Im Rahmen der *Primärorganisation* werden dabei die „bis auf Weiteres", also gewissermaßen auf Dauer angelegten Strukturen der Unternehmungsorganisation geschaffen. Ergänzt werden sie im Rahmen der *Sekundärorganisation* um organisatorische Einheiten, die temporär (entweder regelmäßig für eine kurze Zeit oder für eine spezifische Zeitperiode) für ausgewählte Aufgaben eingesetzt werden.

- Die *Ablauforganisation* (synonym: Prozessorganisation) ist durch die Festlegung der spezifischen *Arbeitsteilung*, der *Zeit* und des *Raums* (im Arbeitsprozess) gekennzeichnet. Sie strukturiert somit das prozessuale Geschehen und determiniert das in der Aufbauorganisation festgelegte Handeln weiter. Das Miteinander der Stellen soll effizient gestaltet werden. Die zu gestaltenden Prozesse (und ihre einzelnen Phasen) befinden sich sowohl auf der Metaebene (gesamter Unternehmungs- bzw. Wertschöpfungsprozess) als auch auf der Mikroebene (jeweiliger verrichtungs- oder objektbezogener Prozess bis hin zu einzelnen Stellen).

Bei der Aufbau- und Ablauforganisation handelt es sich um zwei Betrachtungsweisen des gleichen Problems unter verschiedenen Aspekten („zwei Seiten einer Münze"). Sie stehen dabei in einem Wechselverhältnis zueinander, so dass in der konkreten Organisationsarbeit keine der beiden Aspekte vernachlässigt werden darf. Abbildung 23 visualisiert die Zusammenhänge.

---

[325] S. z. B. Krüger 2005, Schreyögg 2006, S. 140-141, und weiter unten.

[326] Unter *Verrichtungen* werden Beschaffung, Absatz, Produktion, Verwaltung u. Ä. verstanden. *Objekte* sind v. a.: Produkte/Produktgruppen, Regionen und Kundengruppen.

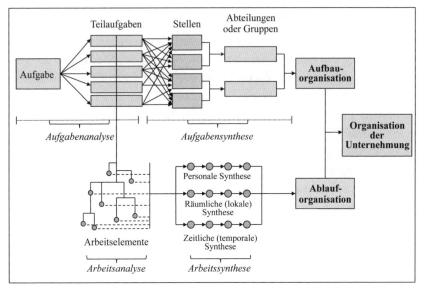

Abb. 23: Aufbau- und Ablauforganisation
Quelle: Ähnlich Bleicher 1991, S. 49.

Aufbau- wie Ablauforganisation werden mithilfe von *organisatorischen Regeln* (synonym: Organisationsregeln) gestaltet. Prinzipiell kann man diese unterscheiden in präsituative und in situative Regelungen:[327]

- *Präsituative Regeln* (oft synonym: generelle Regeln) engen ex ante den individuellen Entscheidungsspielraum in prinzipiell vergleichbaren Situationen ein. Vor Vorliegen einer bestimmten erwarteten Aufgabensituation ist bereits im Grundsatz geregelt, was wer wie im Wesentlichen zu tun hat.[328]
- *Situative Regelungen* (oft synonym: fallweise Regeln) betreffen dagegen jeweils fallweise Entscheidungen und präsituativ nicht geregelte aktuelle

---

[327] S. Krüger 1993, S. 18-19, 2005, S. 143-146, Schreyögg 2008, S. 10-17.

[328] *Beispiele*: Es ist klar geregelt, dass ein bestimmter Kreditsachbearbeiter Privatkredite bis zu 5.000 Euro eigenverantwortlich – unter Einhaltung bestimmter Regeln – zusagen darf, eine Abteilungsleiterin Aufgaben an ihre nachgeordneten Mitarbeiter delegieren darf, für bestimmte Kundenanfragen zuständig ist – und zwar jeweils bevor sich dies alles tatsächlich ereignet.

Situationsbedingungen. Sie lassen eine größere Entscheidungsfreiheit für die Stelleninhaber. Dabei können sie bestimmten allgemeinen Regeln folgen (Disposition) oder völlig frei erfolgen (Improvisation).[329]

Die Organisationsarbeit konzentriert sich schwerpunktmäßig auf die präsituativen Regelungen, um eine strukturierte(re) Vorgehensweise im Aufbau wie im Ablauf gerade von häufig vorkommenden und/oder besonders sensiblen Fragestellungen effizient zu gestalten. Situative Regeln betreffen eher fallweise durchaus unterschiedliche Regelungen. Diese zählen nicht zum klassischen Organisationsbegriff. Umgangssprachlich werden dagegen Disposition und Improvisation oft mit Organisation gleichgestellt.

Das *Substitutionsprinzip der Organisation*[330] pointiert generelle präsituative Regelungen statt fallweise situative Regelungen einzusetzen, und zwar solange, bis ein akzeptables Gleichgewicht zwischen der Menge an generellen Regelungen und der Variabilität an organisatorischen Tatbeständen erreicht ist. Je mehr variable, d. h. nicht standardisierbare Tatbestände bei einer Unternehmung vorkommen, desto weniger sind generelle Regelungen möglich – es wäre schlicht zu teuer. Sollte die Variabilität bci Null liegen, dann könnte alles per genereller Regelung gehandhabt werden. In diesem Falle würden fallweise Regelungen aus Effizienzgründen diese generell ersetzen. Im umgekehrten Fall wäre keine Substitution möglich bzw. diese ineffizient. Anders ausgedrückt: Wenn variable Umstände generell geregelt sind, liegt eine Überorgani-

---

[329] *Beispiele*: *Disposition* ist sinnvoll bei unregelmäßig, oft kurzfristig eingehenden Kundenaufträgen mit durchaus unterschiedlichem Dringlichkeitsbedarf und/oder Mengen. Reihenfolgeentscheidungen in der Produktion und die Tourenplanung bei Lkw-Transporten zählen beispielsweise dazu. Hier gibt es vorab festgelegte Entscheidungskriterien, die es dann zu beachten gilt. Bei der *Improvisation* besteht prinzipiell vollkommene Freiheit zur Problembehandlung. Sie sollten allerdings problemlösend sein.

[330] S. Gutenberg 1983, S. 239-242.

sation vor sowie, wenn Wiederholungsfälle nicht generell geregelt werden, eine Unterorganisation (s. Abb. 24).[331]

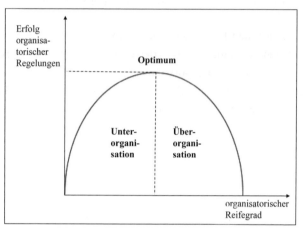

Abb. 24: Substitutionsprinzip der Organisation
Ursprüngliche Quelle unbekannt.

Organisatorische Regeln können weiter differenziert werden:

– *Formale Regeln* sind bewusst und offiziell, oft auch schriftlich fixiert formuliert. Sie sind im Fokus der Organisationslehre. Im Allgemeinen wird davon ausgegangen, dass Personen, wenn sie Mitglied einer Unternehmung werden, die explizit formulierten Ziele und Regeln kennen sowie gewillt sind, diese während ihrer Tätigkeit in der und für die Unternehmung zu akzeptieren, sie zu verfolgen und ihre Tätigkeiten danach auszurichten.

---

[331] *Beispiele:* Stellen Sie sich vor, Sie würden zu Beginn eines Semesters für eine bestimmte Vorlesung und deren Klausur vorab einen genauen Ablauf Ihres Lernprozesses (Zeitpunkt, Lerninhalte, Orte, Partner u. Ä.) exakt „organisieren". Schön, Sie hätten quasi täglich einen Detailplan. Aber ob Sie vorab fachlich in der Lage sind, in einem zeitlich vertretbaren Umfang einen solchen Lernprozess prozessual zu organisieren, darf bezweifelt werden. Und selbst wenn: Sie hätten sich dies durch die Aufgabe von Flexibilität (Die Inhalte zur Corporate Governance brauchten real doch mehr Zeit als die Inhalte zum MbO – aber Plan ist Plan!) erkauft. Aber beachten Sie auch: Die Nicht-Organisation Ihres Lernprozesses führt auch nicht zu besseren Wirkungen!

–   *Informale Regeln* entstehen auch unabhängig von schriftlich fixierten Regeln, interpretieren sie, spezifizieren sie, konterkarieren sie unter Umständen. Sie obliegen nicht der Organisationshoheit der Unternehmung, lassen sich insofern nur teilweise gezielt gestalten. Sie können Bestandteil einer bestehenden Unterhaltungskultur sein (*Beispiel*: Jede Behauptung muss argumentativ hinterlegt sein! Kundenanfragen gehen vor Feierabend!), sich in einer Arbeitsgruppe (Subkultur) autonom entwickelt haben (*Beispiel*: „Diesen Aufschneider ignorieren wir."), auch gegen die formalen Regelungen gerichtet sein (*Beispiel*: „Wir lassen uns nicht schikanieren, mehr als X werden nicht pro Stunde produziert!"). Letztendlich entscheiden die Mitarbeiter mit bzw. selbst, ob und welche informale Regelungen gelten.

Da informale Regeln sich dem expliziten Gestaltungswillen der Unternehmung entziehen, stehen bei der Organisation die formalen Regeln im Mittelpunkt der Diskussion.[332]

Organisatorische Regeln sind *Stimuli zur Verhaltensbeeinflussung* und zwar unabhängig davon, ob dies bei ihrer Festlegung bedacht wurde oder nicht.[333] Sie beeinflussen das individuelle sowie das gruppenbezogene Verhalten der Mitarbeiter(innen). Organisatorische Regeln können insofern zur zielgerichteten Aufgabenerfüllung eingesetzt werden. Es wäre jedoch ein Fehlverständnis, organisatorische Regeln (nur) als Einengung unternehmerischen Handelns zu begreifen. Organisation hat prinzipiell stets auch eine Motivationsfunktion.

---

[332]   *Allerdings*: Nicht allein die intendierten und bewusst gestalteten Instrumente (Struktur und Prozess) werden berücksichtigt. Auch die sich selbstevolutionär herausgebildeten, faktischen (informalen) Regelungen werden als Situationsbedingung berücksichtigt.

[333]   Sofern die angesprochene Wirkung bei der Gestaltung explizit beachtet wird, sind Vorstellungen darüber notwendig, wie (weit) das Verhalten der Akteure sich zielorientiert beeinflussen lässt. In der Organisationstheorie herrschen hier sehr unterschiedliche Ansichten vor, die im jeweiligen Menschenbild bzw. den damit verbundenen Prämissen in Zusammenhang stehen. Das Bild vom sich stets opportunistisch verhaltenden Mitarbeiter mit in Folge notwendigen kontroll- und verhaltensorientierten Entgeltregelungen ist ebenso vorhanden (Institutionenökonomie) wie eine wesentlich offenere, auf unterschiedliche Motivlagen orientierte Sichtweise, die eher die Unternehmung als Stimulusgeber denn als Kontrolleur in die Pflicht nimmt (Anreiz-Beitrags-Theorie, s. B.II.4).

Insofern müssen die Regeln eignungs- und motivationsgerechte Stimuli beinhalten und/oder Freiräume lassen, deren Nutzung motivationsfördernd ist.

II. Analyse/Synthese-Konzept

Die Gestaltung – sowohl der Aufbau als auch der Ablauforganisation – erfolgt prinzipiell nach einem *Analyse- und Synthesekonzept*. Im Rahmen der Analyse werden alle Teilaufgaben bzw. -prozesse des gesamten Wertschöpfungsprozesses einer Unternehmung in ihre Grundelemente zerlegt, bevor mittels einer Synthese zielorientiert arbeitsfähige Einheiten bzw. Prozesse geschaffen werden.[334] Differenziert werden zwei verschiedene Konzeptbestandteile:

(1) Aufgabenanalyse und -synthese sowie

(2) Arbeitsanalyse und -synthese.

Zu (1): Aufgabenanalyse und -synthese

Ausgangspunkt ist im Rahmen der *Aufgabenanalyse* die Gesamtaufgabe der Unternehmung. Die Gesamtaufgabe wird als ein zusammengesetztes Gefüge von Teilaufgaben verstanden, die durch eine analytische Durchdringung kriteriengestützt abgespalten werden können. Dabei bedient man sich verschiedener Kriterien und Analysearten:

- Verrichtungen/Verrichtungsanalyse (z. B. Kleben, Schweißen, Nieten),
- Objekte/Objektanalyse (z. B. Arbeiten an Tisch-, Decken-, Stehlampen),
- Phasen/Phasenanalyse (Planungsphasen, Realisierung, Kontrolle),
- Rang/Ranganalyse (Entscheidung, Ausführung) und
- Zweckbeziehung (direkt oder indirekt auf die Ausführung der Hauptaufgaben ausgerichtete Teilaufgaben).

---

[334] S. grundlegend Kosiol 1976, S. 32-33, auch: Grochla 1978, S. 126-129, Schreyögg 2008, S. 93-105.

Eine „richtige", logische Ableitung der Teilaufgaben ist prinzipiell nicht möglich. Daher wird hier ein pragmatisches Vorgehen gewählt.[335]

Nachfolgend erfolgt die *Aufgabensynthese*. Sie zielt auf die Zusammenfassung der analytisch abgeleiteten Teilaufgaben zu versachlichten, auf einzelne Stellen verteilbare Aufgabenkomplexe. Stellen und Stellenmehrheiten werden so gebildet, und so entsteht die Aufbauorganisation (s. hierzu Abb. 25).

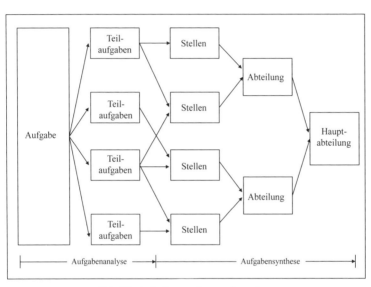

Abb. 25: Aufgabenanalyse und -synthese

Zu (2): Arbeitsanalyse und -synthese

Bei der *Arbeitsanalyse* werden die vorab erarbeiteten und auf einzelne Stelleninhaber im Wertschöpfungsprozess übertragbaren Teilaufgaben bis in die kleinsten Arbeitselemente differenziert. Ziel ist die Erarbeitung von Grundlagen zur effizienten Gestaltung der Arbeitsprozesse. Die *Arbeitssynthese* zielt

---

[335] S. Schreyögg 2008, S. 93-98, auch zur Kritik und zur Weiterentwicklung.

dagegen auf die personale, temporale und lokale Zuordnung aggregierter Arbeitselemente zu Arbeitsgängen, Arbeitsgangfolgen und schließlich unternehmungsweiten gesamten Ablauforganisation ab (s. Abb. 26).

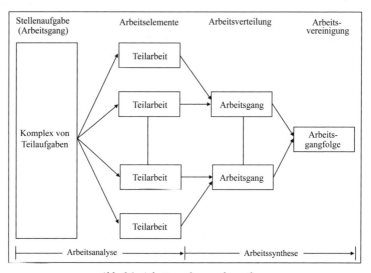

Abb. 26: Arbeitsanalyse und -synthese

II. Aufbauorganisation

1. Grundbegriffe

Im betriebswirtschaftlich-organisatorischem Sprachgebrauch wird traditionsgemäß unter einer *Stelle* die kleinste Organisationseinheit verstanden.[336]

---

[336] *Achtung*: In der Organisationslehre geht es in erster Linie um „Stellen", nicht um konkrete „Stelleninhaber". Die entsprechenden organisatorischen Gestaltungsmaßnahmen sollen auch personenunabhängig funktionieren. Eine Versetzung oder eine Neueinstellung sollen also die Organisation nicht gefährden, so die dahinter stehende Philosophie.

Es findet eine in der Regel sachliche Aufgabenbündelung mit Personenbezug statt – mit dem Ergebnis einer Stellenbeschreibung. Zu jeder Stelle (und in Folge Stellenbeschreibung)[337] zählen drei *Komponenten*:[338]

- Festgelegter *Aufgabenkatalog*: Die zugesprochenen Aufgaben können nach unterschiedlichen Prinzipien definiert werden: Stellenbildung ad rem legt auf eine sachliche Ableitung der Aufgaben im gesamten Stellengefüge Wert. Die Stellenbildung ad personam berücksichtigt darüber hinaus auch Besonderheiten der Stelleninhaber, indem Aufgabenbereiche sich durch die individuelle Qualifikation ergeben. Die Stellenbildungsprinzipien „... ad instrumentarum" (Die verwendeten Arbeitsinstrumente bestimmen Stelleninhalte.) und „... durch Gesetzesvorgaben" (z. B. Sicherheitsbeauftragte) haben eine deutlich geringere Bedeutung.

- *Kompetenzen*: Der organisatorische Kompetenzbegriff[339] wird als Sammelbegriff für verschiedene formale Rechte und Befugnisse eines Stelleninhabers verstanden. Sie legitimieren ihn zu Handlungen entlang seines Aufgabenspektrums und engen gleichzeitig auch den Handlungsspielraum zu anderen Organisationsmitgliedern ein. Die jeweiligen Kompetenzen sind nicht an die Person selbst, sondern an ihre formale Position in der Unternehmung gebunden. Passend zur Aufgabe können dies sein: Richtlinien-, Entscheidungs-, Anordnungs-, Ausführungs-, Verfügungs-, Informations- und/oder Kontrollbefugnisse.

- *Verantwortung*: Der Begriff „Verantwortung" lässt sich in verschiedene Facetten differenzieren: Handlungs-, Ergebnis-, Führungs- und/oder politische Verantwortung. Je nach hierarchischer Position sowie zugewiesenen

---

[337] Eine Stellenbeschreibung stellt eine stellenspezifische und personenneutrale schriftliche Beschreibung der Aufgaben, Kompetenzen und Verantwortung sowie der Beziehungen zu anderen Organisationseinheiten dar.

[338] S. Krüger 1993, S. 47-48, 2005, S. 154-155.

[339] Daneben existiert im Allgemeinen wie wissenschaftlichen Sprachgebrauch noch ein *personeller Kompetenzbegriff*. Er wird im Allgemeinen als Ausdruck für die individuelle Qualifikation oder Eignung einer Person verwendet.

Aufgaben und Kompetenzen ist entsprechend passend die adäquate Verantwortung der Aufgabenträger festzulegen.

Das *Kongruenzprinzip* der Stellengestaltung betont die aufeinander abgestimmte Gestaltung von Aufgaben, Kompetenzen und Verantwortung.[340] Aus allen drei Komponenten werden die *Stellenanforderungen* an die Qualifikation der Stelleninhaber abgeleitet – eine personalwirtschaftliche Aufgabe.

Daneben kann man verschiedene *Abarten von Stellen* unterscheiden:

- Bei *Ausführungsstellen* handelt es sich um die „normalen" Stellen im Rahmen des primären Leistungserstellungsprozesses in einer Unternehmung. Die Stelleninhaber haben keine Leitungskompetenzen.
- Im Rahmen der Ausführung von Leitungsaufgaben bildet man eine *Instanz* (synonym: Leitungsstelle, Linienstelle). Ihr sind fachliche und/oder disziplinarische Entscheidungs-, Weisungs- und Kontrollbefugnisse für den ihr unterstellten Organisationsbereich zugeordnet. Die Personen, die solche Instanzen besetzen, werden als Führungskräfte oder Manager bezeichnet.
- *Stabsstellen* sind einer Leitungsstelle zugeordnet (z. B.: Vorstandsassistenz, Sekretariat). Sie unterstützen deren Inhaber bei der Aufgabenerfüllung. Sie soll durch das Expertenwissen den vorgesetzten Inhabern der Leitungsstelle Entscheidungsgrundlagen liefern, Kontrolle erleichtern u. Ä.
- *Dienstleistungsstellen* sind zur Erfüllung allgemeiner Aufgaben innerhalb einer Unternehmung geschaffen. Sie sind gewissermaßen interner Dienstleister (z. B.: Der Personalbereich bietet Serviceleistungen für Führungskräfte wie Mitarbeiter an.).

---

[340] *Beispiele*: Einen Stelleninhaber, dem Aufgaben ohne Kompetenzen und Verantwortung zugewiesen wurde, nennen man umgangssprachlich „Frühstücksdirektor". Einen Stelleninhaber, dem eine Kompetenzausübung außerhalb seines zugewiesenen Aufgabenbereichs nachgewiesen wird, begeht „Amtsanmaßung". Als „Sündenbock" wird letztlich ein Stelleninhaber bezeichnet, der Verantwortung ohne Aufgaben und Kompetenzen übernehmen soll.

Organisationseinheiten, die aus mehreren Stellen – nach welchen Kriterien auch immer (Aufgaben-, Personen-, Sachmittel- und Rechtsbezug) – zusammengesetzt sind, stellen *Stellenmehrheiten* (bspw. Abteilungen, Arbeitsgruppen, Gremien, Teams) dar. Sie wirken in arbeitsteiliger Weise an der Zielerreichung mit. In aller Regel werden sie von einer Instanz geleitet.

2. Dimensionen

Die Aufbauorganisation besteht aus verschiedenen Organisationseinheiten („strukturelle Subsysteme", A.II.1). Die Gestaltung erfolgt

(1) nach den Merkmalen der Verrichtung und/oder des Objekts bei der Aufspaltung der Unternehmung in arbeitsteilige Einheiten (*Spezialisierung*),

(2) der dazugehörigen hierarchischen Elemente (*Konfiguration*) und

(3) deren Zusammenarbeit (*Koordination*).

Hiermit sind die drei wesentlichen Strukturdimensionen (synonym: Organisationsdimensionen) angesprochen, die später in unterschiedlichen Kombinationen die Grundmodelle der Organisationsstruktur bilden.[341]

Zu (1): Spezialisierung

Im Rahmen der Spezialisierung werden durch eine *horizontale Aufgabenteilung* einzelne funktionsfähige Teileinheiten (Stellen, Abteilungen usw.) geschaffen. Das Ziel ist eine qualifikationsorientierte und den Kundenbedürfnissen entsprechende Arbeitsteilung in der ganzen Unternehmung.[342] Sie kann

---

[341] Diese Kriterien helfen sowohl bei der Analyse als auch bei der Gestaltung des komplexen Gebildes „Unternehmung". In der Literatur werden unterschiedliche, im Grunde vergleichbare Dimensionen diskutiert, auch was ihre Anzahl betrifft. S. bspw. Krüger 2005, Grochla 1978, 1982, Kieser & Walgenbach 2010, Schreyögg 2008.

[342] Spezialisierung – differenziert nach einem hohen und einem niedrigen Spezialisierungsgrad – ist nicht an sich gut oder schlecht; auch hier kommt es auf die Situation an. Sie bietet unterschiedliche Vor- und Nachteile, die es im Einzelfall abzuwägen gilt.

gemäß des Verrichtungsprinzips (funktionale Spezialisierung) nach den (Sach--) Funktionen Beschaffung, Produktion, Vertrieb und anderen vorgenommen werden, aber auch nach dem Objektprinzip (objektorientierte Spezialisierung) bezogen auf die Objekte Produktart, Kundengruppe und/oder Region.

Zu (2): Konfiguration

Mit der Konfiguration ist die *vertikale Aufgabenteilung* zwischen den − zu schaffenden − hierarchischen Ebenen, also dem Netz der Leitungsbeziehungen, zu gestalten. Ziel sind:

− Zum Ersten sind aufgabenorientierte *Weisungsbeziehungen* festzulegen. Hier wird einerseits idealtypisch differenziert in Einliniensystem (jeweils nur ein direkter Vorgesetzter, ungeteilte Weisungsbefugnisse, Einheit der Auftragserteilung), Mehrliniensystem (aufgabenspezifische Weisungsbefugnisse, mehrere direkte Vorgesetzte, allerdings für jeweils spezielle Aufgabenbereiche) und Stab-Liniensystem (Assistenz- und/oder Dienstleistungsstellen an einer Instanz zu deren Entlastung und zur fachlichen Beratung, ohne eigene Weisungsbefugnisse) differenziert (s. Abb. 27).

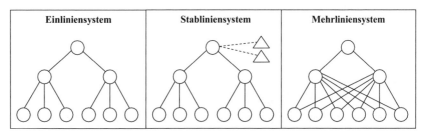

Abb. 27: Alternative Weisungsbeziehungen

Leicht verständlich ist bspw., dass ein ausgewiesener Spezialist im Arbeitsrecht vermutlich deutlich bessere Kenntnisse dieser Materie hat als ein Generalist im Recht. Aber: (1) Kann sich jede Kanzlei einen solchen Spezialisten leisten? (2) Versteht der Arbeitsrecht-Spezialist auch andere Rechtsgebiete bzw. deren Zusammenhänge, und ist er von daher multifunktional einsetzbar?

- Zum Zweiten ist die *Leitungsspanne* (Anzahl der einer Führungs-kraft/Instanz zugeordneten Untergebenen).[343]
- Zum Dritten ist die *Leitungstiefe* (flache Pyramide mit wenigen Ebenen, steile Pyramide mit vielen Ebenen) entsprechend des Unternehmungsumfelds effizient zu gestalten.[344] Abbildung 28 zeigt die Zusammenhänge.

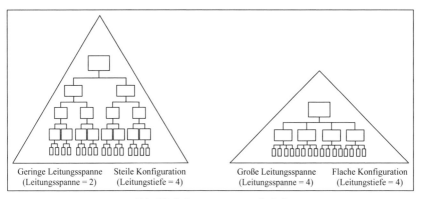

| Geringe Leitungsspanne (Leitungsspanne = 2) | Steile Konfiguration (Leitungstiefe = 4) | Große Leitungsspanne (Leitungsspanne = 4) | Flache Konfiguration (Leitungstiefe = 4) |

Abb. 28: Leitungsspanne und -tiefe

Zu (3): Koordination

Mit Koordination ist die durch die Spezialisierung und Konfiguration notwendig gewordene aufgabenübergreifende Zusammenarbeit angesprochen. Mittels Plänen, Programmen, unternehmungsinternen Märkten, informalen Regeln oder persönlichen Weisungen wird versucht, diese Beziehungen zu optimieren. Auch lassen vertikale (hierarchisch) und horizontale (laterale) Koordina-

---

[343] *Beispiel*: Vielfach wird behauptet, dass große Leistungsspannen nicht mehr beherrschbar sind. Einmal davon abgesehen „Was bedeutet ‚groß'?", hängt eine solche Aussage davon ab, wie hoch die Führungskompetenz der Führungskraft ist, wie die Kompetenz der Nachgeordneten ausgeprägt ist, ob diese gleiche, ähnliche oder sehr verschiedene Aufgaben zu erfüllen haben u. Ä. S. auch Schulte-Zurhausen 2014, S. 213-215.

[344] Leitungtiefe und Leitungsspanne hängen unmittelbar miteinander zusammen. Bei einer gleich großen Mitarbeiterzahl in einer Unternehmung nimmt die durchschnittliche Leitungsspanne bei abnehmender Leitungstiefe zu – et vice versa.

tionsarten sowie Vorauskoordination (via Plan und/oder Standardisierung) und Feed-back-Koordination (via Reaktionen) unterscheiden.[345]

Zusätzlich kann man in dem hier thematisierten Zusammenhang noch zwei andere – manchmal als gesonderte Dimensionen der Organisationsstruktur bezeichnete – Aspekte ansprechen:

- Ein hoher *Zentralisationsgrad* bedeutet, dass eine Entscheidung relativ hoch in der Unternehmenshierarchie zu treffen ist. Ein hoher Dezentralisationsgrad hat eine Delegation der betreffenden Befugnisse auf niedrigere Managementebenen zur Folge. Dazwischen gibt es fließende Übergänge.
- Unterschiedlich ausgeprägte *Formalisierungsgrade* betreffen die vor allem schriftliche Fixierung der Art und Weise der Aufgabenerfüllung, das heißt den jeweiligen Freiheitsgrad der Stelleninhaber. Diese können unterschiedlich hoch oder niedrig ausgeprägt sein.

3. Grundmodelle von Organisationsstrukturen

Unterschiedliche Konfigurationen der Dimensionen führen zu einer Vielzahl an möglichen Organisationsstrukturen einer Primärorganisation. Sie werden im Allgemeinen auf drei *Grundmodelle* zurückgeführt:

(1) funktionale Organisation,

(2) divisionale Organisation und

(3) Matrixorganisation.

Die jeweilige Einordnung zur einen oder anderen Organisationsform richtet sich üblicherweise *entweder* auf die Aufgabenverteilung im Leitungsorgan

---

[345] S. bspw. Kieser & Walgenbach 2010, S. 93-127, Schulte-Zurhausen 2014, S. 229-246.

(Vorstand, Geschäftsleitung) *und/oder* die Gliederung der unmittelbar nachgeordneten Einheit.[346]

Zu (1): Funktionale Organisation

Die funktionale Organisation ist eine verrichtungsorientierte Einlinienorganisation mit einer Tendenz zur Entscheidungszentralisation.[347] Die Gliederung der zweiten Ebene erfolgt (nach der Geschäftsführung = 1. Ebene) nach unterschiedlichen Verrichtungen (z. B. Beschaffung, Produktion, Absatz). Siehe zum Grundmodell Abbildung 29.

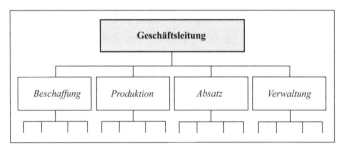

Abb. 29: Grundmodell der funktionalen Organisation

Jeder Mitarbeiter erhält Weisungen nur von einem Vorgesetzten. Zwischen den Verrichtungen bzw. Funktionen bestehen produkt- und marktbezogene Interdependenzen, die vielfältige Koordinationsaufgaben zur Folge haben. Um Teilprobleme und -ziele zu klären, muss die Unternehmungsspitze relativ stark

---

[346] Bei mehr als zwei hierarchischen Ebenen wird zwar auch weiter organisiert – verrichtungs- und/oder objektorientiert –, man ist jedoch nicht „gezwungen", das oberste Organisationsprinzip sklavisch fortzuführen. Im Sinne situationsspezifischer Gestaltungen („Situationstheorie") macht es prinzipiell Sinn, vertikal wie horizontal unterschiedliche Differenzierungen (Spezialisierungen) zu wählen. So kann eine Unternehmung, bezogen auf die gesamte Organisation und ihre verschiedenen Ebenen, gleichzeitig funktional, objekt- und matrixbezogen organisiert sein. Vereinfachend wird aber im Allgemeinen und auch hier nur der obere Hierarchiebereich zur Klassifizierung herangezogen.

[347] „Verrichtung" und „(Sach-) Funktion" sind hier synonym zu verstehen. S. Krüger 2005, S. 194-196, Schreyögg 2008, S. 106-108.

eingreifen. Wenn ein Übergang zu divisionalen Strukturen nicht sinnvoll ist, kommt eine marktnahe Ausgestaltung des Absatzbereichs in Betracht, verwirklicht durch objektorientierte Teilbereiche. Je nach dominantem Gesichtspunkt kann dann auf der dritten Ebene der Aufbauorganisation eine weitere Untergliederung nach Produkten, Kundengruppen oder Regionen erfolgen.

Diese Organisationsstruktur hat prinzipiell folgende *Stärken*: Übersichtlichkeit, Nutzungsmöglichkeiten von Größenvorteilen und Spezialisierungseffekten, Straffheit, relativ geringere Anzahl an Führungskräften u. Ä. Dem gegenüber stehen *Schwächen*: mangelnde Produktverantwortung, schwerfälliger Informationsfluss, Belastung der Führungskräfte, Motivationsprobleme nachgeordneter Ebene, mangelnde Gesamtsicht funktionaler Aufgabenträger und Bereichsdenken, geringe Flexibilität, Tendenz zur Suboptimierung.[348] Dennoch ist die funktionale Organisationsstruktur nicht prinzipiell ungeeignet – trotz ihres vielfachen schlechten Images. Für vor allem kleinere und mittelgroße Unternehmungen mit einem relativ überschaubaren, homogenen Leistungsprogramm in eher stabilen Umwelten gilt sie als geeignet. Wichtiger noch als die Größe und die Umwelt ist das Kriterium des homogenen Leistungsprogramms. Gerade hier lassen sich – auch bei Großunternehmungen – viele Spezialisierungs- und Kostenvorteile mit dieser Organisationsstruktur nutzen.[349]

Zu (2): Divisionale Organisation

Die divisionale Organisation (synonym: Spartenorganisation, Geschäftsbereichsorganisation) stellt eine objektorientierte Einlinienorganisation mit

---

[348] *Achtung*: „Prinzipielle Stärken und Schwächen" bedeuten nicht unbedingt, dass diese jederzeit wirken. Dies ist zum einen personenabhängig, zum anderen wirken auch andere situative Faktoren wie Unternehmungskultur, Auslastung u. a. Die situative Organisationstheorie (B.II.1) spricht solche Vorgänge pointiert an.

[349] *Beispiel*: Prinzipiell verfügt die BMW-Group über ein relativ homogenes Angebot an Produkten. Von daher sind die Vorstandsressorts i. W. funktional gegliedert. Dies zeigt, dass nicht nur „kleine" Unternehmungen mit dieser Organisationsstruktur arbeiten.

einer Tendenz zur Entscheidungsdezentralisation dar.[350] Die Gliederung der zweiten hierarchischen Ebene erfolgt nach den Objektmerkmalen „Produkt" (Produktgruppen), „Regionen" *oder* „Kunden" (Kundengruppen) (s. Abb. 30).

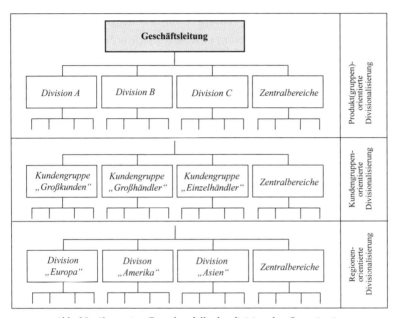

Abb. 30: Alternative Grundmodelle der divisionalen Organisation

Die objektbezogenen Organisationseinheiten werden als Sparten, Divisionen oder Geschäftsbereiche bezeichnet. Den Divisionen sind die Kernfunktionen (v. a. Marketing, Produktion) zuzuordnen. Durch die Schaffung einiger Zentralbereiche (z. B. Finanzen) auf der gleichen Ebene wird eine koordinative und zentrale Nutzung von Ressourcen in einer modifizierten divisionalen Struktur intendiert. Die Weisungskompetenzen sind in der Regel ungeteilt. Um divisionsspezifische Politik machen zu können, ist ein relativ hoher Grad an Dispositionsfreiheit erforderlich. Vielfach wird die Division als Profit-

---

[350] S. Krüger 2005, S. 196-200, Schreyögg 2008, 108-123, Macharzina & Wolf 2012, S. 489-492.

Center geführt, aber auch organisatorische Gliederungen als Cost- und als Investment-Center sind möglich.[351]

Die divisionale Organisation hat folgende *Stärken*: Marktorientierung, Flexibilität, Ein-/Ausgliederung von (neuen) Unternehmungseinheiten, Entlastung des Top-Managements, Motivation u. Ä. Dem stehen *Schwächen* gegenüber: Vervielfachung von Leitungspositionen, administrativer Aufwand, Konkurrenz der Bereiche (Spartenegoismus), Kompetenzproblem u. a.[352] Besonders *geeignet* ist die divisionale Organisation für (v. a. große) Unternehmungen mit heterogenem Leistungsprogramm.[353]

Zu (3): Matrixorganisation

Die Matrixorganisation stellt eine Mehrlinienorganisation mit Verrichtungs- und Objektorientierung sowie einer Tendenz zur Entscheidungsdezentralisation dar.[354] Abbildung 31 veranschaulicht das Grundmodell (am Beispiel der Produkt/Verrichtungs-Kombination).

---

[351] Center sind Organisationseinheiten der Primärorganisation, in denen i. d. R. Aufgaben, Kompetenzen und Verantwortung nach bestimmen Prinzipien gebündelt werden. *Profit-Center* sind verantwortlich für eine bestimmte Erfolgsgröße (Betriebsergebnis, Return-on-Investment, Cash-flow o. Ä.). Investment Center dürfen zusätzlich einen Teil des erzielten Überschusses selbst für Investitionen einsetzen. Cost Center (bspw. Kostenstelle „Zusammensetzung eines Regals") sind vorrangig an den Kostengrößen der durch sie zu verantwortenden Verrichtung orientiert. Leistungscenter (z. B. Personalabteilung) haben bestimmte Leistungen im Rahmen eines vorgegebenen Budgets zu erbringen. S. auch Krüger 2005, S. 202-205.

[352] S. bspw. Schreyögg 2008, S. 119-120.

[353] *Beispiele*: Wenn man die Organisationsstrukturen bspw. von VW und BMW miteinander vergleicht, dann kann man zunächst feststellen, dass die beiden erfolgreichen Unternehmungen grundsätzlich unterschiedliche Grundtypen von Organisationsstrukturen verwenden: divisionale versus funktionale Organisation. Die sehr unterschiedlichen Leistungsprogramme (neben der Größe) erklären dies. Die Vielzahl an Marken und Produkten bei VW lässt sich nur divisional organisiert bewältigen. Eine Divisionalisierung bei BMW würde dagegen zu viele Synergieeffekte des relativ kleinen und weitgehen homogenen Sortiments ungenutzt lassen.

[354] S. Krüger 2005, S. 200-202, Macharzina & Wolf 2012, S. 492-495.

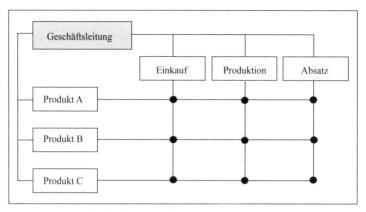

Abb. 31: Grundmodell der Matrixorganisation

Auf der zweiten Hierarchieebene wird gleichzeitig die Objekt- und Verrichtungsgliederung umgesetzt. Eine funktionale Organisation bildet die vertikale Verrichtungs- bzw. Grunddimension, über die eine nach Produkten, Regionen oder Projekten gegliederte Objektdimension gelegt wird. Die ursprünglich ungeteilten Weisungsbefugnisse werden prinzipiell gleichberechtigt aufgespalten; es entstehen zwei sich kreuzende Weisungslinien (Mehrliniensystem), so dass die betroffenen Mitarbeiter gleichberechtigte Weisungen vom zuständigen Funktions- und vom Matrixmanager erhalten. Im Verhältnis erster zu zweiter Hierarchieebene liegt Entscheidungsdezentralisation vor. Eine weitergehende Dezentralisation ist kaum möglich, ohne die Funktionsfähigkeit zu gefährden. Wird eine Matrixorganisation dauerhaft eingerichtet, so sind zusätzlich Stellen für Matrixmanager (z. B. Produkt-Manager) zu schaffen.[355]

Die Matrixorganisation hat folgende *Stärken*: Flexibilität, kurze Wege, Entlastung des Top-Managements, Kreativität, Spezialisierung, Sachkompetenz u. a. Dem stehen als *Schwächen* gegenüber: Konfliktgefahr (Machtkämpfe), Über-

---

[355] Wird auf der zweiten Hierarchieebene eine gleichberechtigte Gliederung nach mehr als zwei Dimensionen vorgenommen, so entsteht eine *Tensororganisation*. Denkbar wäre z. B. die dreidimensionale Gliederung nach Funktionen, Produkten und Regionen. S. bspw. Bleicher 1991, S. 593-612.

forderung, Unübersichtlichkeit, Informations- und Koordinierungskosten u. Ä. Sie ist *geeignet* für (v. a. größere) Unternehmungen, denen mindestens zwei Dimensionen für ihre Wettbewerbsfähigkeit wichtig sind.[356]

4. Sekundärorganisation

Sekundärorganisatorische Einheiten sind für die Abwicklung von Innovationsaufgaben und/oder zeitspezifischen Aufgaben sinnvoll. Die Problemstellungen sind eher schlecht strukturiert, die Dienstwege kurz, die Zusammenarbeit teamorientiert. Oft werden sie schnittstellenbezogen, funktions- und hierarchieübergreifend sowie mit flexibler Aufgabenzuweisung gebildet. Zu nennen sind hier beispielsweise:[357]

- *Projektteams* und Projektmanagement für eine spezifische, temporär zu erledigende Aufgabe (bspw. für die Einführung einer neuen Software oder die Entwicklung eines neuen Produkts),
- *Ausschüsse* für zwar regelmäßig zu erfüllende, aber eher selten anfallende Aufgaben (z. B. ein Lenkungsausschuss für die Neuproduktentwicklung oder ein Kreditausschuss für größere Kredite),
- *strategische Geschäftsfelder und -einheiten* speziell für die strategische Planung (v. a. für die Entwicklung von Strategien),
- *Qualitätszirkel* (zur Verbesserung des Produktionsprozesses).

---

[356] S. Schreyögg 2008, S. 156-160. Gleichzeitig sollte eine starke Unternehmungskultur vorhanden sein, die den konstruktiven Charakter von konfliktären Auseinandersetzungen inhaltsreicher Art „fordert". Sobald Machtkämpfe opportun sind, verliert sich der Vorteil der Matrixorganisation in das Gegenteil. *Beispiel*: Die Oetker Nahrungsmittel KG hat auf Geschäftsleitungsebene ein Matrixmodell institutionalisiert, bei dem jeder mit jedem anderen Geschäftsleitungsmitglied (und dessen Bereich) in zweifacher Beziehung zueinander steht. Vereinfacht: Jeder Geschäftsleiter hat Verantwortung zum einen für eine Verrichtung sowie zum anderen für eine Region. Diese gegenseitige Kooperationsnotwendigkeit trägt neben der Kultur und der persönlichen Kompetenz der Beteiligten zur effizienten Nutzung der Vorteile der Matrixorganisation bei.

[357] S. Krüger 1993, S. 41-43, Schmidt 2002, S. 71-73, Schulte-Zurhausen 2014, passim.

III. Ablauforganisation

1. Verständnis

Die Organisation von betrieblichen Prozessen (Informations- wie Arbeitsprozessen) wird traditionell als Ablauforganisation bezeichnet und der Aufbauorganisation gegenübergestellt. Beide sind aufeinander abzustimmen. Gewissermaßen wird der Prozess in die Struktur hinein organisiert (s. Abb. 32).

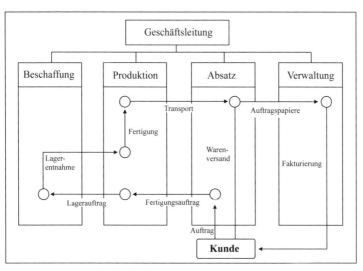

Abb. 32: Struktur und Prozess am Beispiel
Quelle: In Anlehnung an Krüger 2005, S. 179.

In den 1990er Jahren überrollte eine Welle von prozessorganisatorischen Vorschlägen die organisationsrelevante Literatur und Wirtschaftspraxis. Konzepte wie Lean Organization, Kaizen und Business Process Reengineering und ihre Popularisierung trugen dazu bei, die Prozessorganisation aus ihrem vorherigen Dornröschenschlaf zu wecken.[358] Bis dahin stand sie im Schatten der Aufbau-

---

[358] *Lean Organization* steht für eine Verschlankung von Organisationsstrukturen wie Entschlackung und Beschleunigung von Organisationsprozessen (inkl. Abbau von Hierarchieebenen und Schnittstellen). *KAIZEN* fordert eine fortwährende Verbesserung aller

organisation und war in der Literatur wie in der Praxis entsprechend vernachlässigt. Erste Bemühungen zur Verbesserung waren auch allein deshalb erfolgreich, weil in den Unternehmungen es jahrzehntelang versäumt wurde, entsprechende Rationalisierungs- und Optimierungspotenziale zu analysieren und zu nutzen. Allerdings hatte sich auch ein Teil der Umwelt so geändert, dass es notwendig war, auch die Prozessorganisation stärker als vorher anzugehen und zu optimieren. „Zeit" wurde zunehmend zu einem Problem, angefangen von Entwicklungszeiten bis hin zu Produktionszeiten (innerhalb einer Unternehmung und über verschiedene Unternehmungen innerhalb eines produktbezogenen Wertschöpfungsprozesses). Zudem „kostet" mehr Zeit auch mehr Geld, sei es durch die längere Kapitalbindungszeit oder der ansonsten weniger intensiv genutzten Ausstattung. Im Kosten- und/oder Zeitwettbewerb kann es dann sogar zu einer Dominanz der Prozess- über die Strukturorganisation kommen.

Nachfolgend wird aus dem Analyse/Synthese-Konzept insbesondere auf die Prozessanalyse ebenenspezifisch eingegangen.

2. Ebenen der Ablauforganisation

2.1 Kernprozesse

Die Prozessorganisation konzentriert sich aus Effizienzgründen auf solche Unternehmungsprozesse, die für die Unternehmung (besonders wichtig zur Erfüllung des Unternehmungszwecks), den Geschäftsbereich und/oder die Produkt/Marktkombination von besonderer Bedeutung sind, den so genannten *Kernprozessen* (synonym: kritische Prozesse). Sie sind unterschiedlich und

---

Unternehmungsprozesse und Qualifikationen durch alle Mitarbeiter. *Business Process Reengineering* soll einen revolutionären Wandel von Geschäftsprozessen radikal verfolgen. Alle Trends haben die Organisationslehre wie -praxis erheblich beeinflusst. S. bspw. Schulte-Zurhausen 2014, passim.

müssen unternehmungsspezifisch hinsichtlich der Umweltbedingungen und den unternehmerischen Zielen herausgefunden und analysiert werden.[359]

Diese Kernprozesse sind in einem Wettbewerb, bei dem es auf die Schnelligkeit der Lieferung ankommt, andere, als dort, wo Qualität oder niedrige Preise stärker Kaufentscheidungen determinieren. Mögliche *Kriterien* zur Identifizierung sind: hohe Bedeutung für die Problemlösung externer (auch interner) Kunden, hohe Bedeutung für die Kernkompetenzen („organizational capability") der Unternehmung, hohe Kapitalbindung, hohe Kostenintensität, lange Prozessdauer, hohe Sicherheitsbedeutung u. Ä.[360] Nicht nur die Identifizierung von Kernprozessen, sondern auch die unternehmungsseitige Konzentration auf die damit verbundenen Aufgaben – im Rahmen des gesamten Wertschöpfungsprozesses – kann dann eine Kernkompetenz zur Folge haben.[361] Der Anteil des eigenen Wertschöpfungsbeitrags sinkt deshalb auch bei vielen Unter-

---

[359] *Beispiel*: Aus dem gesamten Wertschöpfungsprozess „Hemd" – von der Anpflanzung von Baumwollsträuchern über das Weben von Stoffen, das Designen von Hemden und deren Produktion bis hin zum Verkauf an die Endkunden – werden dann die Prozessphasen ausgewählt, bei denen man sich die besten Erfolgsaussichten verspricht. Diese werden so optimiert, dass hier schwer nachahmbare und von den Kunden bezahlte Wettbewerbsvorteile entstehen. Die Bandbreite ist groß: Bei der einen Unternehmung sind es nur wenige Phasen bzw. ein Kernprozess in der Kette (bspw. Design und Markenpflege), bei einer anderen ein weit umspannendes Netz an Wertschöpfungsphasen, allerdings dann mit der Konzentration auf eine effiziente Prozesssteuerung mit Flexibilitäts-, Schnelligkeits- und Kostenvorteilen.

[360] *Beispiele*: (1) Produktinnovationsprozesse in der Automobilbranche, (2) Versorgungs- und Abrechnungsprozesse bei Energieversorgern, (3) Bestell- und Retouren-Abwicklungsprozesse im Versandhandel, (4) Antrags- und Schadensabwicklungsprozesse bei Versicherern, Kreditbearbeitung, (5) Zahlungsverkehrsabwicklung und Vermögensverwaltung bei Banken und Sparkassen. S. Krüger 2005, S. 180-181.

[361] *Beispiele*: Die Firma Puma (ähnlich Seidensticker) hat ihren gesamten Produktionsprozess fremdvergeben. Sie konzentriert sich auf ihre Kernkompetenzen bzw. ihre Kernprozesse, die sie in der Produktentwicklung und im Markenmanagement sieht. Ehemals waren beide industrielle Hersteller, die sich zum Zeitablauf (aus Markterfordernissen) heraus gewandelt haben. (Seidensticker hat allerdings seit einigen Jahren wieder eine eigene Fertigung in Fernost – wiederum aus Markterfordernissen heraus. So lässt sich die Fertigung bestimmter Produkte schneller verändern.)

nehmungen. Sie haben einen Teil der notwendigen Tätigkeiten, die nicht zu den Kernprozessen zählen, outgesourct oder gleich fremdbezogen.[362]

Kernprozesse können sich auf verschiedene Objekte beziehen (ganze Produkte, Teile davon, spezifische Aufträge oder Kunden) und umfassen in der Regel mehrere Verrichtungen. Sie können sich innerhalb der eigenen Unternehmung abspielen oder auch an den Unternehmungsgrenzen, also an den Schnittstellen zur Umwelt: vertikale wie horizontale Geschäftsbeziehungen stellen hierbei Schnittstellen dar (s. Abb. 33).[363] Alle diese Prozesse bedürfen der optimalen Prozessorganisation, wobei sich die Unternehmung vor allem auf die internen Prozesse und die Schnittstellen (F.III.2.2) nach außen konzentriert.

Die innerhalb der Ablauforganisation festzustellenden relevanten Prozesse lassen sich nach verschiedenen Perspektiven analysieren, beschreiben und gestalten. Grundsätzlich kann in eine Makro- sowie eine Mikroanalyse differenziert werden.[364] Beide dienen dazu, zum Ersten die kritischen Prozesse zu identifizieren sowie zum Zweiten sie darauf aufbauend bestens zu gestalten.

---

[362] Oft werden solche Leistungen von *Systemlieferanten* übernommen. Diese koordinieren die Einzelleistungen von Unterlieferanten und sind einziger Ansprechpartner der bestellten Systeme (bspw. komplettes Armaturenbrett in einem Kraftfahrzeug).

[363] *Horizontale Kopplung* betrifft dabei die Zusammenarbeit mit Wertschöpfungspartnern, um ein Endprodukt effizient und effektiv anbieten zu können. *Beispiele*: (1) die zeitlich parallele Mitwirkung eines Lieferanten (wie eines Vergaserherstellers) im Entwicklungsprozess eines Motors und Getriebes, (2) die Abstimmung verschiedener Handwerker (Elektriker, Maler, Installateur, Fensterbauer etc.) bei der Erledigung eines gemeinsam als GbR (Gesellschaft bürgerlichen Rechts) gestellten und angenommenen Auftrags. Die *vertikale Kopplung* betrifft dagegen entweder die v. a. zeitliche Abstimmung der Lieferprozesse mit den Vorlieferanten sowie den Abnehmern. Auch das jeweilige Bestellwesen wird hiermit gegebenenfalls erfasst.

[364] S. Krüger 2005, S. 182.

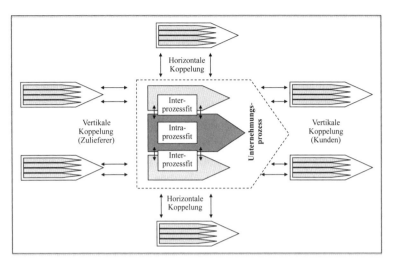

Abb. 33: Unternehmungsprozess und Umweltbeziehungen
Quelle: In Anlehnung an Krüger 1997, S. 179.

2.2 Makroanalyse

Mit Hilfe einer Makroanalyse können die Zusammenhänge zwischen allen
unternehmungsinternen Teilprozessen dargestellt sowie die gegebenenfalls
vorhandenen Schnittstellenprobleme identifiziert und näher analysiert werden.
Gerade Schnittstellenprobleme sind im Allgemeinen die Ursachen für Zeitver-
zögerungen, Qualitätsmängel und/oder Kostensteigerungen. Insofern bedürfen
sie einer höheren Aufmerksamkeit.

Als ein hilfreiches Instrument für die Makroanalyse erweist sich die *Wertschöpfungskette* („value chain", synonym: Wertekette, s. Abb. 34).[365] Mit ihr
werden zunächst die unternehmungsinternen Prozessphasen des Wertschöpfungsprozesses differenziert und dann in primäre und sekundäre Aktivitäten
unterschieden. Das Produkt/Markt-Konzept, die Definition der angestrebten
Wettbewerbsvorteile sowie sonstige Unternehmungsaktivitäten entscheiden

---

[365] S. Porter 1985, S. 36-50, Welge & Al-Laham 2008, S. 243-256.

unternehmungsspezifisch über die Zugehörigkeit einzelner Verrichtungen zu diesen beiden Kategorien (v. a. bei Industrieunternehmungen):

– *Basisaktivitäten* (primäre Aktivitäten, „primary activities") haben den Wertschöpfungsprozess im engeren Sinne zum Inhalt: Angefangen bei der Eingangslogistik über den Produktionsbereich bis hin zur Ausgangslogistik, dem Marketing & Vertrieb und Service sind die üblichen Prozessphasen (wenn auch in einer etwas anderen Terminologie) aufgeführt.[366]

– *Unterstützungsaktivitäten* („support activities") umfassen im Allgemeinen: Infrastruktur (administrative und technische Systeme, Organisation, bauliche und technische Ausstattung, die qualitative und quantitative Personalausstattung), die strategische wie operative Personalarbeit, den Entwicklungsbereich und die Beschaffung/Auftragsvergabe.

Die primären Aktivitäten unter sich sowie ihre jeweilige Verbindung zu den sekundären Aktivitäten stellen verschiedene Prozessebenen bzw. -phasen dar. Sie gilt es, in sich *und* insbesondere an den jeweiligen Schnittstellen effizient zu gestalten. Gerade die besonders kritischen Prozessphasen und Schnittstellen sind im Rahmen der Makroanalyse herauszufinden (*kritische Prozesse*), um ein starkes Augenmerk auf ihre Gestaltung zu legen. Das Denken in kritischen Prozessen ist auf beliebigen Aggregationsebenen relevant; die Unternehmungsprozesse insgesamt, einzelne Geschäftsfelder oder verschiedene Funktionsbereich sind zu nennen.[367]

---

[366] Die für die deutschsprachige Managementlehre eher etwas ungewöhnliche Benennung und Differenzierung der Wertschöpfungsstufen sollte den Anwender nicht irritieren. Es ist mehr die hinter dem Konzept liegende Idee, die überzeugend ist. An eine 1:1-Anwendung der Terminologie ist nicht gedacht.

[367] *Beispiel*: Kernprozesse laufen umso besser, wenn es spezifisch Verantwortliche für sie gibt. Die sog. Prozessverantwortlichen („process owner") übernehmen die interne Abstimmung für die Teilprozesse sowie die externe Abstimmung mit den vor- und nachgelagerten Prozessphasen. Dazu bedarf es passender Entscheidungskompetenzen.

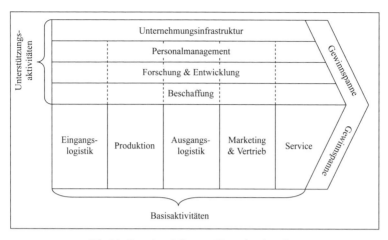

Abb. 34: Grundmodell einer Wertschöpfungskette
Quelle: In Anlehnung an Porter 1985, S. 37.

Um die Gestaltungsziele der Ablauforganisation, z. B. Verkürzung der Prozessdauer, zu erreichen, reicht es also nicht aus, eine einzelne Prozessphase für sich zu verbessern. Alle wesentlichen Geschäftsprozesse sind dadurch charakterisiert, dass sie die Grenzen von Organisationseinheiten überschreiten. So entstehen so genannte *Schnittstellen*. An jeder Schnittstelle wechseln Bearbeiter, treten Übermittlungs- und Wartezeiten auf. Unterschiedliche Einheiten, Mitarbeiter und Hierarchieebenen haben zum Teil unterschiedliche Ziele und Werte: Während beispielsweise der Marketingbereich oft rasch jeden individuellen Kundenwunsch berücksichtigt haben möchte, achtet der Produktionsbereich auf möglichst standardisierte Produkte und präferiert die Bündelung von Aufträgen zu gleichartigen Losen. Dadurch stellt jede Schnittstelle auch einen Punkt dar, an dem emotionale Barrieren entstehen sowie Informationen bewusst oder unbewusst gefiltert und verzerrt werden. Prozessorganisation stellt dadurch zu einem großen Teil auch Schnittstellenorganisation dar.[368]

---

[368] *Beispiel*: Effizienzverluste treten sehr oft gerade an Schnittstellen auf: Kommunikationsprobleme, unterschiedliche Kapazitäten, keine abgestimmte Zeitplanung, mikropolitisches Verhalten u. a. tragen dazu bei. Ein großer Schritt innerhalb einer Prozessorga-

2.3 Mikroanalyse

Eine Mikroanalyse konzentriert sich auf einzelne Aufgabenerfüllungsprozesse im Bereich der verschiedenen Management- und Sachfunktionen. Aus dieser Sichtweise betrachtet sind Abläufe eine raum-zeitliche Abfolge von Aufgaben. Dies bedeutet nicht nur die Analyse beispielsweise des Produktionsprozesses, des Absatzprozesses und des Beschaffungsprozesses, sondern auch jedes einzelnen Teilprozesses aus diesen und anderen Sachfunktionen: Bestellabwicklungsprozess, interner Logistikprozess zwischen zwei Wertschöpfungsstufen, Kontrollprozess bei Rechnungsstellung, Qualitätskontrolle u. a. Dies kann bis hin zur Zerlegung der einzelnen Prozesse in einzelne Arbeitsgänge (Vorgänge), Arbeitsstufen (Teilstufen), Griffe (Vorgangsstufen) und Griffelemente (Vorgangselemente) differenziert werden.[369]

Die Prozessorganisation schafft bzw. verbessert nach der Analyse die Regelung der analysierten Abläufe (Arbeitsanalyse und -synthese, F.II). Anknüpfungspunkte der Gestaltung sind:[370]

- Die *sachlogische Struktur* betrifft die relativ unabhängig von Zeit und Raum sich ergebende logische Folge von Aktivitäten bzw. Teilprozessen. Mit ihr lässt sich eine Arbeitsvereinfachung sowie Standardisierung umsetzen. Die sachlogische Prozessstruktur kann eine unverzweigte Folge (= Kette) sein oder auch Verzweigungen aufweisen; Verkopplungen sind genauso möglich wie Rückkopplungen. Mit Ablaufdiagrammen und ähnlichen Techniken lassen sich solche Strukturen visualisieren.
- Mit der *zeitlichen Struktur* werden Dauer, Lage, Termine, Häufigkeiten von Aktivitäten festgelegt. Zeit- und Mengenangabe bedürfen einander. Bereits die einfache Unterscheidung von Bearbeitungs-, Transport- und Liegezeiten kann zu überraschenden Ergebnissen führen. Die sich ergeben-

---

nisation ist von daher schon gemacht, diese Schnittstellenprobleme konkret zu identifizieren und zu lösen.

[369] S. bereits Kosiol 1976, S. 191-241, Nordsieck 1955, S. 133-146, Schulte-Zurhausen 2014, S. 63-120.

[370] S. bspw. Krüger 1993, S. 124-126.

den Aufgaben der zeitlichen Gestaltung (temporale Zuordnung) sind: Bestimmung von Dauer und Terminen der Aufgabenerfüllung, Festlegung der Reihenfolge, Bearbeitungsstationen, Bündelung von Aufgaben (z. B. Zusammenfassung von Einzelaufträgen zu einem Fertigungslos), Regelung von Lage, Dauer und Aufteilung der Arbeitszeit.

- Im Rahmen der *räumlichen Struktur* werden räumliche Folgestrukturen zur Dokumentation von Transportwegen sowie der damit verbundenen Frage nach Transportmitteln durchgeführt. Die Standorte von Arbeitsplätzen, Abteilungen oder Sachmitteln innerhalb des Betriebes sind Teil einer solchen räumlichen Prozessanalyse. Auch der Raumbedarf, bspw. bei Um- und Neubauten, wird bestimmt. Die räumliche Gestaltung (lokale Zuordnung) beschäftigt sich aufbauend auf der Analyse mit der Arbeitsplatzgestaltung, der Raumgestaltung, der Standortwahl sowie den Transportwegen.

Gerade bei der Synthese, als der Gestaltung von Prozessen, sind diese drei Ebenen nicht unabhängig voneinander. Auch sind die im Rahmen der Darstellung der Wertschöpfungskette betonten Schnittstellenprobleme hier ebenso zu beachten und präsituativ bereits so zu gestalten, dass die Problemhandhabung (antizipativ wie reaktiv) nahezu gesichert ist.

Bezogen auf die Mikroorganisation in den betrieblichen Sachfunktionen, kann dies beispielsweise zu folgenden Gestaltungen führen:[371]

- *Produktionsbereich*: Hier stehen die prinzipiellen Alternativen von Baustellenfertigung (ortsgebundene Fertigung an einer externen Stelle), Werkstattfertigung (mit manuell bedienten oder automatisch arbeitenden Werkzeugmaschinen), Fließfertigung (Reihen-, Fließbandfertigung, starre und flexible Transferlinien) und Gruppenfertigung (flexible automatisierte Fertigung, Inselfertigung) mit ihren Varianten zur Verfügung.
- *Verwaltungsbereich*: Im Verwaltungsbereich können Aufgaben des Controllings, der Finanzdisposition, des Rechnungswesens u. Ä. zusammengefasst sein. Aufgabenspezifisch ist dann jeweils die Reihenfolge der Aufga-

---

[371] S. zu vielen Alternativen Krüger 1993, S. 168-223.

benerledigung (nach Eingang, Dringlichkeit, Auftraggeber, Umfang usw.), die Abstimmung der Erledigung verschiedener Aufgabenträger (simultan, sukzessiv, iterativ) und die räumliche Zuordnung (Großraum-/Einzelbüro, räumliche Nähe usw.) zu regeln.

- *Vertriebsbereich*: Im Vertrieb kann es eine Entwicklung von freien Händlernetzen über regionale Außendienstmitarbeiter bis hin zum Key Account-Management – in der Zentrale wie in Niederlassungen – geben. Des Weiteren stehen alternative Formen des Kundendiensts (z. B.: technisch, kaufmännisch; Umfang, vor- und/oder nach dem Kauf; selbst oder über andere Dienstleister) zur Verfügung.

- *Neu-Produktentwicklung*: Die traditionelle sukzessive Entwicklung neuer Produkte (F & E → Marketing → Produktion → etc.) wird zunehmend durch ein „Simultanous Engineering" abgelöst worden. Alle betroffenen Sachfunktionen sind in einer Projektgruppe vereint und abreiten simultan an der Neuentwicklung mit.[372]

- *Beschaffung:* Im Beschaffungsbereich stehen gerade bei größeren Unternehmungen alternative Organisationskonzepte zur Auswahl: zentrale versus dezentrale Beschaffung (generell oder objektspezifisch), „Global Sourcing", Vernetzung mit der Logistik, automatische Bestellvorgänge u. a.

- *Logistik*: Im Logistikbereich sind verschiedene Teilaufgaben prozessual aufeinander abzustimmen, je nach Branche von der Beschaffungs- über die Produktions- bis hin zur Distributionslogistik. Die Aufgabe bezieht sowohl interne Prozesse als auch Prozesse im Grenzbereich zu anderen Unternehmungen mit ein. Teile dieser Aufgaben sind ausgelagert an beauftragte Spezialisten (als Kooperationspartner), Lieferanten oder Kunden. IT-

---

[372] *Beispiel*: Mit Hilfe des Simultaneous Engineering werden Neuentwicklungen nicht mehr in sukzessiven Prozessfolgen vorgenommen. Vielmehr finden viele Einzelphasen über Einbeziehung verschiedener Unternehmungsbereiche simultan statt. Dies reduziert die Entwicklungszeit enorm. Zunächst wirkt es aufwändiger, es spart aber Entwicklungszeit, so dass der Mehraufwand sich durch frühere Cash-inflows ausgleichen lässt.

Systeme und eine integrierte Qualitätssicherung unterstützen eine effiziente Logistik im Hinblick auf Zeit, Raum, Qualität und Kosten.[373]

– *Personalbereich*: Je nach Zuständigkeit für die Personalaufgaben auf verschiedene Aufgabenträger stehen verschiedene Prozessalternativen zur Verfügung. Dies betrifft die Verwaltung von Personal- und Bewerberdaten ebenso wie den personenbezogenen Ablauf der Personalbedarfsdeckungskette sowie der Personalentwicklung, -freisetzung und Mitarbeiterführung.

3. Externe Prozessvernetzung

Das Denken in vernetzten Systemen sollte nicht an der Unternehmungsgrenze halt machen. Unter dem Stichwort der „grenzenlosen Unternehmung" kommt die externe Prozessvernetzung (synonym: externe Prozessverkettung) in das Blickfeld. Ein Bestandteil einer solchen Vorgehensweise ist die inter-organisatorische Zusammenarbeit, also die Zusammenarbeit über Unternehmungsgrenzen hinweg. Gezielt werden andere, wirtschaftlich selbstständige Unternehmungen als Wertschöpfungs*partner* gewonnen. Dem liegt die Überzeugung zugrunde, dass man nur gemeinsam erfolgreich am Markt bestehen kann.[374] Um im vielfach herrschenden Zeit-Wettbewerb effizienter, kostengünstiger und schneller als Mitbewerber zu sein, ist hier eine unternehmungsübergrei-

---

[373] *Beispiel*: Das Outsourcing sehr vieler externer, teilweise aber auch interner Logistikprozesse an professionelle Dienstleister, die gerade darin ihre Kernkompetenzen sehen, hat die Prozessorganisation vieler Unternehmungen entschlackt, beschleunigt und kostengünstiger gestaltet. So sind auch neue Geschäftsfelder und Unternehmungsbereiche entstanden wie bspw. bei arvato und LOEWE Logistic & Care. Aber auch die eigenständige Optimierung interner Logistikprozesse – und sei es auch durch so unterschiedliche Problemhandhabungen wie führerlose Transportsysteme, das Kanban-System Rollenbahnen u. a. – ist Objekt der situationsgerechten Bestgestaltung.

[374] *Beispiel*: Ein Automobilhersteller (gleich ob BMW, Daimler, VW usw.) entwickelt und produziert keine Vergaser, Reifen, Armaturenbretter, Sitze u. Ä. selbst. Ihre Kernkompetenz liegt eher in der Gesamtkonstruktion, im Organisieren des Gesamtprozesses, im Motorenbau und/oder im Marketing. Um insgesamt erfolgreich zu sein, müssen die Ablauforganisationen der anderen Unternehmungen (in diesem Fall der Lieferanten) zeitoptimal miteinander IT-gestützt verbunden sein, um eine insgesamt gesehene Zeit- und kosteneffizienten Entwicklungs- und Produktionsprozess organisieren zu können.

fende Kooperation sinnvoll. Diese bezieht zu einem wesentlichen Teil die Abstimmung der grenzüberschreitenden Prozessphasen (also der Schnittstellen zwischen den Partnern) ein.

Abbildung 35 visualisiert abstrakt die relevanten Prozesse des grenzübergreifenden Wertschöpfungsprozesses. Die Unternehmung selbst steht im Zentrum mit ihren internen Prozessabläufen, einzelnen Wertschöpfungsprozessen, die unabhängig voneinander oder miteinander intraorganisational verbunden organisiert werden. Dieser Prozess ist eingebunden in das externe Umfeld. Die Kooperation kann vertikal (Zusammenarbeit von Unternehmungen, die in einem Lieferanten/Abnehmer-Verhältnis stehen) und horizontal (Zusammenarbeit von Konkurrenten[375] und/oder in einer gleichen Wertschöpfungsstufe arbeitende Unternehmen) zustande kommen.[376]

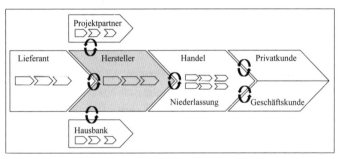

Abb. 35: Unternehmungsübergreifende Prozessvernetzung
Quelle: In enger Anlehnung an Krüger 2010, S. 180.

---

[375] *Beispiele*: (1) Einkaufsgenossenschaften von an sich konkurrierenden Einzelhändlern. (2) F & E-Kooperation zur Grundlagenforschung von Chip-Herstellern, um die enormen Investitionen überhaupt tragen zu können.

[376] *Beispiele*: (1) Verschiedene Handwerksbetriebe (Elektriker, Installateur, Maler, u. a.) schließen sich für bestimmte Projekte zu einer Arbeitsgemeinschaft zusammen und stimmen ihren jeweiligen Arbeitseinsatz aufeinander ab. (2) Motoren-, Getriebe- und Vergaserentwickler aus verschiedenen Unternehmungen stellen ihre Entwicklungsprozesse aufeinander ab. (3) IT-Systeme verbinden den Schraubenanbieter Böllhoff online mit dem Bestand beim Kunden, so dass sofort und rechtzeitig Nachlieferungen bei Bedarf erfolgen. (4) Die gesamte Lieferkette wird aufeinander über Unternehmungsgrenzen hinweg organisiert (Lieferant, Transporteure, Abnehmer).

Manche dieser Umsysteme sind dann in die Prozessanalyse, -gestaltung und -kopplung im Rahmen der externer Prozessvernetzung einzubeziehen.[377] Hierbei handelt es sich um eine reale Verbindung der Organisationsprozesse verschiedener Unternehmungen. Diese Unternehmungen kooperieren im gesamten Leistungsprozess (Lieferanten → Produzent → Händler). Dies bedeutet im Einzelnen, dass Daten – teilweise auch direkt – ausgetauscht und Prozesse miteinander abgestimmt werden.[378] Verschiedene Formen der Zusammenarbeit sind möglich: Outsourcing-Verträge, Arbeitsgemeinschaften, Joint Ventures, Franchise-Verträge, (strategische) Allianzen bis hin zu Lieferverträgen.

Zwei Vorgehensweisen sind oft anzutreffen:

- Hinsichtlich der Kopplung der Prozesse an der Lieferantenseite hat sich das *Supply Chain Management* entwickelt.[379] Hierunter wird die Organisation aller Unternehmungsaktivitäten zur Versorgung (und auch zur Entsorgung) mit Gütern und Dienstleistungen (inkl. der begleitenden Informations- und Geldströme) verstanden. Letztlich soll durch integrierte unternehmungsübergreifende Prozesse eine Reduktion von Schnittstellen erreicht werden. Dies spart Kosten und beschleunigt – so die Zielsetzung – die verschiedenen Prozesse. Dazu sind die klassischen Verrichtungen „Beschaffung" (i. S. von Einkauf), „Materialwirtschaft" (i. S. von Lagerhaltung) und „Logistik" (i. S. von externer Zulieferung und internem Transport) in die Optimierung des Prozessablaufs einzubeziehen.[380] Bei der Prozesspartnerschaft wird es durch eine gemeinsame Ablauforganisation möglich, schnel-

---

[377] S. Krüger 1993, S. 127-128, Schulte-Zurhausen 2014, S. 122-123.

[378] *Beispiele*: (1) Scanner-Kasse im Supermarkt leitet den Verkauf eines bestimmten Produkts und das Unterschreiten einer Mindestmenge im Regal weiter an den Lieferanten und setzt so einen automatischen Beschaffungsprozess in Gang. (2) Just-in-Time-Lieferungen in den Produktionsprozess hinein. (3) Parallelentwicklungen und gemeinsame Entwicklungsprozesse von Zulifern und Automobilproduzenten.

[379] S. hierzu bspw. Krüger & Steven 2000, S. 501-507.

[380] *Beispiel*: Bei der Just-in-Time-Produktion ist die technische Vernetzung mit den Lieferanten vielfach bereits verwirklicht, z. T. wird der wöchentliche Teilebedarf online bei bestimmten Lieferanten bestellt.

ler die Kunden beliefern zu können und folglich eher Cash-Inflows zu erhalten, ein geringeres Investitionsrisiko zu tragen, zeitsensible Neukunden zu gewinnen und Altkunden halten zu können, Synergieeffekte durch die gegenseitige Expertise nutzen zu können, gemeinsam die große Prozesskomplexität bewältigen zu können, schneller auf veränderte Kundenwünsche reagieren zu können u. a.

- Eine Koppelung von übergreifenden Prozessen auf der Abnehmerseite könnte auch unter das *Customer Relationship Management* fallen. Letztlich geht es hierbei um einen informationsgestützten Aufbau von Kundenbeziehungen unter Marketing-, Vertriebs- und Serviceaspekten. Hierbei sind alle entsprechenden Organisationsprozesse zum Kunden hin auszurichten. Dies fängt bei der Sammlung kundenbezogenen Informationen an, zieht sich über deren Analyse hin und endet bei darauf bezogenen Kundenansprachen. Integraler Bestandteil könnten Online-Bestellsysteme (bspw. zwischen Lebensmittelgeschäft und Lieferant), regelmäßige Treffen zum Abgleich von Bestellwünschen und Angeboten u. a. sein.[381]

---

[381] Einzelne Großhändler sind bspw. dazu übergegangen, ihren Kunden Terminals zur Verfügung zu stellen, mit denen Bestellungen direkt vom Lager abgerufen werden können. Konsumgüterindustrie und Handel arbeiten an sog. Warenbewirtschaftungssystemen, mit denen die Regalbestückung im Einzelhandel ebenfalls online verbessert werden soll. *Beispiel*: Die individuelle Konfiguration eines Kraftfahrzeuges online auf der Homepage eines Automobilherstellers stellt eine Maßnahme zur kundenseitigen vertikalen Prozessvernetzung dar.

G. Personalfunktion

I. Grundlagen und Begriffe

„Personal" ist der Sammelbegriff für alle Mitarbeiter(innen) einer Unternehmung. Es stellt eine wettbewerbsrelevante Ressource im betrieblichen Wertschöpfungsprozess dar und wird von daher oft als Humankapital und Humanressource bezeichnet. Es ist ein Mittel zur unternehmerischen Zielerreichung, wenngleich – aufgrund ethischer, motivationaler und kognitiver Überlegungen – ein besonderes.[382] Im Managementsystem werden die entsprechenden Tätigkeiten mit der Personalfunktion umgesetzt.[383]

Viele Vertreter des Begriffs „Personalmanagement" legen Wert auf ein Verständnis der Personalfunktion als *verhaltenswissenschaftlich fundierte Disziplin*: Nicht allein ökonomische Analysen sind ausreichend zur Bestgestaltung, auch Erkenntnisse aus (Sozial-) Psychologie, Soziologie, Arbeitswissenschaften u. a. sind unabdingbar, um treffende Aussagen formulieren zu können.

---

[382] Eine Besonderheit betrifft auch den sprachlichen Umgang mit dieser „Ressource". Derzeit wird viel von den *Menschen* in der Unternehmung gesprochen, wohl um das Besondere so auszudrücken. Insofern sind die Termini „Mitarbeiter(in)" und „Arbeitnehmer(in)" sowie erst recht „Humankapital" bei vielen verpönt. Hier wird durchgängig der Terminus „Mitarbeiter(innen)" verwendet. Damit wird allerdings nicht ignoriert, dass es sich dabei um Menschen handelt – mit all ihren Besonderheiten. Diese Menschen werden in Unternehmungen allerdings nicht um ihrer selbst willen beschäftigt, sondern als Mittel zum Zweck (s. Neuberger 1990, Rieckmann 1990, Wächter 1990).

[383] S. zum Folgenden v. a. Berthel & Becker 2013, S. 9-23. Die Ausführungen zur betrieblichen Personalfunktion basieren letztlich auf dem Grundgedanken der ressourcenorientierten Organisationstheorie (s. o.): Das aufgrund guter Personalarbeit (als „organizational capability", Kernkompetenz) aufgebaute und gepflegte Personal (als Ressource) soll die relative Wettbewerbsstärke der Unternehmung fundieren.

Dies lässt sich unter der Disziplin „*Organizational Behavior*" (als einer verhaltenswissenschaftlich basierten Managementlehre) fassen.[384] Es wird als Teil des übergreifenden Managementsystems und -prozesses verstanden.[385]

Personalmanagement hat einerseits die Systemgestaltung und andererseits die Verhaltenssteuerung zum Inhalt[386] (s. Abb. 36):

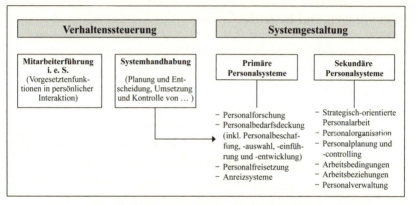

Abb. 36: Aufgabenbereiche des Personalmanagements
Quelle: Berthel & Becker 2013, S. 16.

– *Systemgestaltung* (hier synonym: strukturelle Mitarbeiterführung) betrifft die Schaffung organisatorischer Regeln und Bedingungen zur Umsetzung personeller Teilsysteme (z. B. Personalbedarfsdeckung) sowie die bewusste Setzung von Stimuli durch die Gestaltung der Managementkonzeption und die Formulierung wie Implementierung von Unternehmungsstrategien. Sie beeinflussen nicht nur die Qualität der Personalarbeit, sondern sie bieten

---

[384] Zu anderen Auffassungen s. bspw. Wolff & Lazear 2001, Sadowski 2002.

[385] Diese *Integration der Personalfunktion* intendiert, dass die Formulierung der Unternehmungsstrategien, die Gestaltung der Organisationsstruktur u. a. m. durch Personalmanager auf der obersten Ebene mitbestimmt werden. Seit Anfang der 1980er Jahre hat sich insofern eine Neuorientierung der Personalarbeit hin zu einer proaktiven und strategischen Auffassung der Personalfunktion ergeben.

[386] S. Berthel & Becker 2013, S. 14-18, Wunderer 2011, S. 5-11.

auch Stimuli zum Leistungsverhalten und dienen insofern der mittelbaren Verhaltensbeeinflussung. Die Personalsysteme lassen sich nach ihrer Bedeutung in *primäre Systeme* (unmittelbare Personalarbeit, durch alle Personalverantwortlichen in Arbeitssteilung) und *sekundäre Systeme* (Unterstützungsbereiche, durch Aufgabenträger der Personalabteilung) aufgliedern.

- *Verhaltenssteuerung* (hier synonym: interaktionelle Mitarbeiterführung) meint die direkte Führung des Personals mittels zum einen der Vorgesetzten-Mitarbeiter-Beziehung (Mitarbeiterführung i. e. S.) und zum anderen der Handhabung der primären Personalsysteme (Systemhandhabung) durch die Vorgesetzten. Die Systemhandhabung kann nur in den Grenzen der Systemgestaltung stattfinden.[387] Die Verhaltenssteuerung steht als Vorgesetztenfunktion bei der situativen Gestaltung der zwischenmenschlichen Beziehungen im Mittelpunkt.

Unter der direkten und der strukturellen Mitarbeiterführung sind letztlich zwei Seiten einer Medaille zu verstehen:[388] Die strukturelle Dimension (Personalsystem) ersetzt, beeinflusst und substituiert dabei teilweise die direkte Führung (Verhaltenssteuerung) et vice versa. Letztere hat zudem Spielraum zur Modifikation der strukturellen Führung.

Diese Differenzierungen machen deutlich, dass es − entgegen vieler herkömmlichen Ansichten − verschiedene Ansatzpunkte für die Personalarbeit gibt.[389] Nur in einem konsistenten und komplementären Verbund lässt sich effizient die Personalfunktion umsetzen. Drei Ansatzpunkte sind zu nennen:

- die einzelnen Mitarbeiter (*individuelle Perspektive*) ebenso wie

---

[387] *Beispiele*: (1) Ein Vorgesetzter wendet die durch die Personalleitung bestimmten Auswahlinstrumente in konkreten Situationen an. (2) Im Rahmen vorbestimmter Regelungen werden variable Gruppenboni verteilt. Ein Vorgesetzter entscheidet und begründet die Verteilung der zur Verfügung stehenden Summe unter den Gruppenmitgliedern.

[388] Im Hintergrund wirkt noch die *kulturelle Mitarbeiterführung* mit. Sie ist dritte Ebene (parallel zur strukturellen und interaktionellen Mitarbeiterführung) und bezieht sich v. a. auf die Unternehmungskultur und das (Modell-) Verhalten aller Führungskräfte.

[389] S. Neuberger 1994, 12-13, sowie Organizational Behavior-Quellen, s. Einführung.

– Mitarbeitergruppen (*interpersonelle Perspektive*) und
– organisatorische Verhaltensstimuli (*a-personelle Perspektive*).

Dies bedeutet, dass Personalarbeit zum Ersten aus einer Beschäftigung mit einem/r einzelnen/r Mitarbeiter(in) besteht. Zum Zweiten hat sie die gezielte Gestaltung von Gruppenbeziehungen (Gruppengröße, Aufgaben, Zusammensetzung) zum Inhalt. Zum Dritten wirken auch Unternehmungsimage, Vergütungsstrukturen, Organisationsstrukturen und andere a-personale Faktoren als positive oder negative Stimuli auf Mitarbeiter, so dass sie einer gezielten Gestaltung – soweit dies opportun ist – auf ihre Wirkungen hin benötigen.

Dem Personalmanagement kommt ein *funktionsübergreifender Charakter* zu, das heißt es beschäftigt sich mit den Mitarbeitern in allen Funktionsbereichen. Im Rahmen des situativen Paradigmas der Unternehmungsforschung kann es allerdings sinnvoll sein, für spezifische Aufgabenstellungen – bspw. den F & E-Bereich, ältere Arbeitnehmer, Nachwuchskräfte – zu analysieren, ob eine gruppenspezifische Ausgestaltung sinnvoll ist. Wenn ja, ergibt sich ein differenzielles Personalmanagement (oder ein Diversity Management).[390]

Viele Vorurteile betreffen die Benennung von *Personalverantwortlichen.* Oft wird angenommen, dass hiermit nur die im Personalbereich direkt beschäftigten Mitarbeiter gemeint sind. Als Personalverantwortliche gelten aber verschiedene Aufgabenträger: die Leitungsspitze (Geschäftsleitung, Vorstand), insbesondere der Personalvorstand bzw. -geschäftsleiter, der Leiter der Personalabteilung, die Mitarbeiter der Personalabteilung, alle direkten Vorgesetzten, Ausbilder und Ausbildungsbeauftragte sowie auch der Betriebsrat. Personalarbeit ist nicht allein eine Angelegenheit der Personalabteilung. Gerade di-

---

[390] S. Marr & Friedel-Howe 1989, Fritsch 1994, Becker 2009a, S. 332-338, 2012a, Ostrowski 2012. Differenzielle Personalarbeit ist nicht gleichzusetzen mit Diversity Management. Ersteres bezieht sich auf einen spezifischen Umgang mit unterschiedlichen Mitarbeitergruppen (bspw. verschiedene Personalreferenten für gewerbliche Mitarbeiter(innen), kaufmännische Mitarbeiter(innen) und AT-Mitarbeiter(innen)). Letzteres fordert, fördert und nutzt die Vielfalt in der Arbeitnehmerschaft hinsichtlich diverser Eigenschaften: Geschlecht, Nationalität, Alter, Religion u. a. S. Krell u. a. 2007.

rekte *Linienvorgesetzte* haben die unmittelbare und wichtigste Personalverantwortung zu tragen.[391] Die klassische Personalabteilung hat mehr und mehr eine Servicefunktion in vielen Bereichen. Sie ist Partner der Linie.

II. Systemgestaltung

1. Personalsystem

Das Personalsystem besteht aus verschiedenen primären wie sekundären Teilsystemen (s. Abb. 37), auf die nachfolgend inhaltlich eingegangen wird.

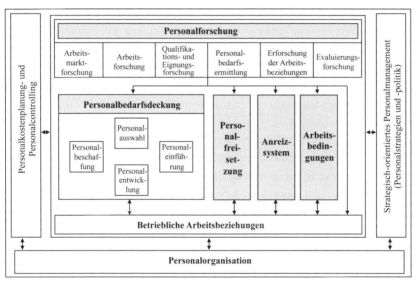

Abb. 37: Überblick über das Personalsystem
Quelle: Berthel & Becker 2013, S. 22.

---

[391] Vielfach wird vom Vorgesetzten geäußert: „Ich habe so viel zu tun, da bleibt keine Zeit für die Mitarbeiter!" Eigentlich müsste es heißen: „Ich bin so sehr mit der Mitarbeiterführung beschäftigt, da bleibt keine ausreichende Zeit für die anderen mir übertragenen (Neben-) Aufgaben!" Allerdings: In einem Zeitalter der Arbeitsverdichtung durch „leane Prozesse", Verschlankung von Hierarchien und Kostendruck sind viele dieser Aussagen verständlich. Zudem haben zu wenig Führungskräfte führen auch gelernt.

Bei den primären Teilsystemen findet in Aufgabenerfüllung arbeitsteilig zwischen hauptamtlichen Personalern und den Vorgesetzten statt. Bei den sekundären Teilsystemen ist lediglich der Personalbereich selbst – teilweise in Zusammenarbeit mit der Unternehmensleitung oder anderen Fachressorts – betroffen.

2. Personalforschung

Personalbezogene Aktivitäten werden in einem Entscheidungsprozess festgelegt. Dieser Prozess sollte im Wesentlichen ein systematischer Vorgang der Gewinnung und Verarbeitung von relevanten Informationen sein, die Entscheidung letztlich auf einer systematisch ermittelten Informationsbasis getroffen werden. Es bedarf keiner näheren Begründung, dass die Qualität einer Personalarbeit von den verfügbaren Informationen abhängt, also von zielorientierten Kenntnissen über inner- wie außerbetriebliche Sachverhalte. Dies gilt es, informatorisch zu fundieren und zu erforschen.[392]

Die diesbezügliche betriebliche Personalforschung ist eine wissenschaftlich gestützte Informationsgewinnung und -verarbeitung durch unternehmungsinterne Stellen bzw. in deren Auftrag durch beauftrage Externe v. a. über Personen (Mitarbeiter und Bewerber), Arbeitsplätze, Arbeitsmärkte, Personalbedarf, Arbeitsbeziehungen sowie über die Personalarbeit selbst zur zielbezogenen Fundierung personalwirtschaftlicher Entscheidungen. Der Zielbezug ist dabei ein konstitutives Merkmal auch der Personalforschung.[393]

---

[392] *Beispiel*: Wer kauft sich schon privat ein Auto, ohne sich vorab darüber zu informieren, was für einen Autotyp man braucht, welche Marke einem gefällt, wie viel Geld man für den Kaufpreis und für die Betriebskosten zur Verfügung hat, wie hoch der Preis (bei alternativen Händlern) ist u. a. Eine vorherige informatorische Fundierung ist sinnvoll. Nicht anders sollte es bei Entscheidungen um die Personalauswahl, die Beförderung, die Leistungszulage, die Stellenschaffung u. v. a. umgesetzt werden. „Bauchentscheidungen" (C.III.5) sind nicht immer die Entscheidungshilfe.

[393] Davon abzugrenzen ist die *wissenschaftliche Personalforschung*, die von Wissenschaftlern unter allgemeinen Aspekten und nicht unternehmungsspezifisch durchgeführt wird.

Tabelle 9 veranschaulicht wesentliche Elemente der Personalforschung:[394]

Tab. 9: Bereiche und Objekte der betrieblichen Personalforschung

Arbeits-markt-forschung	Arbeits-forschung	Qualifika-tions- und Eignungs-forschung	Personal-bedarfs-ermittlung	Evaluie-rungs-forschung	Erforschung der Arbeits-beziehungen
Objekte: betriebliche und gesamt-gesellschaft-liche (Teil-) Arbeitsmärk-te	*Objekte*: Arbeitsplät-ze, Arbeitssi-tuation, Ar-beitsgrup-pen; Anfor-derungen; Arbeitswerte	*Objekte*: aktuelle wie potenzielle Qualifikatio-nen und Leistungen der Mitar-beiter(in-nen) und Bewer-ber(innen)	*Objekte*: Brutto-Per-sonalbedarf in Quantität, Zeit und Örtlichkeit; (prognosti-zierter) Per-sonalbe-stand, Netto-Personal-bedarf	*Objekte*: Personalar-beit insge-samt, Einsatz personal-wirtschaftli-cher Instru-mente, Aus-wirkungen auf Perso-nalarbeit	*Objekte*: Gesetze und Arbeitsge-richtsbarkeit, Tarifver-handlungen, Mitbestim-mung, Mitbestim-mungspart-part-ner(innen)

Quelle: Becker 2002, S. 423.

–   Die betriebliche *Arbeitsmarktforschung* analysiert und prognostiziert inter-ne wie externe, für die Unternehmung aktuell wie zukünftig relevante Ar-beitsmärkte. Gewonnen werden Informationen darüber, in welcher Anzahl, mit welcher Qualifikation, wo und wann Arbeitnehmer am Arbeitsmarkt sowie in der Unternehmung für die Erfüllung anstehender Aufgaben zur Verfügung stehen.[395] Ferner wird die interne Meinungsforschung über die Unternehmung als Arbeitgeber hierzu gezählt.[396] Die Informationen beein-flussen v. a. Personalbeschaffung, -entwicklung und Entgelte.

---

[394]   S. Becker 2002, Berthel & Becker 2013, S. 230-317.

[395]   *Beispiel*: Viele Arbeitgeber zeigen zu Beginn der zweiten Dekade des 21sten Jahrhun-derts, dass sie sich hier offenbar nicht ausreichend vorbereitet haben. Sie stellen sich nun (zu) spät auf den Arbeitskräftemangel im demografischen Wandel ein.

[396]   *Beispiel*: Regelmäßige Mitarbeiterbefragungen geben hier ein spezifisches Bild der (Un-) Zufriedenheit der Mitarbeiterschaft wieder. Dadurch ist eine gute Gelegenheit da, Missstände abzubauen und positiv bewertete Umstände auszubauen. Immer mehr Un-ternehmungen greifen zu diesem Instrument.

- Die *Arbeitsforschung* beschäftigt sich mit der Analyse und Prognose der Arbeitssituation (Arbeitsplatzanalyse), der vom Arbeitsplatz ausgehenden Qualifikationsanforderungen (Anforderungsanalyse) sowie der Bewertung des Schwierigkeitsgrades der Aufgabenerfüllung (Arbeitsbewertung). Die Informationen werden zur Personalentwicklung und -auswahl sowie zur Entgeltfindung benötigt.

- Die Qualifikationen von Mitarbeitern wie Stellenbewerbern werden mittels der *Qualifikations- und Eignungsforschung* ermittelt. Als Instrumente dienen v. a. die Personalbeurteilung und verschiedene Personalauswahlverfahren. Die durch sie ermittelten Informationen sind unabdingbar für die Entscheidungen zur Personalauswahl, die Personalentwicklung (inkl. Fortbildung und Karriereentscheidungen), wenngleich die Instrumente – wie immer – nur Hilfestellungen bieten können.

- Die *Personalbedarfsermittlung* bezieht sich auf vier Komponenten „Quantität" (Anzahl der Mitarbeiter), „Qualität" (Qualifikationen der Mitarbeiter), „Ort" (Beschäftigungsort der Mitarbeiter) und „Zeit" (Planungshorizont). Diese werden bei der Ermittlung und Prognose von Brutto-Personalbedarf (Gesamtheit der als notwendig erachteten Planstellen), Personalbestand (inkl. der erwarteten Entwicklungen) und Netto-Personalbedarf (als Resultat des Vergleichs) gleichzeitig berücksichtigt. Er kann positiv ausgeprägt sein, dann zeigt er für die Aufgabenstellung überflüssige Stellen an (Personalüberdeckung), die eine Personalfreisetzung nach sich zieht. Er kann negativ ausgeprägt sein (Personalunterdeckung) und dann eine angestrebte Personalbedarfsdeckung zur Folge haben.

- Die *Evaluationsforschung* betrifft die Beurteilung der Personalarbeit (im Gesamten wie von Teilaufgaben): Die Standortbestimmung (Wie gut sind wir?) und die Zukunftsorientierung (Was können wir besser machen?) stehen im Vordergrund. Daneben können der Einsatz einzelner Instrumente (z. B. Evaluation eines Auswahlinstruments) sowie die abgeleiteten Personalprobleme aufgrund anderweitiger Entscheidungen (z. B. personelle Folgewirkungen von Sachinvestitionen) Objekt sein. Die Ergebnisse dienen der Verbesserung personalwirtschaftlicher Aktivitäten.[397]

– Die *Erforschung der Arbeitsbeziehungen* betrifft die analytische und prognostische Auseinandersetzung mit folgenden Objekten: Gesetzgebung und Arbeitsgerichtsbarkeit, Tarifpartner und Tarifvertragsinhalte, betriebliche Mitbestimmung und ihre Organe sowie unternehmerische Mitbestimmung. Die Informationen dienen als Basis v. a. für die Gestaltung von Arbeitsverträgen, personellen Einzelmaßnahmen, Entgeltsystemen und Arbeitszeitgestaltung, die Personalplanung sowie das Verhalten zum Betriebsrat.

3. Personalbedarfsdeckung

Die Personalbedarfsdeckung besteht aus Beschaffung, Auswahl, Einführung und Entwicklung von Mitarbeitern. Ihre Aktivitäten sind im Wesentlichen durch die Ergebnisse der Personalforschung bestimmt. Abbildung 38 visualisiert das Vorgehen als *Personalbedarfsdeckungskette* anhand von Kettengliedern, die nur dann als Kette funktionieren, wenn die einzelnen Glieder miteinander verzahnt sind.

Ausgangspunkt ist die Diskussion und die *Festlegung der erwünschten Qualifikationsanforderungen* an die Stelleninhaber zur Deckung des diagnostizierten Personalbedarfs. Nur wenn hier die zuständigen Entscheidungsträger eine für alle verbindliche und verständliche Entscheidung getroffen haben, können die folgenden Phasen zielorientiert gestaltet und umgesetzt werden.

---

[397] Gerade Ökonomen sind am Einsatz entsprechender sinnvoller Instrumente interessiert. Die Personalarbeit wird ja nicht als „l'art pour l'art" betrieben, sondern als Mittel zur besseren Zielerreichung. Um dies sicherzustellen, sind regelmäßige Evaluationen zweckmäßig.

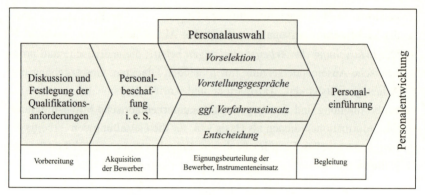

Abb. 38: Personalbedarfsdeckungskette
Quelle: Berthel & Becker 2013, S. 321.

Die *Personalbeschaffung* hat das Ziel, möglichst qualifizierte Personen von außerhalb oder aus der Unternehmung (externe wie interne Personalbeschaffung) zu einer Bewerbung auf eine vakante Stelle zu bewegen.[398]

- Bei der *internen Beschaffungsstrategie* (via interner Stellenausschreibung,[399] Versetzung, Job Rotation) werden vakante Stellen in der Unternehmung beschäftigten Mitarbeitern allgemein oder individuell angeboten. Zumindest bei hierarchisch mittleren und höheren Stellen ergeben sich Aufstiegschancen für Mitarbeiter generell, aber auch Bleibeanreize für Qualifizierte.

- Die *externe Beschaffungsstrategie* betrifft die Neueinstellung von Mitarbeitern mittels Stellenanzeige, Auftrag an Personalberater via Arbeitsvermittlung, Hochschul- und Schulkontakten u. a. Sie ist sinnvoll, wenn Stellen intern nicht besetzt werden können, wenn verstärkt neue Ideen gesucht wer-

---

[398] Die hier vorgenommene Differenzierung zwischen Personalbeschaffung und Personalauswahl wird nicht überall vorgenommen. Je nach Autor werden beide Phasen unter einen der beiden Begriffe (auch mit dem Terminus „Personalrekrutierung") gefasst.

[399] Der Betriebsrat – sofern er vorhanden ist – darf zwar eine so genannte interne Stellenausschreibung nach § 93 BetrVG fordern, der Arbeitgeber ist aber nicht gezwungen, einen internen Bewerber einzustellen – es sei denn, ein interner und ein externer Bewerber sind gleich geeignet.

den (z. B. Verhinderung von Betriebsblindheit) oder wenn es sich um Einstiegspositionen und Positionen auf unteren hierarchischen Rängen handelt. Auch temporäre Maßnahmen zur Personalbedarfsdeckung (z. B. Zeitarbeit,[400] befristete Arbeitsverhältnisse, Mehrarbeit) zählen hierzu.

Ein *Personalmarketing* kann dazu beitragen, die Unternehmung für interne wie für externe potenzielle Mitarbeiter als attraktiven Arbeitgeber darzustellen, um so möglichst viele Leistungsträger gerade in gefragten Personalsegmenten gewinnen (und halten) zu können.[401]

Die *Personalauswahl* setzt nach Eingang der Bewerbungen verschiedene Instrumente der Personalforschung ein, um aus den Bewerbern eine geeignete Person für die vakante Stelle auszuwählen. Nicht der Höchstqualifizierteste soll eingestellt werden, sondern ein Geeigneter.[402] Nachdem die Bewerbungsunterlagen (Anschreiben, Zeugnisse, Lebenslauf u. a.) vorliegen, wird auf Basis einer Analyse eine Auswahl über diejenigen Bewerber getroffen, die zu

---

[400] *Beispiel*: In der Wirtschaftskrise 2008/09 zeigte sich, dass ein relativ hoher Anteil an Zeitarbeitnehmern den Unternehmungen die notwendige Flexibilität auf der Beschäftigungs- wie der Kostenseite bot, um der schwankenden Nachfrage ökonomisch entsprechen zu können. Der (Personal-) Fixkostenblock war so tragbar. (Noch wichtiger in der o. g. Krise war aber die sehr flexible Nutzung der – von der Politik rasch erweiterten – Kurzarbeit.)

[401] Unter dem Stichwort „*Employer Branding*" wird heutzutage versucht, die Unternehmung als Arbeitgebermarke zu etablieren. Damit ist die aus dem Marketing entlehnte Annahme verbunden, dass ein „brand" der Unternehmung hilft, leichter potenzielle Arbeitnehmer(innen) zu einer Bewerbung zu bewegen sowie Mitarbeiter(innen) auch zu binden. Eine entsprechend gestaltete *demografie-orientierte Personalarbeit* kann entscheidend dazu beitragen, dass in der aktuellen Situation Wettbewerbsvorteile durch die Tätigkeit am Arbeitsmarkt erzielt werden können. S. allgemein Becker 2009a, S. 332-342, sowie – *beispielsweise* – die entsprechend hervorragende Arbeit von Phoenix Contact GmbH & Co. KG aus Blomberg in Ostwestfalen-Lippe. Die Firma geht seit langem den Fachkräftemangel vorbildlich strategisch-orientiert und erfolgreich an (www.phoenixcontact.de/personal/3120.htm; Abruf: 20.06.2011).

[402] *Qualifikation* bedeutet eine absolute Einschätzung vorhandener Kenntnisse, Fähigkeiten und Fertigkeiten. *Eignung* bezieht sich auf den Vergleich von Qualifikationen auf Stellenanforderungen und ist insofern eine relative Aussage. Sowohl über-, als auch unterqualifizierte Bewerber sollen so vermieden werden.

einem Vorstellungsgespräch und/oder weiteren Auswahltests eingeladen werden. Zur gegenseitigen Information und Bildung eines Urteils eignen sich Gespräche mit unterschiedlichen Verantwortlichen (Personalsachbearbeiter, direkter Fachvorgesetzter). Verschiedene Varianten von Vorstellungsgesprächen lassen sich einsetzen (freie wie strukturierte Interviews, Einzel-, Mehrfach- und Serieninterviews, situative wie biografische Interviews u. a.). Vielfach werden begleitend auch andere, unterschiedlich sinnvolle Instrumente zur Diagnose und Prognose von Qualifikationen eingesetzt: psychologische Tests, Fähigkeitstests, Assessment-Center, biografische Fragebogen u. a.. Die Prozessgestaltung wird vom Personalbereich vorgenommen, Fachvorgesetzte wirken im Verlauf mit – bis hin zur Entscheidung.

Die *Personaleinführung* stellt eine Möglichkeit dar, um eine rasche Aufgabenbewältigung und eine Gewöhnung an unternehmungsspezifische Usancen (im Rahmen einer gezielten *fachlichen Einarbeitung*) sowie ein schnelles persönliches Einleben in die Unternehmung (durch eine frühzeitige *soziale Integration*) zu erleichtern.

Unter *Personalentwicklung* (PE) ist die Summe von Tätigkeiten zu verstehen, die für das Personal systematisch vollzogen werden. Eingeschlossen sind betriebliche Qualifizierungsmaßnahmen der Mitarbeiter, mit denen deren Leistungsfähigkeit für aktuelle wie zukünftige Aufgaben mittels Bildung, Karriereplanung und Arbeitsstrukturierung erhalten und erweitert werden sollen. Entwickungsmaßnahmen setzen an einem qualitativen Personalbedarf an, der in der Regel im Zeitablauf durch veränderte Aufgabenstellungen entsteht.[403]

Von der zielbezogenen Ausrichtung der Qualifizierung her lässt sich wie folgt differenzieren:[404]

---

[403] Der Bedarf bezieht sich auf einen qualitativen Aspekt und kann bereits bei der Einstellung vorliegen (aktuelles Qualifikationsdefizit bezogen auf die zu besetzende Stelle oder prospektives Qualifikationsdefizit hinsichtlich zukünftiger Karrierepositionen) oder im Zeitablauf entstehen. S. Berthel & Becker 2013, S. 414-417.

[404] S. Becker 1995, Thom 1987, S. 8-16.

(1) Unter der *berufs- und stellenvorbereitende Qualifizierung* sind all jene Maßnahmen zu verstehen, die den Mitarbeitern die Qualifikationen für die von ihnen zu erfüllenden Aufgaben erstmalig vermitteln. Hierunter zählt die Berufsausbildung (kaufmännische oder gewerbliche Berufe), die Anlernausbildung (spezifische, relativ komplexe Einzeltätigkeiten), die Traineeausbildung (i. d. R. für neu eingestellte Hochschulabsolventen) sowie die Umschulung (i. d. R. Erlernen eines zweiten Berufes).

(2) Die *berufs- und stellenbegleitende Qualifizierung* baut auf bereits vorhandene Qualifikationen auf und konzentriert sich auf die Vermittlung spezifischer Qualifikationen (bspw. Verhandlungs- und Verkaufstraining), damit die Mitarbeiter für aktuelle wie zukünftige Anforderungen ihrer aktuellen Arbeitsplätze − i. S. einer Anpassungs- und Erweiterungsqualifizierung − entwickelt werden. Fortbildung, als die Fortsetzung oder Wiederaufnahme des intendierten organisierten Lernens, stellt einen Ansatzpunkt dar. Zusätzlich kann eine stellenbezogene Qualifizierung (via der Veränderung von Aufgabenmerkmalen) Lerneffekte auslösen.

(3) Bei der *berufs- und stellenverändernden Qualifizierung* steht die Vermittlung von Kompetenzen im Mittelpunkt, die zu einer Veränderung des Berufs oder der Stelle mit dem Ziel eines hierarchischen Aufstiegs führen. Spezielle Fortbildungen (bspw. Führungskräfteseminare), stellenfolgenbezogene Qualifizierung (Job Rotation, Karriereplanung), aber auch die stellenbezogenen Maßnahmen können in diesem Sinne eingesetzt werden.

In aller Regel wird eine Mischung von Training-off-the-job- mit Training-on-the-job-Maßnahmen umgesetzt: Maßnahmen außerhalb des Arbeitsplatzes (*off-the-job*: Seminar, Vortrag, Berufsschule u. a.) werden oft mit Maßnahmen am Arbeitsplatz (*on-the-job*: Unterweisung, Aufgabengestaltung, Job Rotation u. a.) kombiniert, um eine effiziente Qualifizierung erreichen zu können.[405]

---

[405] *Beispiel*: Auch an der Hochschule wird eine Kombination beider Ausrichtungen umgesetzt. Klassische Vorlesungen informieren überblicksartig über grundlegendes Wissen. Übungen setzen auf die direkte Mitwirkung der Student(inn)en, indem Wissen ange-

4. Personalfreisetzung

Personalfreisetzung als Folge einer Personalüberdeckung bedeutet den Abbau von personellen Überkapazitäten. Sie ist nicht gleichzusetzen mit Kündigungen (als eine Form der quantitative Freisetzung). Auch andere Anpassungsmaßnahmen zeitlicher Art (individuelle, gruppenbezogene, kollektive Arbeitszeitverkürzungen),[406] örtlicher Art (Versetzungen infolge von Betriebsstill-legungen, Aufgabe eines Absatzgebietes) und qualitativer Art (Qualifizierung von Mitarbeitern) zählen dazu (s. Tab. 10 zu einem Überblick).

Tab. 10: Arten der Personalfreisetzung

Freisetzung ohne Reduktion des Personalbestands	Freisetzung mit Reduktion des Personalbestands

• Qualitativ orientierte Maßnahmen (PE)
 • Örtlich orientierte Maßnahmen (horizontale und vertikale Versetzung)
 • Zeitlich orientierte Maßnahmen
   – Urlaubsgestaltung
   – Abbau von Mehrarbeit, Überstunden
   – Generelle Verkürzung der Arbeitszeit
   – Individuelle Arbeitszeitverkürzung
	• Nutzung der natürlichen Fluktuation (mit Einstellungsstopp)
	 • Nichtverlängerung und/oder Kündigung von Personalleasingverträgen
	 • Angebot von Aufhebungsverträgen
	 • Angebot vorzeitige Verrentung
	 • Kündigungen (v. a. betriebsbedingte)
	 • Zusätzlich: Outplacement

Eine antizipative Planung kann helfen, individuelle Härten und betriebliche Nachteile bspw. durch einen gezielten Aufbau einer Randbelegschaft (nicht dauerhaft beschäftigte Mitarbeiter und/oder Zeitarbeitnehmer) zu mildern.[407]

---

wendet werden soll. Nur in einer Kombination lässt sich ökonomisch effizient notwendiges Know-how vermitteln. Dies setzt unbedingt aktive Lernbereitschaft voraus.

[406] *Beispiel*: In der Wirtschaftskrise 2008/09 lockerte die Bundesregierung die Regelungen zur Kurzarbeit so, dass sehr viele Unternehmungen trotz massiver Auftragsrückgänge zumindest ihre Stammbelegschaft weiterbeschäftigen konnten. Neben den Weiterbeschäftigungsmöglichkeiten für die Arbeitnehmer wurde so auch die Basis für die spätere, sofortige Erhöhung der Kapazität gelegt. Aufwendige Einstellungen waren nicht nötig. Die Kurzarbeit wurde sukzessive abgebaut.

[407] Eine *antizipative Freisetzungsplanung* beschäftigt sich mittelfristig damit, wie ein Freisetzungsbedarf verhindert oder quantitativ wie qualitativ gemildert werden kann. Zu möglichen Maßnahmen zählen der Einsatz von Zeitarbeit, die Nutzung eines Einstellungsstopps, Insourcing, das Angebot an Outplacement-Maßnahmen u. Ä. *Reaktive Freisetzungsmaßnehmen* setzen erst ein, wenn die Personalüberdeckung akut ist. In

5. Anreizsysteme

Um Personen für eine Unternehmung als Mitarbeiter zu gewinnen, zu halten und in Grenzen ihr Engagement steuern zu können, bedarf es der Entwicklung eines für sie attraktiven Anreizsystems. Dieses beinhaltet die gesamte Gestaltung und Administration materieller und immaterieller Stimuli für die Mitarbeiter mit dem Ziel, ihre Teilnahme-, Leistungs- und Bleibemotivation, zu fördern. Man differenziert in ein materielles und ein immaterielles Anreizsystem mit unterschiedlichen Elementen; siehe Abb. 39).

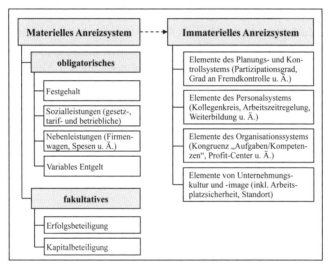

Abb. 39: Elemente eines betrieblichen Anreizsystems
Quelle: In Anlehnung an Berthel & Becker 2013, S. 572.

Unter dem *materiellen Anreizsystem* (synonym: Vergütungs- oder Entgeltsystem) wird die Summe aller von der Unternehmung angebotenen finanziellen

---

diesem Falle liegen wegen des engen zeitlichen Korridors weniger Handlungsoptionen vor, und es sind oft nur noch wenig(er) sozialverträgliche Lösungen möglich.

Belohnungen und deren Administration für die von Mitarbeitern erbrachten Arbeitsleistungen verstanden.[408]

- Zum obligatorischen Entgeltsystem zählen zunächst *Festgehaltssysteme*. Sie stellen eine zeitorientierte Entgeltform dar, indem sie eine pauschale, oft tarifliche Vergütung (Fixum) für die in einem bestimmten Zeitraum (i. d. R. monatlich) ausgeführten Aktivitäten, unabhängig von deren Ergebnis, darstellen. Des Weiteren sind *variable Entgeltsysteme* zu nennen: Zielbezogene Prämienlöhne, erfolgsorientierte Provisionen und andere variable Entgelte knüpfen das Entgelt an das unmittelbare Leistungsergebnis des/r Mitarbeiters/in an, Leistungsbeurteilungen mit Leistungszulage orientieren solche Zahlungen an die Qualität des Leistungsverhaltens. Weitere materielle Anreize können durch Zulagen (Erschwerniszulagen, Nachtzuschläge etc.), Versorgungsleistungen (Formen der betrieblichen Altersversorgung) sowie andere Zusatzleistungen (Firmenwagen, Urlaubs-/Weihnachtsgeld u. a.) angeboten werden.
- Innerhalb des fakultativen Entgeltsystems kommen prinzipiell noch Formen der Mitarbeiterbeteiligung wie *Erfolgs- und Kapitalbeteiligungen* in Frage. Sie beteiligen die Belegschaft an aggregierten unternehmerischen Erfolgsgrößen und bieten – je nach Vereinbarung – Kapitalanteile an.

Führungskräfte werden in der Regel außertariflich vergütet (*AT-Bereich*); Ähnliches gilt für leitende Angestellte und Vorstände. Sowohl die Systeme als auch die Entgelthöhe sind dabei viel freier gestaltbar.[409]

Das *immaterielle Anreizsystem* umfasst verschiedene Kategorien immaterieller Anreize: v. a. soziale Anreize (Kontakte mit Kollegen, Vorgesetzten und Mitarbeitern), Anreize der Arbeit selbst (Arbeitsinhalte, Autonomie), Karriereanreize (Qualifizierung, Aufstieg) sowie Anreize des Umfeldes (Image des Ar-

---

[408] S. Berthel & Becker 2013, S. 540-601.

[409] S. bspw. Berthel & Becker 2013, S. 619-622, Becker & Kramarsch 2006, Becker & Ostrowski 2012.

beitgebers).[410] Die Anreize werden durch die Gestaltung der Führungssubsysteme angeboten:[411]

- Die Partizipation im *Planungssystem* bezieht sich auf die individuelle Mitwirkung am gruppenspezifischen oder betrieblichen Entscheidungsprozess. Für entsprechend motivierte Mitarbeiter ist dies von nicht zu unterschätzendem Wert.[412]
- Im Rahmen des *Organisationssystems* werden immaterielle Anreize strukturell verankert. Beispielsweise sind Kompetenzregelungen und Aufgabeninhalte festzulegen, die unmittelbar Anreizwirkungen zur Folge haben.[413]
- Innerhalb des *Personalsystems* werden Anreize durch dessen Teilsysteme gesetzt: Viele Mitarbeiter schätzen zum Ersten die Förderung durch eine Personalentwicklung. Im Rahmen des Karrieresystems bietet zum Zweiten die Übernahme höherwertiger Positionen verschiedene der o. g. Anreize. Mitarbeiterbezogenes Führungsverhalten, d. h. ein individuelles Vorgehen, wird zum Dritten vielfach als Anreiz wahrgenommen.[414]

---

[410] Anzuführen sind noch intrinsische Anreize. Bei *extrinsischen Anreizen* handelt es sich um Belohnungen, die von anderen Personen und/oder Institutionen nach einer erfolgten Leistung respektive eines erreichten Erfolgs gewährt werden. *Intrinsische Anreize* (und Belohnungen) empfindet ein Mitarbeiter aber allenfalls selbst, und zwar während (nicht nach!) der Aufgabenerfüllung. Unternehmungen können hierauf nur ansatzweise Einfluss nehmen. Die Auswahl von Mitarbeitern, die intrinsisch motiviert sind, sowie die Gestaltung von Arbeitsbedingungen, die intrinsische Belohnungen prinzipiell ermöglichen, sind zu nennen. *Achtung*: Bei intrinsisch motivierten Handlungen ist der autotelische Charakter konstitutiv: Ihre jeweilige Ausführung ist nicht instrumentell, d. h. an der Erreichung von der Handlung separierbaren Folgen (Belohnungen Dritter) orientiert. Sie bezieht stattdessen ihre Kraft aus dem direkten Erleben im Handlungsvollzug.

[411] S. Becker 1991, S. 163-176, Berthel & Becker 2013, S. 623-625.

[412] *Beispielweise* hat das Management-by-Objectives die angesprochene Partizipation schon als systemisches Element beinhaltet.

[413] *Beispiele*: (1) Die Profit-Center-Organisation übertrüge an die Leitung i. d. R. mehr Entscheidungskompetenzen als eine hierarchisch vergleichbare funktional strukturierte Abteilungsleiterfunktion. (2) Reibungslos gestaltete Wertschöpfungsphasen verursachen weniger Ärger und Demonstrationen.

[414] *Beispiel*: Gerade das Angebot an Karrieregelegenheiten motiviert viele Leistungsträger sich zum einen zu engagieren sowie zum anderen in der Unternehmung zu bleiben.

- Die regelmäßige, rechtzeitige und umfassende Vermittlung von Informationen über aufgaben- und unternehmungsrelevante Entwicklungen (z. B. Feedback, Produktentwicklung) im Rahmen des *Informationssystems* kann auch dazu beitragen, die Wertschätzung der Unternehmung auszudrücken.

Während die Entgeltsysteme durch Tarifvertrag oder durch übergeordnete unternehmerische und personalpolitische Entscheidungen festgelegt und durch den Personalbereich verwaltet werden, werden immaterielle Anreize vielfach durch direkte wie übergeordnete Vorgesetzte vermittelt.

Die *Wirkung der Anreizsysteme* lässt sich letztendlich – trotz einer Anzahl empirischer Studien – nur schwer aufgrund der Vielfalt und Vielzahl möglicher Einflussfaktoren isolieren. Materielle Anreize sind weiterhin unverzichtbar, wenngleich ihre Bedeutung stark nachgelassen hat. Immaterielle Anreize, Interessen an Familie und Freizeit, aber auch Ansprüche an leistungs-, betriebs- bzw. marktgerechte Entgelte haben an Gewicht gewonnen.

6. Sekundäre Personalsysteme

Die sekundären Personalsysteme dienen der besseren Umsetzung und Fundierung der skizzierten Teilsysteme. Sie liegen fast ausschließlich in der Verantwortung des Personalbereichs, wenngleich hier partiell auch die Linienvorgesetzten einbezogen werden. Ihre Komponenten werden allerdings von anderen Personalverantwortlichen genutzt. Nachfolgend eine Skizze der Systeme:

- Die *Personalorganisation* umfasst die Aufbauorganisation im Personalbereich sowie die Ablauforganisation aller personalwirtschaftlichen Handlungsprozesse. Unter der Aufbauorganisation sind die Gliederung des Personalbereichs (funktionale Gliederung, Referentensystem oder Kombination) sowie seine Einordnung in die Organisationsstruktur der Unternehmung (hierarchisch wie abrechnungstechnisch) zu verstehen.[415] Im Rahmen der Ablauforganisation ist die Prozessgestaltung aller personalwirtschaftlich relevante Entscheidungsprozesse (v. a. hinsichtlich dem Ablauf und den beteiligten Personen) festzulegen.

- *Personalplanung* bedeutet die systematische und gedankliche Vorwegnahme zukünftiger personeller Entscheidungen. Diese basieren auf personellen Grundsatzentscheidungen im Rahmen der Personalpolitik und -strategie, die quasi die Marschrichtung der Personalplanung bestimmt. Ihre Hauptaufgabe ist es, Ziele und Maßnahmen festzulegen, damit zur richtigen Zeit am richtigen Ort die richtigen Mitarbeiter in der erforderlichen Anzahl beschäftigt sind.

- Das *Personalcontrolling* hat die Aufgabe, die Umsetzung der Ziele und Pläne zu überwachen sowie gegebenenfalls Abweichungen zu korrigieren oder notwendige Änderungen zu initiieren. Es ist daher für die Steuerung der Personalarbeit von Bedeutung.

- Bei den *Arbeitsbedingungen* handelt es sich um die Faktoren der Arbeitssituation (z. B. Lichtverhältnisse, Ergonomie, Gruppengröße, -zusammensetzung, Hard- wie Software), die die Leistung eines Mitarbeiters positiv oder negativ beeinflusst. Sie sind teilweise kontrollierbar (z. B. Ergonomie) und teilweise nicht kontrollierbar (z. B. Gruppenphänomene). Eine bestmögliche Gestaltung dieser Faktoren ist intendiert.

- Unter *Personalverwaltung* lassen sich solche Tätigkeiten wie Führung der Personalakten, formale Einstellungsaktivitäten, Entgeltabrechnung, Pflege eines Personalinformationssystems u. Ä. zusammenfassen. Sie werden speziellen Stellen der Personalabteilung zugeordnet, wenngleich durch IT-Systeme viele dieser Aufgaben quasi „nebenbei" erledigt werden.

---

[415] *Beispiel*: Eine funktionale Gliederung des Personalbereichs hat zur Folge, dass es Experten für Personalentwicklung, für Personalauswahl, für Altersvorsorge u. a. gibt (zumindest in größeren Unternehmungen). Diese sind Kenner ihres Aufgabenbereichs. Eine objektorientierte Gliederung nach Mitarbeitergruppen stellt dagegen auf die Besonderheiten von gewerblichen, kaufmännischen, leitenden Mitarbeiter u. a. ab. Dadurch wird eine adressatengerechte(re) Ansprache angestrebt. Weder die eine noch die andere Alternative ist dabei generell besser geeignet.

– Die *betrieblichen Arbeitsbeziehungen* betreffen die Zusammenarbeit mit dem Betriebsrat und den anderen Institutionen der betrieblichen Mitbestimmung. Sie wird im Wesentlichen von der Personalleitung verantwortet.

– *Strategisch-orientiertes Personalmanagement* betrifft die Verankerung der Personalarbeit in die strategische Unternehmungsführung. Die zentrale Personalleitung hat die Aufgabe, personalrelevante Aspekte in einen entsprechenden Prozess mit einzubringen, so dass die Ressourcen „Personal" und „Personalarbeit" bestmöglich genutzt werden.[416]

III. Verhaltenssteuerung

1. Einführung

Die im Rahmen der Personalfunktion interessierende Arbeitsmotivation entsteht dann, wenn ein Mitarbeiter Anreize in der ihn umgebenden Arbeitssituation wahrnimmt, die dazu geeignet sind, individuelle Motive so zu aktivieren, dass dadurch ein Arbeitsverhalten ausgelöst beziehungsweise beeinflusst wird. Dies geschieht mittels der direkten Mitarbeiterführung und/oder durch die Systemhandhabung der Personalsysteme. Ersteres betrifft die quasi tagtägliche Mitwirkung bei der Personalarbeit durch die Linienvorgesetzten. Sie sind in den skizzierten Aufgaben zumindest von Fall zu Fall (mal Personalauswahl, mal Auswahl von Training-off-the-job-Maßnahmen, mal Verteilung von Gruppenprämien o. a.) involviert. Letzteres betrifft dagegen die permanente Arbeit mit Untergebenen. Hier findet laufend Mitarbeiterführung statt. Um sie gestalten zu können, bedarf es der Kenntnis verschiedener Konstrukte: implizite Persönlichkeitstheorien (Menschenbilder),[417] individuelle Verhaltensde-

---

[416] S. B.II.9., Berthel & Becker 2013, S. 717-726, Becker 2011a. Dies ist der Unternehmungspraxis nicht immer eine leichte Aufgabe, da der eher langfristige Charakter von Personalinvestitionen von eher kurzfristig agierenden Unternehmungsleitungen nicht als entscheidungsrelevant angesehen wird.

[417] *Menschenbilder* sind vereinfachte und standardisierte Muster von menschlichen Verhaltensweisen. Sie dienen hauptsächlich der Komplexitätsreduktion. Dabei reduzieren sie die Vielfalt der vorkommenden Menschentypen auf wenige Grundformen und er-

terminanten (inkl. Motivationsprozesse), Einflussfaktoren der Gruppenarbeit (Gruppenprozesse) und Alternativen des Führungsverhaltens.

2. Leistungsdeterminanten

Eine einzige, allgemein akzeptierte *Motivationstheorie*, mit der erklärt wird, wie menschliches Verhalten in Unternehmungen in Antrieb und Richtung bestimmt wird, gibt es nicht. Verschiedene Erklärungsansätze basieren auf unterschiedlichen Annahmen.[418]

Manche von diesen Ansätzen sind trotz ihrer Popularität als zeitlich überholt zu bezeichnen, z. B.:

- *Bedürfnishierarchie von Maslow* (1970). In dieser nach wie vor sehr populären „Theorie" werden insgesamt fünf Motive in Pyramidenform dargestellt (Bedürfnispyramide). Diese Motive (Grundbedürfnisse ⇨ Sicherheit ⇨ Soziales ⇨ Anerkennung ⇨ Selbstverwirklichung) bauen aufeinander auf und sind nur in dieser Richtung sukzessive verhaltensrelevant. Der Ansatz ignoriert die vielfältigen Motivarten von Menschen sowie kognitive wie situative Elemente des Motivationsprozesses.[419]
- *Zwei-Faktoren-Theorie von Herzberg* (1972). Arbeitszufriedenheit führt diesem Ansatz nach direkt zur Motivation. Dabei sind nach *Herzberg* zwei Determinantenklassen zu unterscheiden: Motivatoren (i. W. immaterielle Faktoren wie Anerkennung, Erfolg), die tatsächlich Stimuli ausmachen,

---

lauben so die schnelle Feststellung, auf welche Grundform eine gegebene Person zuordbar ist. Die Verwendung von Menschenbildern durch den Vorgesetzten wirkt sich dabei direkt auf dessen Führungsverhalten aus.

[418] S. Berthel & Becker 2013, S. 45-78, und die dortigen Literaturhinweise, zu Folgendem.

[419] Die Bedürfnishierarchie ist vermutlich ein wunderbares Beispiel für das Versagen von Hochschullehrer(innen) und Wissenschaftler(innen): Obwohl die empirischen Belege äußerst mager für die *Maslow*schen Thesen sind und dies in der Regel auch entsprechend so den Hörer(inne)n und Leser(inne)n kommuniziert wird, scheint diese Botschaft bei den Adressaten nicht anzukommen. Immer wieder wird sie zur Fundierung von Motivationsentscheidungen angeführt!?

sowie Hygienefaktoren (i. W. Entgelt, Führungsstil), die letztlich verhaltensunwirksam sind.[420] Der Ansatz beruht auf unsicheren empirischen Ergebnissen, ist in seiner Terminologie unpräzise, hat aber dennoch durch die genannte Differenzierung erheblich zur Diskussion beigetragen – bis heute.

Andere motivationstheoretische Ansätze haben einen prinzipiell höheren Aussagewert. Vor allem sind die beiden folgenden Klassen zu nennen:

- *Erwartungs-Valenz-Modelle.* Erwartungs-Valenz-Modelle (von Lawler 1973, Porter & Lawler 1968, Vroom 1964 u. a.) zählen zu den kognitiven Prozesstheorien der Motivation, die vor allem die kognitive Informationsverarbeitung im Menschen während des Motivationsprozesses thematisieren. Neben den emotionalen Motiven haben verschiedene Kognitionen (Wahrnehmungsprozesse, Erwartungen über Können und Konsequenzen, Bewertungen/Valenzen von Anreizen und Ursachenzuschreibungen von Ergebnissen) den Charakter von Determinanten. Solche Wollens- und Leistungsdeterminanten werden in verschiedenen Ansätzen vorgestellt.
- *Theorien der Leistungsmotivation.* Basierend auf der These, dass zumindest in westlichen Industrieländern während des Sozialisationsprozesses ein Leistungswille eines Menschen und dessen Fähigkeit, bei Erfolg Freude zu empfinden, internalisiert wird (grundsätzlich vorhandene Leistungsmotivation), wurden die kognitiven Prozesstheorien (von Atkinson 1964, Weiner 1972, Heckhausen 1989 u. a.) weiterentwickelt. Die Ansätze stehen und fallen damit, inwieweit ein solches Leistungsmotiv tatsächlich vorhanden ist.[421]

Alle Ansätze sind aber in ihrem Umfang begrenzt. Für eine anwendungsorientierte Darstellung greifen die Ansätze zu kurz. Eine entsprechend zielorientier-

---

[420] Motivatoren führen zur Zufriedenheit, Hygienefaktoren aber allenfalls zur Nicht-Unzufriedenheit. *Herzberg* hat Zufriedenheit auf zwei unabhängigen Dimensionen aufgetragen, um auf seine Art die empirischen Studienergebnisse zu deuten.

[421] *Achtung*: Der Begriff „Leistungsmotivation" ist im Rahmen der Theorien der Leistungsmotivation anders und enger zu verstehen, als in anderen theoretischen Zusammenhängen. Hier ist das Leistungsmotiv immer internalisiert.

te Zusammenführung der vorliegenden Erkenntnisse ist insofern sinnvoll. Der Zugang zu Motivation und zu Motiven ist prinzipiell schwierig, da sie einer Beobachtung kaum zugänglich und daher theoretische Konstrukte sind. Ein relativ umfassendes heuristisches Modell der Arbeitsmotivation, welches eine Vielzahl relevanter, das Leistungsverhalten bestimmender Faktoren einbezieht, ist das so genannte *Leistungsdeterminantenkonzept* (s. Abb. 40). Es basiert auf den Erwartungs-Valenz-Modellen und beschreibt den Prozess der Leistungsmotivation bzw. des -verhaltens. Auf die einzelnen Elemente wird nachfolgend skizzenhaft eingegangen.

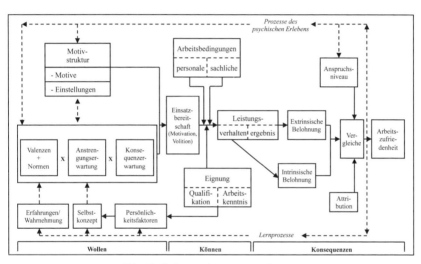

Abb. 40: Leistungsdeterminantenkonzept
Quelle: In enger Anlehnung an Berthel & Becker 2013, S. 81.

Die *Einsatzbereitschaft* von Mitarbeitern (das *Wollen*) wird vor allem von zwei Konstrukten beeinflusst:[422]

- Beim ersten Konstrukt handelt es sich um die *Motivstruktur*, die die individuellen Motive und Einstellungen zu bestimmten Zeitpunkten beinhaltet. Motive sind Verhaltensbereitschaften, unter denen zeitlich relativ überdau-

---

[422] S. Berthel & Becker 2013, S. 294, v. Rosenstiel 1975, S. 40.

ernde, psychische Dispositionen von Personen verstanden werden. Um Leistungsbereitschaft verursachen zu können, sind die individuellen Motive durch bedingte Belohnungsversprechungen zu aktivieren. Ein einzelnes Motiv ist Teil einer individuell und zeitspezifisch durchaus variablen Motivstruktur. Es gilt als aktiviert, wenn es durch Anreize angesprochen wird. Sind zudem die Erwartungen positiv ausgeprägt, entsteht *Motivation*. Bei der hier interessierenden *Arbeitsmotivation* sind drei Ebenen anzusprechen: (1) Unter *Teilnahmemotivation* werden jene Bedingungen verstanden, die eine Person zunächst veranlassen, einer Unternehmung als Arbeitnehmer „beizutreten" sowie jeweils bestimmte Arbeitsaufgaben zu übernehmen. (2) Die *Leistungsmotivation* betrifft diejenigen Bedingungen, die sich auf die Entstehung der und das Vorhandensein von Leistungsbereitschaft zur guten und aktiven Erfüllung der übernommenen Arbeitsaufgaben – jenseits eines „Dienstes nach Vorschrift" – beziehen. (3) Mit *Bleibemotivation* ist das Bestreben gemeint, beim aktuellen Arbeitgeber auch weiter beschäftigt zu sein, ihn also nicht durch Kündigung zu verlassen.

– Im Rahmen des zweiten Konstrukts sind drei *kognitive Determinanten* im Zusammenhang zu berücksichtigen: Valenzen + Normen, Anstrengungserwartung und Konsequenzerwartung. Als *Valenz* wird der von der betroffenen Person angenommene Nutzen der Zielerreichung oder des Verhaltens bezeichnet; *Normen* hingegen spiegeln die Vorstellungen des Umfeldes (privates wie unternehmerisches) wider. Beides beeinflusst einander. Die *Anstrengungserwartung* bezeichnet das Ausmaß, in dem Mitarbeiter(innen) ihre Leistung als Ergebnis ihres Einsatzes und nicht als fremdbestimmt ansehen (angenommene Wahrscheinlichkeit, gefordertes Leistungsverhalten zeigen zu können). *Konsequenzerwartungen* drücken den Grad aus, in dem geleistete Arbeit zu den angestrebten Zielen oder Konsequenzen führt (angenommene Wahrscheinlichkeit, dass gutes Leistungsverhalten auch zu den angestrebten Belohnungen führt). Erst wenn alle Determinanten positiv ausgeprägt und die Motive durch Anreize angesprochen sind, kann eine Bereitschaft zum Leistungseinsatz erwartet werden.[423]

Das *Leistungsverhalten* und das -ergebnis in Art, Intensität und Güte wird zusätzlich durch Könnens-Determinanten bestimmt: der *Eignung* der Mitarbeiter für eine bestimmte Tätigkeit, den geltenden *Arbeitsbedingungen* sowie der *Arbeitskenntnis* von bestimmten Aufgaben.[424]

Individuelles Ergebnis eines Leistungsverhaltens und eines Leistungsergebnisses *(Konsequenzen)* ist die *Belohnung* extrinsischer oder intrinsischer Art. Erstere sind dabei die materiellen (v. a. Entgelt) und immateriellen Belohnungen (bspw. Anerkennung, Karriere), die man vor allem von der Unternehmung nach Erreichen der Leistung erhält, letztere sind immaterielle Belohnungen, die der entsprechend sozialisierte Mitarbeiter beim Leistungsverhalten und beim Erreichen eines „guten" Leistungsergebnisses verspürt (bspw. durch eine tolle Leistung, einen angenehmen persönlichen Kontakt, bei der Machtausübung). Je nachdem, wie diese Belohnung im Vergleich zum eigenen *Anspruchsniveau* und zu den Belohnungen anderer Personen wahrgenommen sowie die *Attribution der Ursachen* des Leistungsverhaltens/-ergebnisses erfolgt (Begabung, Schwierigkeitsgrad, Anstrengung, Zufall),[425] entsteht danach *Arbeitszufriedenheit* in unterschiedlicher Ausprägung und Intensität (konstruktiv, resignativ, progressiv u. a.).

---

[423] *Beispiel*: Wenn jemand gut auf eine Klausur vorbereitet ist, gute Klausuren auch in der Vergangenheit zu guten Noten führten, diese Noten auch gewertschätzt wurden, dann kann dennoch eine Flucht vor der Klausur erfolgen („Krankmeldung"), wenn man selbst glaubt, nichts oder wenig zu können. Dies Einschätzung hat mit der konkreten Realität nichts zu tun, sie basiert nur auf vergangenheitsorientierten Erfahrungen und wird unzutreffender Weise auf diese Situation – in echter Überzeugung – übertragen.

[424] Die Komponenten wirken über die individuelle Wahrnehmung auf die Erwartungen ein, indem sie im Rahmen von Lernprozessen deren Ausprägung beeinflussen (z. B. erhöht eine empfundene Eignung die Anstrengungserwartung).

[425] *Beispiel*: Wenn jemand ein gutes Leistungsergebnis einem Zufall zuschreibt, dann ist der Belohnungswert niedriger, als wenn es der eigenen Anstrengung zugeordnet wird.

Vielfältige tatsächliche und/oder antizipative *Rückkopplungen* nehmen weiteren Einfluss auf Erfahrungen, Selbstkonzept sowie letztendlich auf die Leistungsbereitschaft und auf das Verhalten.[426]

3. Gruppenprozesse

Da Menschen sich in Gruppen oft anders verhalten als Einzelpersonen, bedarf es der Thematisierung verschiedener Einflussfaktoren des Gruppenverhaltens in Unternehmungen. Im Allgemeinen differenziert man im Rahmen eines Input-Prozess-Output-Modells folgende Determinanten (s. Abb. 41):[427]

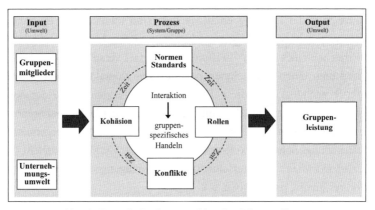

Abb. 41: Zentrale Einflussvariablen der Arbeit in Gruppen
Quelle: Berthel & Becker 2013, S. 129.

– *Inputfaktoren*: Qualifikationen wie Motivationen von Einzelpersonen, sozialer und inhaltlicher Homogenitätsgrad, Gruppenzusammenstellung, -größe

---

[426] *Beispiel*: Vielfach positive Rückmeldungen zu eigenen und/oder fremden Leistungen (z. B. Klausurarbeiten) erhöhen prinzipiell das eigene Anspruchsniveau (höhere Notenerwartung). Infolge ist eine Zufriedenheit dann nur mit höher bewerteten Leistungen erreichbar (statt mit einer ‚2', dann nur noch mit einer ‚1'). Der Prozess funktioniert auch umgekehrt.

[427] S. Berthel & Becker 2013, S. 129-161, und die dortigen Literaturverweise, auch zu Folgendem.

und anderes aus der Gruppe und der Unternehmungsumwelt. Die Inputfaktoren beeinflussen dabei als Ausgangsbedingungen bereits den möglichen Effizienzgrad der Gruppenarbeit.[428]

- *Prozessfaktoren*: Unterschiedliche Bedingungen während der Gruppenarbeit beeinflussen deren Aktivitäten: die Phase im Entwicklungsprozess der Gruppe,[429] die Gruppenkohäsion (durchschnittliches Zusammengehörigkeitsgefühl der Gruppe), Gruppennormen (Art und Stärke der Rollenerwartungen auf den Einzelnen), Interaktionsmuster (Risiko-Schub-Phänomen, Groupthink-Phänomen u. a.), Konfliktbedingungen und andere mehr.
- *Outputfunktion*: Schlussendlich wird eine unternehmerische wie – als hilfreiche Bedingung – eine soziale Effizienz (Zufriedenheit o. Ä.) erwartet.

An dieser Stelle soll durch die Benennungen und durch die Anmerkungen nur auf die möglichen Besonderheiten hingewiesen werden.[430]

4. Mitarbeiterführung

Mitarbeiterführung (synonym: Personalführung) wird verstanden als ein Versuch der Einflussnahme oder Einwirkung auf das Verhalten anderer Personen. Prinzipiell ist die zielorientierte Einflussnahme in drei Richtungen möglich:

- Im Allgemeinen wird von der *hierarchischen Personalführung* (vertikal abwärts) ausgegangen, d. h. der zielorientierten Einflussnahme eines Vorgesetzten auf eine/n hierarchisch nachgeordnete/n Mitarbeiter(-gruppe).

---

[428] *Beispiele*: (1) Fachlich heterogene Gruppen sind gut für kreative Problemlösungen. (2) Sozial heterogene Gruppen tragen mehr unkonstruktive Konflikte aus, als dass sie produktiv arbeiten. (3) Sozial homogene Gruppen tragen zu sozialen Anreizen zur Bleibemotivation bei. (4) Große Arbeitslosigkeit „reduziert" die krankheitsbedingten Fehlzeiten sowie das Kooperationsverhalten von Gruppenmitgliedern.

[429] Es macht einen Unterschied im Verhalten von Menschen aus, ob die Gruppe gerade erst neu gebildet wurde oder ob sie bereits langjährige Erfahrungen miteinander hat machen können. Jeder Einzelne verhält sich dann anders.

[430] Weiterführend Berthel & Becker 2013, S. 111-161.

Hierzu zählt die Führung durch den direkten, aber auch durch den nächst höheren Vorgesetzten.[431] Vor allem aufgrund US-amerikanischer Einflüsse ist die Führungsliteratur traditionell auf die direkte Einflussbeziehung zwischen Führern und Geführten ausgerichtet: Sie gilt als „boss-centered" und ist stark auf Personen und ihre Eigenschaften konzentriert. Als problematisch erweist sich die oft erwartete Omnipotenz der Vorgesetzten.[432]

- *Führung von unten* („Führung des Chefs"; vertikal aufwärts) ist Ausdruck für die gezielte Einflussnahme von Mitarbeitern auf das Denken und Handeln von Vorgesetzten, so dass diese – bewusst oder unbewusst – sich im Sinne der Untergebenen verhalten. Gerade Führungskräfte mit hohen Leitungsspannen wären überfordert, immer alleine die inhaltliche Richtung zu bestimmen. Sie sind auf qualifizierte Mitarbeiter speziell in der Unternehmung mit schlanken Prozessen angewiesen. Diese sind motiviert, geeignet und geradezu notwendig, um mit ihrem Know-how die Entscheidungen ihrer Vorgesetzten zu beeinflussen. Dies führt dazu, dass auch vorgesetzteninitiiert eine Führung von unten gefördert wird.[433]

- Die *laterale Führung* (horizontale Einflussnahme) ist als zielorientierte, soziale, interpersonelle Verhaltensbeeinflussung von in etwa gleichgestellten Personen zu verstehen, und zwar v. a. mit Hilfe von Kommunikationsprozessen zur Erfüllung gemeinsamer, gruppen- oder abteilungsinterner oder -übergreifender Aufgaben.

---

[431] S. Wunderer 2011, S. 253-268.

[432] Führungskräfte können nicht völlig autonom handeln, sondern sie sind Zwängen und Beeinflussungen ausgesetzt. Dies führt dazu, dass sie unabwendbar mit Widersprüchen (z. B. Mensch oder Ertrag als Mittelpunkt, Verantwortung vs. Delegation, Kontrolle vs. Vertrauen, Konkurrenz vs. Kooperation) zurechtkommen müssen, aus denen heraus es keinen eindeutigen Ausweg geben kann. So entstehen *Dilemmata* als Intra-Rollenkonflikte. S. Neuberger 2002, S. 337-354.

[433] Hierbei geht es aber nicht um eine egoistisch orientierte Förderung des mikropolitischen Verhaltens, sondern quasi um die Teilübernahme von Führungsaufgaben v. a. im Ideen- und Planungsbereich – unter der Führungsverantwortung der Vorgesetzten.

In aller Regel geht man von einer hierarchischen Führung aus, also der Einflussnahme einer Führungskraft auf nachgeordnete Mitarbeiter. In diesem Zusammenhang sind zwei weitere Begriffe zu differenzieren:[434]

- Unter *Führungsverhalten* (als der weitere Begriff) werden alle Verhaltensweisen einer Person, die auf eine zielorientierte Einflussnahme zur Erfüllung von Aufgaben in oder mit einer Aufgabensituation fokussiert sind, verstanden.

- Als *Führungsstil* dagegen wird die Art und Weise verstanden, in der Führungskräfte ihren Mitarbeitern gegenüber innerhalb von Bandbreiten relativ konsistent und wiederkehrend verhalten, das heißt ihre Führungsfunktion ausüben. Es handelt sich um ein zeitlich relativ überdauerndes und konstantes Führungsverhalten zur Aktivierung und Steuerung des Leistungsverhaltens der Mitarbeiter.[435]

Drei klassische *Führungsstiltypen* lassen sich differenzieren:[436]

- Der *eindimensionale Ansatz* knüpft an die dichotome Unterscheidung zwischen den Extremen „autoritärer und demokratischer Führungsstil" (*Iowa-Studien*) an. Hierbei wird fast nur der Grad der Entscheidungspartizipation untersucht. Folge ist eine hohe Verständlichkeit der Ansätze bei gleichzeitiger Vernachlässigung weiterer, wesentlicher Führungsparameter.

- Bei den *zweidimensionalen Ansätzen* werden – mit unterschiedlichen Bezeichnungen (*Ohio-, Michigan-Studies*) – zwei quasi alternative, aber kombinierbare Verhaltensweisen von Führungskräften unterschieden: (1) Mitarbeiterorientiertes Verhalten („*consideration*") beinhaltet allgemeine Wertschätzung, Zugänglichkeit, Bereitschaft zur zweiseitigen Kommunika-

---

[434] S. Wunderer 2011, S. 3-26, passim.

[435] Beide Begriffe beziehen sich auf die direkte Mitarbeiterführung. Die strukturelle Mitarbeiterführung vollzieht sich als a-personale Maßnahme über die Gestaltung des Managementsystems. Darauf wurde bereits bei den einführenden Erläuterungen zum Personalmanagement und bei der Gestaltung des immateriellen Anreizsystems verwiesen. Weiter unten bezieht sich auch die Theorie der Führungssubstitute hierauf.

[436] S. Berthel & Becker 2013, S. 171-184, und die dortigen Literaturverweise.

tion sowie Einsatz für den Einzelnen. (2) Aufgabenorientiertes Verhalten (*„initiating structure"*) betont Strukturierung, Definition und Klärung des Ziels und der Wege zum Ziel, Aktivierung der Leistungsmotivation sowie Kontrolle. Die Differenzierung und ihre Kombination in einen personen- und/oder situationsspezifischen Führungsstil hat große Überzeugungskraft, wie ihre literarische Berücksichtigung zeigt, wenngleich die Führungssituation nur teilweise durch sie erfasst werden kann.[437]

– Die Vertreter *vieldimensionaler Führungsstilansätze* führen ein System abgestufter organisatorischer Führungselemente (v. a. Organisationsstruktur, Willensbildung, -durchsetzung und -sicherung. Dies sind die Merkmale, mit denen die Führungssituation diagnostiziert und gestaltet werden kann. Sie kennzeichnen je nach Ausprägung einen mehr partizipativen oder autoritären Führungsstil. Interessant ist der Ansatz, weil er die gesamte Führungssituation und deren verhaltensbeeinflussende Stellschrauben zu erfassen sucht. Allerdings beruhen die einzelnen Elemente nur auf Plausibilität sowie Intuition der Verfasser und nicht auf empirischen Ergebnissen.

Eine andersartige Differenzierung ist heute recht aktuell:[438] (1) Im Rahmen der rational orientierten *transaktionalen Führung* haben die Führungskräfte ziel- und ergebnisorientierte Aufgaben ihren Mitarbeitern gegenüber zu erfüllen. Dabei finden rationale Tauschgeschäfte statt: Die Mitarbeiter sind bereit, ihre Leistung zu erbringen, wenn die Vorgesetzten ihre Wünsche (bspw. Handlungsspielraum, Karriere) erfüllen wollen. Hier ist ein eher technokratisches Verständnis der Führung implizit. (2) Bei der sinngebenden *transformationalen Führung* haben Führungskräfte dagegen eine schwierigere Motivationsrolle zu erfüllen: Nicht rationale Überlegungen sollen zur Motivation führen, sondern das geschickte, auch hintergründige Appellieren an Altruismus, die Nutzung von Gefühlen, die Schaffung einer angenommenen Vision und/oder

---

[437] Führungskräfte können demnach prinzipiell in einem gewissen Ausmaß sowohl aufgaben- als auch mitarbeiterorientiert ihr Führungsverhalten ausüben. Dies schließt also bei einer zielorientierten Führungskraft keineswegs aus, gleichzeitig auch Mitarbeitermotive und -interessen anzusprechen. Allerdings: Gewährleistet ist dies nicht!

[438] S. Burns 1978, Avolio & Bass 1988, Bass & Steyrer 1995.

die Vermittlung von Begeisterung stehen im Mittelpunkt. Es geht um die Gewinnung eines emotional begründeten Commitments.[439] Die transaktionale Führung gilt dabei als Voraussetzung für die transformationale; erst ihre Kombination verspricht Führungseffizienz.[440]

Als Ansatzpunkte für eine Personalführung sind – entsprechend der Tradition des *Organizational Behavior* – drei aufeinander abzustimmende Perspektiven bei der Personalführung zu beachten:[441]

- Im Rahmen einer *individuellen Perspektive* (Fokus „Individuum") werden einzelne Mitarbeiter gezielt geführt, indem auf ihre Besonderheiten beispielsweise in einem Mitarbeitergespräch oder bei der spezifischen Aufgabendefinition individuell eingegangen wird. In der Verantwortung stehen bei der Führung insbesondere die direkten, aber auch teilweise die nächst höheren Vorgesetzten.

- Bei der *interpersonellen Perspektive* (Fokus „Mitarbeitergruppe") steht die Führung von permanenten wie temporären Arbeitsgruppen im Vordergrund. Die soziale wie fachliche Zusammensetzung, die Größe, die Aufgabendefinition, der Umgang der Führungskraft mit der Gruppe als Ganzem, die Fairness des Führungsverhaltens u. a. sind Bereiche der Personalführung. Die Besonderheiten von Gruppenprozessen (z. B. Gruppenkohäsion, Gruppendruck, Gruppendenken) machen dies notwendig.

- Mit der *a-personellen Perspektive* (Fokus „organisatorische Bedingungen") werden alle Verhaltensstimuli erfasst, die durch die Gestaltung der Unternehmenskonzeption und der Umsetzung von Strategien unbedingt vorhanden sind. Die geltenden Anreizsysteme, die autoritären oder partizipativen

---

[439] *Antoine de Saint-Exupéry* wird gerne zur Verdeutlichung zitiert: „Wenn Du ein Schiff bauen willst, so trommle nicht Männer zusammen, um Holz zu beschaffen, Aufgaben zu verteilen, sondern lehre die Männer die Sehnsucht nach dem endlosen weiten Meer."

[440] In diesen Zusammenhängen werden auch charismatische, visionäre und symbolische Führungsstile diskutiert (s. Yukl 2002, S. 240-267, Neuberger 2002, S. 142-221).

[441] Darauf wurde bereits bei den einführenden Erläuterungen zum Personalmanagement und bei der Gestaltung des immaterielle Anreizsystems verwiesen. Weiter unten bezieht sich auch die Theorie der Führungssubstitute hierauf.

Entscheidungsprozesse u. a. üben Einfluss auf das Mitarbeiterverhalten aus. Dabei können sie unterstützend, neutral, auch verhindernd und konterkarierend wirken. Vor allem höhere Vorgesetzte und Unternehmer sollten vorsichtig sein, ihre Nachgeordneten generell für Führungsprobleme verantwortlich zu machen: Oft sind die indirekt wirkenden Rahmenbedingungen Ursachen für Probleme (aber auch gegebenenfalls für Erfolge).[442]

Die *Führungstheorien* (als Theorien zur Mitarbeiterführung) haben die Beschreibung, Erklärung und Prognose von Bedingungen, Strukturen, Prozessen und Konsequenzen der Mitarbeiterführung zum Inhalt. Ziel kann es letztlich auch sein, Gestaltungsempfehlungen für unternehmerische Führungsprozesse zu geben. Es liegt eine *Vielzahl* an verschiedenen, teilweise sich ausschließenden und/ oder in ihren Kernaussagen veralteten, teilweise aufeinander aufbauenden oder weiterentwickelten theoretischen Ansätzen vor.[443] Mitarbeiterführung ist ein multifaktorielles Geschehen, bei dessen Erforschung man bei jedem der relevanten Faktoren (Führer, Geführte, betriebliche Strukturen und Prozesse, Aufgaben, externes Umfeld etc.) ansetzen kann. Insofern ist die Berücksichtigung einer Vielzahl von Variablen und deren Interaktionen eine conditio sine qua non im Rahmen der Führungsforschung, selbst wenn dies mit zur Verhinderung einer einheitlichen Führungstheorie beiträgt. Letztlich muss man sich mit verschiedenen, nicht unbedingt kompatiblen Ideen auseinandersetzen. Wesentliche theoretische Ansätze sind:

- *Eigenschaftstheorie*. Führereigenschaften werden als wichtigste Determinanten für Führungseffizienz angesehen. Diese Ansicht gilt heutzutage in

---

[442] *Beispiele*: (1) Parkt die Geschäftsleitung nicht unmittelbar am Eingang, sondern erst hinter den Kundenparkplätzen, so wird indirekt symbolisiert, wer wirklich „zählt". (2) Sind die Chef-Büros riesig, immer wieder modern ausgestattet und bei Personalwechsel frisch erneuert, so wirkt dies auf nachfolgende Hierarchieebenen als „gutes" Beispiel. (3) Ein stark variables Entgeltsystem mit der Betonung auf Umsätzen, Operationsanzahl, eigene Finanzprodukte o. a. beeinflusst selbst verständlich das Verhalten der Anreizempfänger. Nicht sie sind für Fehlverhalten „schuldig", sondern die Anreizsystemgestalter (s. hierzu auch die Strukturationstheorie, B.II.12).

[443] S. Berthel & Becker 2013, S. 184-203.

der Forschung als überholt, wenngleich ein Einfluss solcher Eigenschaften durchaus gesehen wird.

– *Verhaltenstheorie.* Es wird eine erfolgskritische Kombination zweier Verhaltensweisen thematisiert: Mitarbeiter- und Aufgabenorientierung (s. zweidimensionaler Führungsstil). Es handelt sich um eine in Wissenschaft und Praxis sehr populäre Ansicht, die insbesondere in der Weiterbildung auf fruchtbaren Boden gestoßen ist.

– *Situationstheorie.* Die situationsspezifische Wahl des Führungsverhaltens wird hervorgehoben. Die Kernbotschaft lautet: „Es gibt keine generell besten Führungsstil!" Je nach Führungsbedingungen (Personen, Aufgaben, Umwelt) sind andere Verhaltensweisen effizient. Wenngleich situationstheoretischen Ansätze oft zu kurz greifen, ist die Kernbotschaft treffend.

– *Attributionstheorie.* Individuell erwartete Zurechnungen von Einflussfaktoren auf den Führungserfolg beeinflussen antizipativ das individuelle Verhalten von Mitarbeitern wie Führungskräfte.[444] Insofern sind diese Attributionen, sei es bei Mitarbeitern oder Führungskräften, bei der Auswahl des Führungsverhaltens zu berücksichtigen. Im Rahmen einer kognitiven Wende von Motivations- wie Führungstheorien haben auch attributionstheoretischen Ansätze zum Verständnis von Führungssituationen beigetragen.

– *Theorie der Führungssubstitute.* Quasi alternativ, unterstützend und/oder konkurrierend zur direkten Führung wirken Strukturelemente des Managementsystems und interne Ressourcen auf den Erfolg der Mitarbeiterführung. Auf sie kann im Rahmen der strukturellen Mitarbeiterführung erfolgreich Bezug genommen werden (s. auch a-personelle Determinanten).

– *Weg-Ziel-Theorie.* Führungserfolg ist abhängig von den Erwartungen der Geführten hinsichtlich der Unterstützung durch den Vorgesetzten bei der

---

[444] *Beispiele*: (1) Rechne ich meiner eigenen Anstrengung die Ursache für einen Erfolg zu, dann beeinflusst dies mein zukünftiges Verhalten anders, als wenn ich Zufall für den zentralen Einflussfaktor halte. (2) Erwarte ich, dass mein Vorgesetzter (oder mein Prüfer) mir keine Chance geben wird, dann werde ich mich nicht so aktiv vorbereiten.

Erreichung hoher Ziele. Basis ist die Annahme, dass Ziele prinzipiell motivierend und verhaltenssteuernd sind.[445]

Letztlich ist ungeklärt, wer oder was den Führungserfolg ausmacht. Eine empirisch basierte Erfolgszurechnung ist schwierig. Einerseits sind die Verzögerungseffekte („time lags") zu groß: (1) Bis „gute" Personalführung eine Wirkung auf der Personalebene zeigt, vergehen vielfach mehrere Jahre, ebenso (2) bis „gut" geführte Führungskräfte und Mitarbeiter Erfolg am Arbeitsplatz zeigen. Ob (3) zum Erfolgszeitpunkt zudem noch eine „gute" Personalführung vorliegt, ist ebenfalls damit nicht beweisbar. Andererseits wirken noch andere Determinanten (Märkte, Konkurrenten, Konjunkturen etc.) auf die Erfolge ein, und es wird vielerorts sowie zunehmend eine *differenzielle Personalführung* (Individualisierung, Diversity Management) im Hinblick auf die Erwartungen und Unterschiedlichkeiten der Mitarbeiter (-gruppen) für sinnvoll gehalten.

IV. Systemhandhabung

Vorgesetzte sind in vielfältige personalbezogene Prozesse zur Handhabung der Personalsysteme eingebunden:

- Sie definieren ihren quantitativen, qualitativen und zeitlichen Personalbedarf, sie sind Entscheidungsträger der Personalauswahl und verantwortlich für die Personaleinführung.
- Sie wählen die von einer Freisetzung betroffenen Mitarbeiter mit aus.
- Sie führen Beurteilungs- und Entgeltgespräche.
- Sie sind verantwortlich für viele immaterielle Belohnungen und auch für die Personalentwicklung ihrer unmittelbaren Untergebenen u. a. m.

Die diesbezüglichen Verhaltensweisen steuern – ob gewollt oder nicht – das Mitarbeiterverhalten.

---

[445] Ähnlich begründet wird das Führungsinstrument „Management-by-Objectives" (E.6).

H. Geplanter Wandel

I. Einstieg

Veränderungen gehören in Unternehmungen prinzipiell zum Alltag. Von daher dürfte eigentlich die Unternehmungsentwicklung kein Objekt eines gesonderten Kapitels zur Unternehmungsführung sein. Diese Aussage liegt zunächst darin begründet, dass im Grunde genommen fast alle Managemententscheidungen regelmäßig Veränderungen in Unternehmungen induzieren, seien es Umstrukturierungen einzelner Abteilungen, Arbeitszeitänderungen im Vertrieb, neue, internationale Kunden usw. Das liegt des Weiteren daran, dass die externen Umweltbedingungen, innerhalb derer Unternehmungen agieren, sich fast andauernd (mal mehr, mal weniger) verändern sowie hiervon aus auch Veränderungsimpulse auf unternehmungsinterne Ziele und Bedingungen ausgehen, so dass Veränderungen induziert werden.[446] So ändern sich intern wie extern Umweltbedingungen und Verhaltensbeziehungen sowie letztlich auch Unternehmungen. Sie entwickeln sich in diesem Sinne gewissermaßen weiter – in welche Richtung auch immer. Solche laufenden, manchmal zufälligen Wandlungsprozesse werden als ungeplanter Wandel oder „natürliche" *Evolution* der Unternehmung bezeichnet.

Daneben existiert der so genannte *geplante Wandel* (synonym: geplante Unternehmungsentwicklung), d. h. die bewusste Entscheidung, einen bestimmten

---

[446] *Beispiele*: Produktinnovationen sprechen andere Kunden (mit anderen Wünschen, Bedürfnissen) an, neuartige Kommunikationstechniken (bspw. Videokonferenzen) stehen zur Verfügung und werden verwendet, Mitarbeiter werden älter (und erfahrener, mit weniger Führungsnotwendigkeit), neue Mitarbeiter werden eingestellt und dadurch auch Gruppen verändert, die Wehrpflicht wird abgeschafft (mit weniger temporärem Personalausfall), Wirtschaftskrisen entstehen u. a. m.

Veränderungsprozess mit bestimmten Zielen einzuleiten, diesen tatsächlich umzusetzen und damit die Arbeits- oder Funktionsweise innerhalb eines Unternehmungsbereiches oder gar der gesamten Unternehmung zu ändern.[447]

Bestimmte *Entwicklungsziele* und ein überlegter Änderungsprozess liegen diesem geplanten Wandel – im besten Fall – zugrunde. Die Aufgabe des Managements besteht darin, auf (mögliche) relevante Veränderungen[448] externer wie interner Situationsbedingungen zu reagieren (*reaktiv*) oder – besser noch – die Unternehmung hierauf vorzubereiten (*antizipativ*). Die systematische Vorbereitung vollzieht sich durch eine regelmäßige Analyse und Prognose externer wie interner Umweltsituationen im Rahmen des (strategischen) Managementprozesses, der Definition darauf aufbauender Problemeinschätzungen und der Festlegung konkreter Ziele sowie der Erarbeitung passender Wandelstrategien und deren Implementierung.[449]

Weil geplanter Wandel vielfach auf *Widerstände* bei MitarbeiterInnen und/ oder auf Systemwiderstände innerhalb des Managementsystems stößt – und zwar mit Auswirkungen auf betriebswirtschaftliche Erfolgsgrößen wie Ar-

---

[447] *Beispiele* sind: der Übergang von einer funktionalen zu einer divisionalen Organisationsstruktur (z. B. aufgrund eines größeren Unternehmungswachstums, verbunden mit einer Ausweitung des Sortiments), der gezielte Aufbau einer neuartigen Produkt-/ Markt-Kombination (z. B. neben Fenstern auch Solaranlagen), die Verschlankung eines bestimmten Wertschöpfungsprozesses (z. B. Einsatz von Fertigungsrobotern, die Umorganisation des Fertigungsprozesses), die Konversion eines staatlichen Betriebes in eine erwerbswirtschaftliche Unternehmung (z. B. die Deutsche Bundesbahn in die Deutsche Bahn) u. a. m.

[448] „Relevant" ist nicht eindeutig zu definieren. Hat bspw. die Einführung von G8 (Verkürzung der Schulzeit an den Gymnasien) relevanten Einfluss auf eine Industrieunternehmung mit Standort in Deutschland? Ist es für eine Bäckereikette relevant, wenn der Euro-Kurs schwankt oder die japanische Wirtschaftsentwicklung weiter unsicher ist? Abstrakt formuliert, muss jede Unternehmung sich selbst fragen, ob hinsichtlich der eigenen strategischen Ziele bestimmte Umweltveränderungen direkt oder indirekt, akut oder latent, sofort oder später wesentlich fördernd oder hinderlich für sie sind. Zudem gilt es dann zu klären, ob gegebenenfalls (bestimmte) Veränderungen deshalb vorgenommen werden sollen.

[449] S. Becker 2011, S. 112.

beitszufriedenheiten – macht es Sinn, diese „Normalität" in einem gesonderten Kapitel zu thematisieren.

II. Geplanter Wandel und Unternehmungskrise

Ein geplanter Wandel wird in der Regel mit einer Unternehmungskrise in Verbindung gebracht. Eine solche kann sehr unterschiedlich verstanden werden. Von daher ist es sinnvoll, sich mit diesem Begriff auseinanderzusetzen. Was als eine *Unternehmungskrise* gelten kann, lässt sich anhand der folgenden Ausführungen entnehmen.

Inhaltlich werden vier *Krisenarten* differenziert:[450]

- Bei *strategischen Krisen* ist der Erhalt und/oder der Aufbau von Erfolgspotenzialen substanziell gefährdet – zumindest ohne ausreichende gegensteuernde Maßnahmen der Unternehmung.
- Eine *Erfolgskrise* liegt dagegen vor, wenn die Erreichung spezifischer, operativer Erfolgsziele (bspw. Gewinn-, Rentabilitäts-, Umsatzziele) der Unternehmung (oder eines spezifischen Bereichs) gefährdet ist.
- Bei einer *Liquiditätskrise* besteht akut die Gefahr, dass Illiquidität oder eine Überschuldung der Unternehmung eintritt. Dies kann, muss aber nicht alleine ein Problem der Zahlungsströme sein.
- *Insolvenz* (ggf. auch Vergleich) stellt dann – mit der Zahlungsunfähigkeit der Unternehmung – die letzte Phase einer nicht erfolgreich verlaufenden Unternehmungskrise dar.

Diese vier Krisenarten lassen sich in ein zeitliches *Modell des Krisenverlaufs* einbinden.[451]

---

[450] S. Müller 1986, S. 53-56.

[451] S. Krystek 1987, S. 29-32.

- Bei einer *potenziellen Unternehmungskrise* (1. Phase) handelt es sich um die Antizipation möglicher späterer, aber real (noch) nicht wahrnehmbarer Krisen. Entsprechend sollten „Vorsorgemaßnahmen" getroffen werden, um den Eintritt einer tatsächlichen (i. d. R. zunächst) strategischen Krise zu vermeiden.[452]

- Bei einer *latenten Unternehmungskrise* (2. Phase) liegt eine mit hoher Wahrscheinlichkeit bald eintretende manifeste Krise (strategische Krise und/oder Erfolgskrise) vor, die – nicht unbedingt – von Unternehmungsmitgliedern wahrgenommen wird und oft auch die Erfolgsziele aktuell noch nicht gefährdet. Maßnahmen zur Abwehr einer solchen Krise mit sich ungünstig verändernden Umweltbedingungen sind noch relativ einfach möglich, wenngleich schon unter Zeitdruck zu treffen.[453]

- Bei einer manifesten, *akut beherrschbaren Unternehmungskrise* (3. Phase) sind Erfolgsziele schon deutlich und/oder mehrfach verfehlt worden. Die

---

[452] *Beispiel*: Der Start der A-Klasse im Jahr 1997 von Daimler-Benz in (oder an) der so genannten „Golf-Klasse", stellte in den 1990er Jahren für VW und BMW eine potenzielle Krise dar. Für VW bestand die Gefahr, dass die großen Marktanteile diesem Segment (gerade bei den besonders lukrativen gut ausgestatteten Modellen) sich reduzieren würden. Dadurch war auch die strategische Positionierung des Golfs gefährdet. Für BMW, die ebenfalls als Premiumhersteller gelten, bestand die Gefahr, dass sie den Eintritt in das stark wachsende Marktsegment der „Golf-Klasse" verpassen. Dies hat dann auch zur Entwicklung des BMW 1er geführt.

[453] Diese Krise ist nicht zu unterschätzen: Obwohl die Unternehmung aktuell ein gutes Ergebnis oder einen guten Cash-flow erwirtschaftet, ergibt sich eine Gefährdung durch eine ungünstige strategische Positionierung und/oder ungünstige Umweltveränderungen. Das klassische *Beispiel* in diesem Zusammenhang bezieht sich auf die deutsche und Schweizer Uhrenindustrie 1960/1970. Sie hatte die elektronische Entwicklung hin zur Digitaluhr übersehen oder falsch eingeschätzt, obwohl genau diese Entwicklungen die strategische Krise verursachten. Nur in dieser Zeit wäre es noch möglich gewesen, eine Ergebnis- und/oder Liquiditätskrise zu verhindern. Darüber hinaus sahen die Hersteller auch nach den ersten marktfähigen Digitaluhren und deren Erfolgen keinen Anlass, sich anders zu positionieren. Die hohen Gewinne zu dieser Zeit mögen die Einsichtsfähigkeit des verantwortlichen Managements reduziert haben. Die in dieser Phase vorherrschende Bedrohung des Erfolgspotenzials wurde nicht richtig gedeutet und unterschätzt. Dieses Beispiel zeigt exemplarisch die Notwendigkeit eines strategischen Krisenmanagements. Dieses dient der Sicherung bestehender und Erschließung neuer Erfolgspotenziale, um die Wettbewerbsfähigkeit der Unternehmung zu erhalten. Eine Neupositionierung wird erforderlich, die Unternehmung wird geplant gewandelt.

Unternehmungskrise ist eigentlich für jedermann offensichtlich. Die destruktiven Wirkungen auf die Unternehmung und deren Intensität führen zur Notwendigkeit einer raschen Krisenbewältigung. In dieser Phase bieten sich noch (vielfältige) Möglichkeiten an, wenngleich dabei im Allgemeinen auch Substanz „verloren" geht: Auflösung stiller Reserven zum Verlustausgleich, Verkauf von Unternehmungsteilen u. Ä.

– Bei einer manifesten, *akut nicht beherrschbaren Unternehmungskrise* (4. Phase) muss schließlich Insolvenz angemeldet und/oder ein Vergleich gesucht werden. Das Management hat weder rechtlich noch substanziell andere Handlungsmöglichkeiten.[454]

III. Termini und Begriffe

Die geplante Unternehmungsentwicklung wird in der Literatur unter Rückgriff auf verschiedene Termini und Begriffe behandelt. So wird u. a. von Organisationsentwicklung,[455] geplantem Wandel, Turnaround-Management,[456] Konver-

---

[454] Selbst wenn danach eine Entschuldung möglich ist und die Unternehmung weitergeführt werden kann, so geschieht dies doch im Allgemeinen unter völlig anderen Vorzeichen als vorher. Allerdings gibt es auch gewisse Ausnahmefälle, wenn man an die Entwicklung von General Motors in den Jahren 2008 bis 2010 denkt.

[455] *Organisationsentwicklung* (OE) steht als Sammelbegriff für eine geplante, systematische, zielorientierte Veränderung der organisatorischen Strukturen und Prozesse sowie des Verhaltens der Mitarbeiter einer Unternehmung mit Hilfe des koordinierten Einsatzes sozialwissenschaftlicher Methoden auf Basis eines gemeinsamen Lernprozesses aller Beteiligten. Insofern ist OE als langfristiger Lern- und Entwicklungsprozess zu verstehen, der eine mehr evolutionäre Veränderung von betrieblichen Ziel-, Entscheidungs- und Machtstrukturen nach sich zieht. Ausgangspunkt ist keine unmittelbar bedrohliche Situation, sondern ein in bestimmten Unternehmungsteilen wahrgenommener Veränderungsbedarf, um den Anforderungen der Gegenwart wie der Zukunft besser gewappnet zu sein (potenzielle oder latente Krise). Ziel ist die Steigerung der Leistungsfähigkeit der Unternehmung sowie eine Humanisierung der Arbeit bei einer sich wandelnden Umwelt. S. bspw. Trebesch 2004.

[456] *Turnaround* (-Management) steht für einen Prozess, mit dem Unternehmungen hauptsächlich die aktuellen Geschäftsprozesse und betrieblichen Strukturen völlig neu gestalten, meistens mit dem Ziel, das aktuell sehr unbefriedigende Kosten-Nutzen-Verhältnis der Unternehmung deutlich zu verbessern („umzudrehen"). Die aktuelle Erfolgskrise

sion,[457] Reorganisation, Change-Management und Sanierung[458] u. a. gesprochen. Teilweise ist mit ihnen jeweils etwas Spezifisches umschrieben, teilweise werden sie synonym verwendet. In diesem einführenden Lehrbuch soll diesbezüglich keine Begriffsdiskussion und -spezifizierung stattfinden. Wir sprechen von einer *geplanten Unternehmungsentwicklung* (synonym *„geplanter Wandel")* und meinen die zielorientierte reaktive wie passive Anpassung und/oder Weiterentwicklung von Unternehmungen oder Teilen hiervon.

Ein solcher geplanter Wandel kann vom Umfang her unterschiedlich sein, wie folgende *Differenzierung* zeigt:[459]

– Der *Wandel erster Ordnung* ist vor allem durch inkrementelle, also eher marginale, oft schrittweise aufeinander aufbauende Modifikationen von Unternehmungsmerkmalen, ohne eine Veränderung von grundlegenden Systemelementen gekennzeichnet.

– Beim *Wandel zweiter Ordnung* steht dagegen eine einschneidende Änderung der gesamten Unternehmung an. Im Allgemeinen besteht ein „Bruch" zur Vergangenheit, indem der Unternehmung (oder einem Teilbereich) eine neue Richtung gegeben wird.[460]

---

soll beendet sowie die für die Zukunft angenommene unbefriedigende Ertragssituation deutlich verbessert werden. S. bspw. Coenenberg & Fischer 1993.

[457] *Konversion* beschreibt einen Spezialfall des geplanten Wandels. Hier geht es speziell um die Umstellung (von Unternehmungen oder Unternehmungsbereichen) von militärischer auf zivile Produktion (also Rüstungskonversion). S. Wallmann 1993, S. 16-19.

[458] *Sanierung* (s-Management) setzt ein, wenn die aktuelle wirtschaftliche Situation der Unternehmung ohne wesentliche Korrekturmaßnahme eine Insolvenz erwarten lässt und begründete Aussicht auf Erfolg (Vermeidung der Insolvenz und ausreichende Basis für eine nachhaltige Unternehmungsexistenz) besteht. S. bspw. Schaaf 1993.

[459] Selbstverständlich handelt es sich bei dieser Differenzierung um eine einfache Unterscheidung. In aller Regel bewegen sich die realen Veränderungsprozesse im Graubereich zwischen diesen beiden Extremen.

[460] S. bspw. Scherm & Pietsch 2007, S. 259. *Business Process Reengeneering* ist ein Modebegriff der 1990er Jahre als revolutionäre Veränderungen gerade auf prozessualer Ebene in Unternehmungen „en Vogue" waren. Man versprach sich durch eine rigorose Analyse sowie eine rücksichtslose Umsetzung von prozessbeschleunigenden und -flexibleren Schritten „Quantensprünge" bei den Ergebnissen. Dies mag dort möglich gewe-

Das *Spektrum der Veränderungen* in Unternehmungen kann hinsichtlich der Sichtbarkeit ebenfalls sehr vielfältig sein:

- Im Rahmen der *Oberflächenstruktur* spricht man Merkmale an, die auch von Außenstehenden beobachtet werden können. Dazu gehören solche Objekte wie die Struktur einer Wertekette, die sichtbaren Ressourcen und Technologien, die formalisierten organisatorischen Regeln, Managementsysteme und anderes mehr.
- Die *Tiefenstruktur* kann dem gegenüber nicht von außen beobachtet werden. Sie liegt in tieferen Schichten der Unternehmungskultur verborgen. Informelle Regeln, das Kontrollsystem, die Fähigkeiten von MitarbeiterInnen und Ähnliches mehr sind hier angesprochen.[461]

IV. Auslöser des geplanten Wandels

1. Externe Auslöser

Externe Ursachen für den geplanten Wandel sind in der Unternehmungsumwelt begründet. Die Umwelt setzt Rahmenbedingungen für strategische Entscheidungen in Unternehmungen. Ändern sich diese, so muss die strategische Ausrichtung zumindest überdacht und gegebenenfalls verändert werden.

Auslöser können beispielhaft folgende *Faktoren* sein:[462]

- *Rechtliche Umwelt:* Die rechtliche Ausgangssituation in unternehmungsrelevanten Staaten bilden eine Basis für die Geschäftstätigkeit von Unternehmungen. Ändern sich die Rahmenbedingungen in einem der Staaten, in denen man unternehmerisch tätig ist oder sein könnte (gleich ob Beschaffung, Produktion, Vertrieb o. a.), so muss sich die Unternehmung gezielt (sofort und/oder planerisch) anpassen. Solche Veränderungen können in

---

sen sein, wo vorab organisatorisches Erfolgspotenzial vollkommen brachgelegen haben mag. Mittlerweile ist die Modewelle weitergezogen. S. Kieser 1996, 1996a.

[461] S. Scherm & Pietsch 2007, S. 258.

[462] S. Becker 2011, S. 61-67, Macharzina & Wolf 2012, S. 18-32.

der Rechtsgrundlage (bspw. im Steuerrecht, im Umwelt- oder Verbraucherrecht) auftreten.[463]

- *Politische Umwelt:* Unternehmungen sind darüber hinaus auch von politischen Konstellationen und Entscheidungen (bspw. der Zahlung von Subventionen, strategische Entscheidungen zum Emissionsrechtehandel oder zur Nutzung von Kernkraft) betroffen.

- *Sozio-ökonomische Umwelt:* Unternehmungen sind von der gesellschaftlichen Entwicklung (Bevölkerungswachstum, demografische Struktur, gesellschaftliche Werte und Normen) indirekt abhängig. Veränderungen, z. B. durch die vermehrte Nachfrage nach Bio-Produkten, dem verstärkten Wunsch nach Vereinbarkeit von Familie und Beruf, die „Entjüngung" der Gesellschaft mit geringerer Anzahl an „nachwachsenden" Arbeitnehmern, können einen entscheidenden Einfluss auf Unternehmungen haben.[464]

- *Technologische Umwelt:* Unternehmungen müssen in vielen Bereichen, wenn sie wettbewerbsfähig bleiben wollen, dem technologischen Fortschritt standhalten oder ihn – gerade als Industrieunternehmung – selbst mitgestalten. Durch die Entstehung neuer Technologien oder Werkstoffe kommt es auf den Märkten zu Veränderungen bei Produkten und Produktionsverfahren oder -abläufen, auch zu veränderten Qualifikationsanforderungen. Sofern es sich um vom Markt positiv aufgenommene Veränderungen handelt, bedarf es auch eines Wandels der Unternehmung, sei es hinsichtlich der Unternehmungsgröße, der Verlagerung von Ressourcen o. a.

- *Ökonomische Umwelt:* Veränderungen der erwarteten Marktsituation zwingen Unternehmungen, sich neu zu positionieren. Auslöser können Globalisierungstendenzen, aber auch die Veränderungen der Beziehungen zu Kunden oder Konkurrenten sein. Unternehmungen sind zudem von der

---

[463] Ein aktuelles *Beispiel* sind Bestrebungen zur Erhöhung des Frauenanteils in der Unternehmungsführung und -kontrolle (resp. Vorstand und Aufsichtsrat). Sollten hier jeweils Quotenregelungen rechtlich verbindlich eingeführt werden, dann sind die entsprechenden Besetzungsentscheidungen einem Wandel unterworfen.

[464] Geplanter Wandel könnte in den genannten Zusammenhängen bedeuten: Einführung flexibler Arbeitszeitsysteme, Nutzung von Home-Offices, Verlagerung von Arbeitsplätzen zu bevölkerungsreichen Regionen, Substitution von Arbeit u. a. m.

allgemeinen konjunkturellen Lage eines Landes, einer Region, der Weltwirtschaft und der Branchen abhängig.[465]

- *Ökologische Umwelt:* Der Klimawandel sowie knappe Ressourcen (und damit einhergehende relativ hohe Preise) zwingen Unternehmungen zunächst zum effizienten Umgang mit einer natürlichen Knappheit. Sie sind gefordert, nach kostengünstigen Alternativen zu suchen und/oder gewissermaßen laufend Rationalisierungen zu prüfen und umzusetzen. Gleichzeitig fordern Umweltschutzauflagen und Kundenwünsche ökologisch akzeptable Produkte, verbesserte Produktionsanlagen und/oder die Verwendung umweltfreundlicher Werkstoffe. All dies inspiriert viele Unternehmungen dazu, einen Wandel in Gang zu setzen.[466]

2. Interne Auslöser

Der Anstoß zu geplanten Veränderungen kann auch aus der Unternehmung selbst kommen, und zwar aus verschiedenen Gründen, die mit dem Alter bzw. dem Wachstum einer Unternehmung, mit Managementfehlern und/oder Managementwechseln zusammenhängen.

Zunächst ist darauf hinzuweisen, dass es im Rahmen der „natürlichen" Entwicklung einer Unternehmung immer wieder zu Krisen kommt, die v. a. durch veränderte interne Bedingungen verursacht werden. Abbildung 42 veranschaulicht ein *Phasenmodell* einer solchen Unternehmungsentwicklung.

---

[465] Die Finanz- und Wirtschaftskrise 2008-2010 zählt zu solchen Krisen, die gravierende Anpassungen erforderten, ohne dass viele Möglichkeiten zur Vorbereitung gesehen wurden. Operativ ließen sich die negativen Auswirkungen durch den Ausbau der Kurzarbeit bewältigen, strategisch durch einen hohen Anteil von Randbelegschaften sowie eine geringere unternehmungsbezogene Wertschöpfungstiefe.

[466] *Beispiele:* Unternehmungsstrategische Entwicklung von Hybridmotoren, Brennstoffzellen, Neubau/Grundsanierung eines Bürogebäudes mit niedrigen Betriebskosten, Umstieg auf Bio-Produkt).

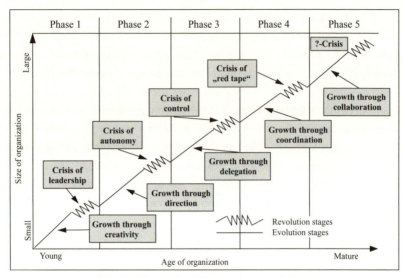

Abb. 42: Phasen der Unternehmungsentwicklung
Quelle: In enger Anlehnung an Greiner 1972, S. 41.

Implizierte *Annahme des Modells* ist das stete Wachstum einer Unternehmung durch einen erfolgreichen Marktauftritt. Dieses wird durch fünf Phasen der damit verbundenen Unternehmungsentwicklung gekennzeichnet. Jede Entwicklungsphase birgt dabei am jeweiligen Ende eigene Probleme (hier „Krisen" genannt). Den „normalen" evolutionären Phasen schließen sich immer wieder revolutionäre Phasen zur Krisenbewältigung an, die einerseits auf einem Umbruch basieren und andererseits diesen auch zementieren. Dies wird im Folgenden *phasenspezifisch* erläutert:[467]

- Zu Beginn des Bestehens einer Unternehmung geht es um die Entwicklung eines Produktes und/oder eines Marktes. Die Unternehmung wächst aufgrund ihrer am Markt positiv aufgenommenen Ideen („creativity"). Vielfach finden sich in diesem Stadium keine formalen innerbetrieblichen Strukturen. Mit zunehmender Größe treten dann Effizienz- und Koordinationsprobleme auf, die eine *Führungsstilkrise* („crisis of leadership") her-

---

[467] S. Greiner 1972, S. 37-44.

vorrufen: Das Wachstum führt aufgrund des erhöhten Arbeitsanfalls und dessen Bewältigung zu veränderten Arbeitsbelastungen und Interaktionsbeziehungen, Letzteres allein schon durch die Schaffung hierarchischer Beziehungen.[468]

- Die als Antwort auf die Führungsstilkrise implementierte straffere Mitarbeiterführung und die neu geschaffenen Strukturen wie Prozesse („direction") setzen der weiter wachsenden Unternehmung Grenzen, deren Erreichen schließlich zu einer *Autonomiekrise* („crisis of autonomy") führen: Niedrigere Hierarchieebenen fordern in dieser Phase mehr Entscheidungs- und Handlungsspielraum, um den Marktanforderungen schnell und flexibel sowie den Anforderungen der Mitarbeiter gerecht zu werden. Dies alles ist aber (noch) nicht gegeben. Die Unzufriedenheit der Belegschaft führt zu ökonomisch relevanten Problemen, denen durch geplanten Wandel begegnet werden muss.[469]

- Die zunehmende Dezentralisierung, verbunden mit der Delegation von Aufgaben, Kompetenzen und Verantwortungen („delegation"), vermindert in der folgenden Phase der Unternehmungsentwicklung zunehmend die Kontroll- und Steuerungsmöglichkeiten des Managements. Darunter leidet die effiziente Steuerung der Gesamtunternehmung. Es kommt zu einer *Kontrollkrise* („crisis of control").[470]

- Die Erweiterung des Koordinations- und Kontrollsystems („coordination") schafft eine vermehrte, aber auch zwangsläufige und zunehmende Bürokratisierung, welche in einer anschließenden *Bürokratiekrise* („crisis of red ta-

---

[468] Ein geplanter Wandel sieht zur Bewältigung des Führungsstilproblems Maßnahmen vor, bspw. die Schaffung einer Organisationsstruktur, die Schaffung von zentralen Entscheidungsgremien sowie die Installierung von Belohnungs- und Controllingsystemen.

[469] Ein weiteres Wachstum der Unternehmung macht beispielsweise die Delegation von Verantwortung unumgänglich. Denkbar sind in dieser Phase die Einführung von Profit-Centern oder auch eines Management-by-Objectives.

[470] Diese führt – als Antwort – dazu, dass im geplanten Wandel zunehmend zentral vorgenommene unternehmungsweit greifende Koordinationsinstrumente eingesetzt, Planungs- und Kontrollsysteme institutionalisiert und/oder Stabsstellen zur Beobachtung der Teilbereiche eingeführt werden.

pe") einer Anpassung bedarf. Ineffizienzen entstehen gerade durch eine gewisse Verstarrung von Systemen und Prozessen im Rahmen der Koordination und Kontrolle.

– Durch die Bildung von Teams wird danach versucht, Probleme schnell effizient und unbürokratisch zu lösen. Häufig werden in diesem Zusammenhang auch Besprechungen institutionalisiert, Matrixstrukturen geschaffen und Personalentwicklungssysteme aufgebaut. Gerade Teamgeist („collaboration") soll zur Überwindung der Bürokratiekrise und zu weiterem Wachstum führen. Größere Spontaneität der Teams, soziale Selbstkontrolle der Gruppen und Selbstdisziplin sind die zu fördernden Stärken, um schnellere Problemlösungsprozesse zu initiieren, gruppenübergreifende Zusammenarbeit zu fördern u. a. m. Die sich darauf vermutlich wohl ergebende Krise bezeichnet *Greiner* noch als „?"-*Krise*, da hierzu damals noch zu wenig empirische Erfahrungen vorlagen.

Das Modell darf nicht „eins zu eins" auf jede Unternehmung übertragen werden;[471] dazu gibt es zu viele Einflussfaktoren der Unternehmungsentwicklung, zu unterschiedliche historische Ausgangspositionen und zu viele prinzipielle Weiterentwicklungsoptionen. Es verdeutlicht aber, wie gerade bei wachsenden Unternehmungen Veränderungen mit Krisenpotenzial „natürlich" entstehen und insofern auch größere, geplante Eingriffe in die Unternehmungsentwicklung vorgenommen werden müssen, um – antizipativ oder reaktiv –[472] zumindest die Überlebensfähigkeit des Systems „Unternehmung" sicherzustellen. Von daher birgt das Modell einen heuristischen Charakter für das Manage-

---

[471] Auch im Verlauf der folgenden Unternehmungsentwicklung sind weitere Krisen anzunehmen. Welche weiteren Krisen folgen, bleibt in dem Modell von *Greiner* offen.

[472] Unabhängig von dieser Botschaft ist die Frage anzusprechen, ob man von der Unternehmung aus dieser „Krise" antizipativ durch einen vorzeitigen, geplanten Wandel begegnet oder reaktiv, d. h. also nach realem Vorliegen der Krise. Beides ist möglich, wenngleich die langfristig effizientere erste Variante seltener gewählt wird: Entweder hat man die sich abzeichnenden Zeichen der Zukunft nicht erkannt oder man sieht sich nicht in der Lage, in guten Zeiten grundsätzliche, oft als unangenehm empfundene Maßnahmen umzusetzen. Ein antizipatives Krisen-Management greift dies frühzeitig auf, um durch Gegenmaßnahmen die abträglichen Wirkungen zu reduzieren.

ment: Es weist prinzipiell auf zukünftige, aktuelle, potenzielle oder latente Krisen hin. So könnten antizipativ die Krisen verhindert oder doch zumindest in ihren negativen Auswirkungen gemindert werden.

Weitere mögliche *interne Auslöser* einer Unternehmungskrise sind

- ältere, *nicht erfolgreiche Strategien* des Top-Managements. Solche, nicht erfolgreichen Strategien können – müssen aber nicht – auf Fehlentscheidungen bezüglich des Produktprogramms, der Expansionsgeschwindigkeit, der entwickelten oder eingesetzten Technologien, des gewählten Standorts, der finanziellen Ausstattung der Unternehmung etc. basieren.[473] „Fehlentscheidung" ist dabei ein interpretierbarer Begriff: Managemententscheidungen sind vielfach risikobehaftete Entscheidungen. Das Eingehen von Risiken ist fast überall notwendig. Wenn es dann im Produkt/Markt-Bereich dazu kommt, dass Strategien nicht erfolgreich umgesetzt werden konnten, dann liegt nicht unmittelbar eine Fehlentscheidung vor. Es kann nicht Ziel sein, quasi risikofreie Entscheidungen zu fordern. Gefordert werden kann allerdings, dass das jeweils eingegangene Risiko im Ausmaß kalkuliert wird und auch getragen werden kann.[474]
- *Neue Top-Manager(in)*. Nachfolger(innen) haben manchmal völlig andere Qualifikationen, andere Persönlichkeiten und andere Vorstellungen über die Art und Weise, wie die Geschäftstätigkeit fortgeführt werden soll. Dies führt zu einem geplanten Wandel.

---

[473] Die Theorie der Pfadabhängigkeit (s. B.II.7) weist dabei darauf hin, dass durch die Nachwirkungen längst getroffener Entscheidungen manchmal solche Krisen unvermeidlich sind.

[474] *Beispielsweise* war es für BMW eine „Fehlentscheidung", im Jahre 1994 die britische Firma Rover für 800 Mio. GPB zu kaufen. Sie wurde aufgrund einer letztlich erfolglosen Zusammenarbeit bereits 2000 für symbolische 10 GPB wieder verkauft. Eine noch gravierendere „Fehlentscheidung" traf damals Daimler-Benz, die etwa zeitgleich die US-amerikanische Firma Chrsyler de facto akquirierten. Die Zusammenarbeit war ebenfalls nicht sehr erfolgreich, dennoch hielt DaimlerChrysler deutlich länger als BMW an der erfolglosen Zusammenarbeit fest. Diese Strategie hatte daher wesentlich größere finanzielle und strategische Nachteile für die Unternehmung und die Aktionäre.

V. Formen, Ansatzpunkte und Prozess von Wandelstrategien

Besteht Klarheit über die Krisenursache und resultiert daraus ein Konsens über die Notwendigkeit des Wandels, ist die Frage zu beantworten, in welcher *Form* die beabsichtigte Wandelstrategie bearbeitet und umgesetzt werden soll. Insgesamt steht man vor der Entscheidung, ob eine Veränderung *eher sprunghaft und umfassend* oder *in verschiedenen Schüben oder in mehreren kleinen Schritten* geschehen soll. So kann man sowohl in eine tendenziell gesamthaft *revolutionäre* (gesamthafte radikale) als auch in eine tendenziell *evolutionäre* (inkrementale) Form differenzieren.[475] Ein evolutionärer Wandel wird eher bei Vorliegen einer potenziellen wie einer latenten Krise vollzogen. Akute Krisen bedingen schon allein durch die Notwendigkeit einer hohen Geschwindigkeit einen eher revolutionären Wandel.[476]

Wie bereits in den Phasen der Unternehmungsentwicklung nach *Greiner* deutlich wurde, sind der evolutionäre und revolutionäre Wandel nicht unbedingt gegensätzlich. Sie sind zwei Pole einer Änderungsdimension mit vielen Zwischenformen, zudem wechseln sich evolutionäre und radikale Phasen im Verlauf der Unternehmungsentwicklung durchaus ab. Allerdings werden sie oft als Gegensätze dargestellt, was auch hilft, deutlicher die Unterschiede darzustellen. Tabelle 11 gibt dazu eine Übersicht beider Vorgehensweisen.

Das Management, das eine Veränderung umsetzen will, steht im Rahmen der Entwicklung einer umfassenden Veränderungsstrategie vor der Überlegung, an welcher Stelle in der Unternehmung mit dem Wandel begonnen werden soll. Es dreht sich um den *Ansatzpunkt der Wandelstrategie* innerhalb der Unternehmung. Je größer eine Unternehmung ist, desto schwieriger wird es, alle

---

[475] S. Krüger 2004, Sp. 1605, Picot & Lange 1979.

[476] Als eine Sonderform des revolutionären Wandels gilt die so genannte „Bombenwurfstrategie". In dem Fall wird von der Unternehmungsführung (oft gemeinsam mit externen Beratern) ein „geheimer" Plan entworfen, der ohne Vorankündigung in die Unternehmung eingeführt wird. Beispielhaft zu nennen ist hier abermals die ehemalige Fusionsstrategie von DaimlerBenz mit Chrysler.

Tab. 11: Formen des Wandels

	Revolutionärer Wandel	Evolutionärer Wandel
Grundidee	– erheblicher Druck ist nötig, um Wandlungsbarrieren zu überwinden	– zu viel Wandel auf einmal kann vom System nicht verkraftet werden
Charakteristika des Wandels	– tiefgreifender und umfassender Wandel („Quantensprung") – begrenzte Zeitdauer – diskontinuierlicher Prozess – „Revolution"	– Entwicklung in kleinen Schritten („piecemeal engineering") – dauerhafter Lernprozess – kontinuierlicher Prozess – „Evolution"
Transformationslogik	– synoptisches Vorgehen – einheitliche Fremdregelung – Vorgehen nach Plan	– inkrementelles Vorgehen – vielfältige Selbstregulierung – erfahrungsgestütztes Lernen
Rolle des Managements	– Architekt des Wandels – rationaler Planer	– Prozessmoderator – Coach
Chancen	– klare Trennung von Ruhephasen und Wandlungsphasen – hohe Änderungsbereitschaft in Krisensituationen – Wandel aus einem Guss	– Entwicklungsrhythmus korrespondiert mit Entwicklungsfähigkeit – kleine Veränderungen wirken „natürlich" – Erwerb von Selbstentwicklungsfähigkeiten
Risiken	– begrenzte Planbarkeit – hohe Instabilität in der Wandlungsphase – schwere Einbrüche bei zu später Reaktion – hoher Handlungsdruck begünstigt nur kurzfristige Verbesserungen zu Lasten langfristiger Entwicklungen	– ständige Unruhe („Herumexperimentieren") – bei hoher Umweltdynamik zu langsam – fraglich, ob Diskontinuität zu verkraften ist – begrenzte Fähigkeit, sich selbst in Frage zu stellen

Quelle: In enger Anlehnung an Krüger 1994, S. 218.

von der Veränderung betroffenen Mitarbeiter gleichzeitig mit einzubeziehen. Folgende *Optionen* stehen zur Verfügung:[477]

– Im Rahmen der *Abwärtsstrategie* („top-down") geht die Veränderung vom Top-Management aus – genauer formuliert: setzt bei diesem an – und wird

---

[477] S. zum Folgenden Scherm & Pietsch 2007, S. 250-251, Schanz 1994, S. 412-417.

dann sukzessive bis zu den unteren Hierarchieebenen weitergeführt. Dabei ist zu beachten, dass eine Abwärtsstrategie zwar häufig im Rahmen eines radikalen Wandels angewandt wird, aber nicht zwangsläufig mit einer Macht- und Zwangsstrategie einhergehen muss. Die Unternehmungsleitung kann hier auch von der Überzeugung geleitet werden, dass die Veränderung an der Spitze ansetzen muss, um diese vorleben zu können. Erst wenn dies gelingt, können – nach dieser Annahme – die Veränderungen an die nächste Ebene weitergegeben werden.

- Die *Aufwärtsstrategie* („bottom-up") geht entgegengesetzt vor. Hier wird auf und durch die unterste Hierarchieebene – auch durch das Top-Management initiiert – mit der Umgestaltung begonnen und nach oben hin weiter sukzessive fortgesetzt. Ein solches Vorgehen erscheint sinnvoll, wenn Veränderungen in der operativen Basis vorgenommen werden sollen und die betroffenen Mitarbeiter aufgrund ihres spezifischen Wissens eher geeignet zu sein scheinen, zu beurteilen, an welchen Stellen die Veränderungen vorgenommen werden müssen.

- Bei der *bi-polare Strategie* beginnt eine Veränderung gleichzeitig an der untersten wie auch obersten Führungsspitze. Sie bietet sich insbesondere dann an, wenn von Seiten des mittleren Managements ein starker Widerstand zu erwarten ist. Erfolgreiche Umsetzungsbemühungen von „oben" und „unten" sollen diesen Widerstand dann abbauen.

- Bei der *Keil-Strategie* wird ein Veränderungsprozess direkt beim mittleren Management begonnen. Veränderungen werden hier sowohl nach oben als auch nach unten versucht durchzusetzen.

- Mit der *Fleckenstrategie* werden Veränderungen gleichzeitig an verschiedenen Stellen in der Unternehmung begonnen. Diese Vorgehensweise wird gewählt, um änderungswillige und/oder -fähige Bereiche zu Beginn eines unternehmungsweiten Prozesses quasi als Pilotprojekte zu wandeln.[478]

---

[478] *Beispiel*: Wenn in einer Unternehmung vielerorts Widerstände für eine vom Management als notwendige Neuerung zu erwarten sind, dann gilt es zu vermeiden, dass unwillige, gegebenenfalls auch nicht geeignete Mitarbeiter in großer Zahl diese Neuerungen sofort umsetzen sollen. Viel sinnvoller wäre es dann, zunächst ein Pilotprojekt dort zu

Ein viel zitiertes *Konzept des Wandlungsprozesses* geht auf *Lewin* (1958) zurück.[479] Es ist Basis für viele andere Prozesse gerade für evolutionären Wandel geworden. Eine (Organisations-) Entwicklungsstrategie durchläuft prinzipiell drei Phasen:

- *Auftauen* („unfreezing"): Der Erfolg einer Unternehmungsentwicklung hängt wesentlich davon ab, inwieweit es gelingt, die betroffenen Mitarbeiter von der Notwendigkeit eines Wandels oder einer Veränderung zu überzeugen. Beim Auftauen geht es zunächst darum, den Betroffenen die Notwendigkeit einer Veränderung zu vermitteln. Die Menschen müssen von der Notwendigkeit einer Veränderung überzeugt werden, damit eine Änderungsbereitschaft entsteht.[480]

- *Ändern* („moving"): Die Änderungsphase befasst sich mit der eigentlichen Veränderung des alten Zustands durch die Konzeption und die Implementierung der Neuerungen. Mit Hilfe verschiedener Methoden sollen – zumindest beim evolutionären Prozess – die Betroffenen in die Lage versetzt werden, zukünftige Situationen mit zu gestalten. Den Betroffenen stehen hier von der passiven Anpassung bis hin zur aktiven Gestaltung des Veränderungsprozesses verschiedene Verhaltensalternativen zur Verfügung. Dem Verständnis der klassischen Organisationsentwicklung würde es an der Stelle entsprechen, wenn alle Betroffenen zu Beteiligten des Verände-

---

starten, wo man auch Akzeptanz und Eignung erwarten kann. Der dann vermutete Erfolg der Neuerung soll infolge die Widerstände (s. u.) auflösen helfen.

[479] S. Lewin 1958, S. 210-214, Schanz 1994, S. 403-407.

[480] Dies kann zum einen durch Überzeugung und Darlegung eindeutiger Fakten, aber auch durch eine moralisch bedenkliche Verunsicherung der Betroffenen oder gar durch die Induzierung von Schuldangst auf die Betroffenen geschehen. Schließlich kann der Person auch eine Sicherheit trotz des Wandels angeboten werden. So soll die Entstehung bestimmter Ängste, die zu einem Widerstand gegen den Wandel führen können, wie beispielsweise der Verlust des Arbeitsplatzes, vermieden werden. Ohne eine einigermaßen erfolgreich verlaufende Auftauphase ist die Wahrscheinlichkeit, dass eine Änderungsbereitschaft und -fähigkeit entsteht, geringer.

rungsprozesses gemacht werden könnten. Aber auch andere Vorgehens-weisen jenseits des „alten" Konzeptes sind möglich.[481]

– *Wiedereinfrieren* („refreezing"): Ein Wandel endet nicht mit der Imple-mentierung des Neuen. Es muss sichergestellt werden, dass die Unterneh-mung nicht wieder in den alten Zustand verfällt. Dieses gelingt nur durch eine Stabilisierung der neuen Situation. Eine Stabilisierung wird erreicht, wenn die Betroffenen den Erfolg einer Veränderung auch persönlich wahr-nehmen, indem sich zum Beispiel die Arbeitsbedingungen verbessert haben oder sie bessere Belohnungen bekommen. Beachtet werden muss, dass das Wiedereinfrieren kein starres Festschreiben der Neuerungen bedeutet. Es soll lediglich die Grundlage für weitere Verbesserungen gelegt werden.

VI. Widerstände gegen den Wandel

Geplanter Wandel stößt möglicherweise auf Widerstände. Diese basieren auf einer auch in Unternehmungen weitverbreiteten konservativen Grundhaltung von Personen wie auch Systemen – mit unterschiedlichen Hintergründen. Soll ein geplanter Wandel erfolgreich angesetzt werden, so gilt es, diese Wider-stände zu kennen, sie ernst zu nehmen und gegebenenfalls strategisch anzuge-hen. Um dies umsetzen zu können, bedarf es zunächst einer *Differenzierung der möglichen Widerstände* (s. Abb. 43). Beispielhaft wird auf unterschiedli-che Widerstandskategorien nachfolgend eingegangen, und zwar getrennt nach

– ungünstigen unternehmungsexternen Bedingungen und
– unternehmungsinternen Widerständen und Tätigkeiten.[482]

---

[481] Beim revolutionären Wandel werden die Änderungsmaßnahmen bekanntgegeben, er-klärt und umgesetzt. Eine Mitwirkung der Betroffenen findet nicht statt.

[482] S. Kieser & Hegele 1998, S. 120-133, auch zu diesem gesamten Abschnitt; s. etwas anders Hauschildt & Salomo 2011, S. 95-118.

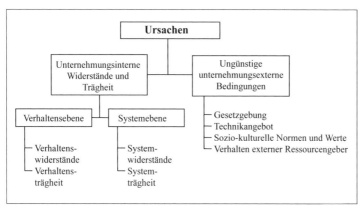

Abb. 43: Widerstände und ihre Ursachen beim Unternehmungswandel
Quelle: In Anlehnung an Kieser & Hegele 1998, S. 123.

Zu (1): Ungünstige externe Rahmenbedingungen

Externe Umweltbedingungen können den Wandelprozess negativ beeinflussen, behindern oder gar unmöglich machen. Beispielhaft sind zu nennen:

– *Gesetzgebung* u. Ä. Gesetzliche Regelungen zur Gentechnologie, zu Kündigungsregelungen, zu Rechtsformen u. a. setzen Grenzen, die eine Unternehmung daran hindern, ihre eigentlichen Unternehmungsziele strategisch anstreben zu können. Auch jenseits ethisch-moralischer Kategorien stehen manchmal eher unpraktische, ältere Gesetzesnormen den modernen Anforderungen in Wirtschaft und Gesellschaft entgegen.

– *Technikangebot*. In manchen Bereichen von Technik und Technologie kann ein Änderungswiderstand vorliegen. Viele Neuentwicklungen kosten immense Summen und insofern bedarf es zur Amortisierung der Investitionen sowie der Erzielung einer Rendite in einer jeweils bestimmten Frist, bevor Weiterentwicklungen angeboten werden. Auch funktioniert Technik nicht immer wie gewollt und bestellt,[483] so dass hier Strategien nicht oder nicht so schnell angegangen oder umgesetzt werden können.

- *Gesellschaftliche Normen und Werte.* Das Verhalten von Konsumenten, Annahmen über das Verhalten von anderen Personen (seien es Konsumenten, Wähler o. a.) basiert auf gesellschaftlich akzeptierten Normen und Werten. Diese entwickeln sich oft nicht passend zu den technologischen Möglichkeiten der Wirtschaft. Wenn dann Akzeptanzprobleme vorliegen, führt dies dazu, dass nicht der absolut „beste" Weg gewählt werden kann.
- *Verhalten externer Ressourcengeber.* Wenn wichtige externe Stakeholder nicht überzeugt sind von einer Unternehmungsstrategie, dann neigen sie dazu, notwendige Ressourcen für eine umfangreichere Wachstumsstrategie (z. B. für eine Akquisition), eine grundlegende organisatorische Veränderung (z. B. hin zu einer Holdingorganisation mit veränderten Mitbestimmungsprozessen) oder einer hohen Investition in die Forschung und Entwicklung (z. B. Bankkredit für die Entwicklung einer – was den Markterfolg betrifft – risikobehafteten Technologie) nicht zur Verfügung zu stellen. Dies begrenzt oder kanalisiert insofern den geplanten Wandel.[484]

---

[483] *Beispiel*: Die von der Deutschen Bahn bestellten Züge mit Neigungswinkeln, aber auch die neuen ICE werden wegen technischer Probleme erst später als bestellt übernommen. Dies hat Auswirkungen auf den Fahrplan, die Kundenzufriedenheit, die Erfolgszahlen u. a.

[484] *Beispiel*: Viele mittelständische Unternehmungen haben in den letzten Jahren immer wieder darüber geklagt, dass ihnen die Kreditinstitute für gute Innovationsprojekte keine Fremdmittel – oder zu teuer – zur Verfügung stellen. In nicht wenigen Fällen erwies sich dies – zumindest im Nachhinein – als zu risikoscheues Verhalten der Institute. Manche gut beleumundete Unternehmungen haben, um finanziell unabhängiger vom Verhalten der Kreditinstitute zu werden, direkt am Kapitalmarkt Geld aufgenommen und so einen innovativen Ausweg gefunden. Die Firmen Claas und Seidensticker sind hier gute Beispiele, sehr erfolgreich Anleihen am Kapitalmarkt zu platzieren und auch dadurch unabhängiger von Kreditinstituten zu werden.

Zu (2): Unternehmungsinterne Widerstände und Trägheiten

Wie bereits erwähnt, lassen sich unternehmungsinterne Widerstände und Trägheiten in zwei Unterkategorien differenzieren:

- Systemwiderstände und -trägheiten und
- Verhaltenswiderstände und -trägheiten.

Systemwiderstände und -trägheiten hängen damit zusammen, dass bestehende und vor allem etablierte Management-, Technik-, Beziehungssysteme sich aus verschiedenen Gründen Änderungen „gerne" widersetzen. Dies hat nicht in erster Linie etwas mit einem Nicht-Wollen (der Systemmitglieder) zu tun, sondern damit, dass – gerade grundsätzliche – Änderungen in komplexen Systemen mit sehr vielen, oft kaum übersehbaren und beherrschbaren Aspekten verbunden sind.[485] Je größer eine Unternehmung, desto mehr Entscheidungsträger und Betroffene eines Wandels sind einzubeziehen. All dies erfordert Zeit (vieler Personen) und organisatorische Aktivitäten. Gerade in der Anfangszeit zeigt sich immer wieder, dass nach dem Anstoß von Veränderungen der Wandelprozess nur langsam starten kann. Trägheit ist hier vorhanden.

Verhaltenswiderstände und -trägheiten beziehen sich auf die Unternehmungsmitarbeiter aller Hierarchieebenen. Davon abgesehen, dass viele Menschen dazu neigen, Veränderungen nur sehr vorsichtig anzugehen (Trägheit), gibt es auch eine Vielzahl an Motivationsbarrieren (Personen wollen einen anstehenden Wandel nicht.) und Fähigkeitsbarrieren (Personen sind – oder fühlen sich – nicht geeignet, entweder am Wandel mitzuwirken oder mit den Ergebnissen des Wandels umzugehen.) des geplanten Wandels.[486]

---

[485] *Beispiel*: Eine andere Taktung des ICE von Bielefeld nach Hannover ist keine singuläre Veränderung von etwa 20 (Zug-) Verbindungen. Weitere Verbindungen von Hannover sowohl nach Norden, Osten und Süden sind unbedingt zu beachten, auch internationale Vereinbarungen zu grenzüberschreitenden Verbindungen, so dass „einfache" Veränderungen oft größere nach sich ziehen (müssten). Sie werden insofern nicht angegangen.

[486] S. zusätzlich Witte 1973, S. 5-9, Krebsbach-Gnath 1992, S. 42-50.
Beispiel: Die Einführung von SAP-Systemen stößt oft auf solche Widerstände und

Die *Gründe* für das dann gezeigte Widerstandsverhalten sind vielfältig. Die folgende Auflistung gibt einen Überblick:

- *Unkenntnis:* Vielfach entsteht ein Widerstand gegen eine Veränderung dadurch, dass die Mitarbeiter die Notwendigkeit dafür nicht sehen und/oder über ungenügend Informationen verfügen. Dies kann an einem mangelnden Bewusstsein für den „Ernst der Lage" liegen. Ein Widerstand durch Unkenntnis tritt gerade bei radikalen Formen des Wandels auf, in den die Mitarbeiter oft nur wenig eingebunden werden. Sie halten an bisherigen Verhaltensweisen fest, da ihnen die Ziele und Maßnahmen des Wandels nicht bekannt sind und sie sich folglich auch nicht mit neu gesetzten Visionen, Leitbildern oder Zielen identifizieren können.

- *Überforderung:* Oft wird ein Widerstand durch die Überforderung der Betroffenen ausgelöst. Dies geschieht, wenn in zu kurzer Zeit (zu) tiefgreifende Veränderungen durchgesetzt werden sollen oder wenn eine hohe Vielfalt an Veränderungen vorgenommen werden soll. Überforderungen treten vermehrt bei einem radikalen Wandel auf. Sie lösen bei den Betroffenen zudem Angst, Stress und Zynismus aus.

- *Schlechterstellung:* Widerstände treten auch dann auf, wenn Mitarbeiter fürchten, ihre „Macht" zu verlieren, in ihren persönlichen Entwicklungsmöglichkeiten beschränkt zu werden oder ihren Arbeitsplatz zu verlieren oder einen anderen, noch unbekannten Arbeitsplatz zu erhalten.[487]

- *Festhalten an alten Gewohnheiten:* Das Loslassen gewohnter Abläufe und Rituale fällt vielen Menschen schwer. Selbst bei einem Verständnis für die Situation braucht es Zeit, sich neu zu orientieren.

Trägheiten (was sich mit u. a. Gründen erklären lässt). Dies führt zum einen dazu, dass Einführungsprobleme unsachgemäß aufgebauscht werden (Andere neue Projekte laufen auch selten reibungslos.), sowie zum anderen, dass durch die (wie auch immer verursachten Widerstände) nicht die volle Kompetenz zur Anwendung eingesetzt wird.

[487] Dies ließe sich *beispielhaft* mit der Anreiz-Beitrags-Theorie (s. B.II.4) darstellen.

- *Erfolg alter Handlungsmuster:* Haben bisherige Handlungsmuster zum Erfolg der Unternehmung geführt, fällt es vielen, von Veränderungen Betroffenen schwer zu verstehen, warum andere Wege verfolgt werden.[488]
- *Ohnmacht:* Stehen Betroffenen nicht genügend Handlungs- und Entscheidungsspielräume zur Verfügung, um aktiv in den Veränderungsprozess eingreifen zu können, äußert sich dieses häufig in Desinteresse oder in der stillen Erwartung, dass der Wandel scheitern wird.[489]

Will eine Unternehmung neu geplanten Wandel umsetzen, so muss sie also mit Widerständen rechnen. Die Aufgabe der Führungskräfte ist es nun, die Gründe für die Widerstände zu antizipieren oder herauszufinden, um eine geeignete Strategie zur Spezifizierung wie Umsetzung des Wandels entwickeln zu können. Als bester Weg, Widerstände zu vermeiden, gilt es, Betroffene zu Beteiligten zu machen (Grundprinzip der klassischen Organisationsentwicklung). Wenn die Mitarbeiter die Notwendigkeit des Wandels verstehen und ihn mitgestalten können, sind sie eher bereit, ihn zu akzeptieren. Darüber hinaus kann als Voraussetzung für einen gelungenen Wandel die umfassende Information der Beteiligten gesehen werden. Diese müssen verstehen, warum eine Veränderung stattfinden muss, welches Ziel am Ende erreicht werden soll und welche Konsequenzen damit verbunden sind. Dies ist aber nicht in jedem Fall umsetzbar, gerade wenn die Unternehmungsexistenz akut gefährdet ist.

---

[488] *Beispielhaft* ließe sich hier – und auch bei der vorherigen Begründung – zur systematischen Interpretation die Theorie der Pfadabhängigkeit (s. B.II.7) heranziehen.

[489] *Achtung:* All die genannten Gründe sind kein Anzeichen für „schlechte" Mitarbeiter. Wir haben es hier mit normalen, nachvollziehbaren menschlichen Prozessen zu tun – wie beim Nachlassen der Adaptionsfähigkeit des Auges oder der körperlichen Beweglichkeit mit zunehmendem Alter. Sie gilt es bei notwendigen Wandlungsprozessen zu antizipieren und im Prozess zu berücksichtigen, um die Ursachen zu verhindern oder ihre negativen Auswirkungen für alle beteiligten Seiten zu reduzieren. Zu nennen sind hier bspw.: Betroffene zu Beteiligten zu machen, offene Informationskultur, stete Qualifizierung für alle, Übergangszeiten nutzen.

VII. Promotorenmodell

Eine Hilfestellung zum Umgang mit den skizzierten Problemen bietet das Promotorenmodell. Es ist ein bekanntes analytisches Konzept, um prinzipiell Widerstände zu handhaben.[490] Es setzt bei verschiedene Personen (Rollen) an, die im geplanten Wandel unterschiedlicher Aufgaben wahrzunehmen haben (pointieren).

Promotoren unterscheiden sich dabei von anderen Unternehmungsmitgliedern dadurch, dass sie (hier im Wandelprozess) Veränderungen aktiv und intensiv fördern. Verschiedene *Schwerpunkte* werden dabei differenziert:

- Ein *Machtpromotor* hat eine hierarchisch höhere Position inne und beeinflusst im Rahmen des Wandelprozesses durch seine hierarchisch legitimierte Macht. Dies betrifft nicht alleine Anweisungen an Personen, die unmittelbar am geplanten Wandel aktiv teilnehmen. Auch der Zugriff auf Ressourcen unterschiedlichster Art, die den Wandelprozess erleichtern könnten, gehört dazu. Des Weiteren zählen zur Rolle: Absicherung des Veränderungsprozesses in der Gesamtunternehmung, Schaffung von treffenden Rahmenbedingungen, Schutz und Unterstützung von Veränderungswillen, Sanktionierung von Veränderungsbremsen, Überzeugungs- und Motivationsarbeit, Setzung von Anreizen, aktives Einbringen in den Prozess u. Ä.
- Ein *Fachpromotor* nimmt durch sein objektspezifisches Fach- und/oder Methoden-Know-how Einfluss auf den Veränderungsprozess. Die hierarchische Position ist nachrangig, die fachliche Kompetenz ist entscheidend. Durch die Weitergabe seines Wissens beeinflusst er andere Prozessbeteiligte, durch sein Mitwirken ergeben sich schneller Lösungsansätze – auch zur Überwindung von Widerständen.
- Ein *Prozesspromotor* ist für die Zusammensetzung des Change Teams, die Projektorganisation sowie die Projektleitung nach innen wie nach außen verantwortlich. Dieses Know-how wird auch indirekt für den Veränderungsprozess genutzt, indem die Inhalte zwischen Macht- und Fachpromo-

---

[490] S. Witte 1973, S. 14-22, Hauschildt & Salomo 201, S. 125-150.

toren sowie anderen Personen innerhalb wie außerhalb der Unternehmung geknüpft wie moderiert werden. Zielsetzung ist ein möglichst rasch, effizient und effektiv verlaufender Wandelprozess.

- Ein *Beziehungspromotor* zeichnet sich durch ein weit verzweigtes, gutes Netzwerk von persönlichen Kontakten über alle Ebenen und Bereiche sowie durch eine gute Kenntnis der Unternehmung, deren Machtgefüge und Kultur sowie der Unternehmungsmitglieder verschiedener hierarchischer Ebenen wie funktionaler Bereiche aus. All dies kann er im Sinne des Wandelprozesses einsetzen, um Widerstände auf eine eher angenehme Art anzugehen und beheben zu können.

Das Promotorenmodell mit seinen verschiedenen Rollen soll insgesamt helfen, den geplanten Wandel effizient umzusetzen sowie speziell dazu beitragen, Widerstände und Barrieren zu überwinden – entweder ex ante oder ex post.

I. TECHNIKEN DER UNTERNEHMUNGSFÜHRUNG

I. Einführung

Unter Techniken der Unternehmungsführung werden hier[491] *Prognose-, Kreativitäts- und Bewertungstechniken* verstanden. Sie haben eine allgemeine Natur, sind in allen hier behandelten Managementfunktionen prinzipiell anwendbar und zählen zu den Basistechniken des Managements. Ihr Haupteinsatzgebiet stellt der Planungsprozess dar:

– *Prognosetechniken* dienen dabei der Vorhersage von zukünftigen äußeren und innere Einflussfaktoren sowie einer folgenden Prämissenbildung. Sie werden entsprechend zu Beginn des Planungsprozesses eingesetzt. Man unterscheidet qualitative Techniken (heuristischer Charakter, subjektive Urteile) von quantitativen Techniken (ökonometrische wie nicht-ökonometrische Modelle).

---

[491] Der Unternehmungsführung stehen eine Vielzahl von Hilfsmitteln zur Verfügung, um ihre Aufgaben ideenreicher, schneller, systematischer und/oder nachvollziehbarer durch die zuständigen Akteure ausführen zu lassen. Diese werden in der Regel als *Techniken* (manchmal auch als Verfahren) bezeichnet. Allerdings handelt es sich dabei nicht um einen eindeutigen Begriff, zu dem bestimmte Hilfsmittel immer wieder zugeordnet werden. Die so genannten „Management-by-Techniken" (i. W. Management-by-Objectives und Management-by-Exception, s. E.VI) sind in dem hier verwendeten Sinne umfassendere Managementkonzepte, die ein gesamtes Managementsystem betreffen, gewissermaßen die Ausrichtung hiervon bestimmen. Insofern sind sie mehr als ein Hilfsmittel und werden nicht als ein solches aufgefasst. Anders sieht es schon beispielsweise bei Techniken des Kostenmanagements aus. Sie sind tatsächlich Hilfsmittel, die allerdings gewissermaßen einer Einschränkung unterliegen, und zwar durch ihren inhaltlichen Fokus. Dies ist dann auch nicht anders bei speziellen Techniken des Marketing- oder des Personalmanagements. In einem allgemeinen Lehrbuch zu den Grundlagen der Unternehmungsführung werden sie daher nicht thematisiert.

- Die *Kreativitätstechniken* helfen – nicht nur – im Planungsprozess bei der Ideenfindung und der Suche nach Handlungsalternativen.
- Mit *Bewertungstechniken* werden die erarbeiteten Entscheidungsalternativen bewertet.[492]

In den folgenden Abschnitten wird eine Vielzahl von in der Praxis verbreiteten Techniken kurz vorgestellt.

II. Prognosetechniken

1. Qualitative Prognosetechniken

Qualitative Prognosetechniken weisen eher einen heuristischen Charakter auf. Zusammenhänge zwischen abhängigen und unabhängigen Variablen werden verbal argumentiert und basieren oft auf subjektiven Plausibilitätsüberlegungen. Zu ihnen zählen

(1) verschiedene Befragungsformen, wie Repräsentativ- und Expertenbefragungen. Darüber hinaus können

(2) qualitative Prognosen auch mittels der Analogieschlussmethode oder

(3) der Szenario-Technik aufgestellt werden.

Zu (1): Befragungen

Mit Hilfe von Befragungen wird zur Einschätzung einer zukünftigen Entwicklung auf die Aussagen unterschiedlicher Personengruppen zurückgegriffen. Vier seien hier skizziert:[493]

---

[492] S. Macharzina & Wolf 2012, S. 868-899, zum gesamten Kapitel.

[493] S. auch Hüttner 1997, S. 67-157, Decker & Wagner 2002, S. 161-163, Atteslander 2010, S. 109-176. *Achtung*: Sowohl die Vorbereitung als auch die Durchführung und Auswertung solcher Befragungen ist nicht ohne Tücken. Eine gründliche Einarbeitung in die Techniken ist daher für einen professionellen Einsatz unabdingbar.

– *Repräsentativbefragung*

Bei der Repräsentativbefragung werden Personen befragt, welche einen unmittelbaren Einfluss auf die zu prognostizierende Größe ausüben. Mit der Befragung besteht die Möglichkeit, ein in Zukunft beabsichtigtes Verhalten zu erfragen oder aber auf Grundlage gegenwärtiger Verhaltensabsichten Rückschlüsse auf das zukünftige Verhalten zu ziehen. Dabei wird aus Wirtschaftlichkeitsgründen in der Regel nur eine kleine Stichprobe von Personen befragt. Die Stichprobe ist so zu ziehen, dass sie repräsentativ für die Grundgesamtheit ist. Durch Repräsentativbefragungen wird oft eine bessere Prognosegenauigkeit als bei quantitativen Verfahren erreicht. Dennoch ist das aufwändige Verfahren stark vom Antwortverhalten der Befragten abhängig. So werden zum Teil von den Befragten keine Antworten gegeben, sie sind nicht erreichbar oder werden durch den Interviewer beeinflusst. Damit besteht die Unsicherheit ob das zukünftige Verhalten einer Personengruppe mit hinreichender Sicherheit vorhergesagt werden kann.

– *Panelbefragung*

Eine Sonderform der Befragung ist die Panelbefragung. Ein Panel stellt dabei einen genau eingegrenzten, gleichbleibenden, repräsentativen Kreis von Personen dar, der über eine längere Zeitperiode hinweg entweder fortlaufend oder in Abständen prinzipiell über das gleiche Objekt befragt wird. Hiermit lassen sich besser Veränderungen und ihre Begründungen erfassen.

– *Expertenbefragung*

Bei der Expertenbefragung werden nicht Personengruppen befragt, die einen direkten Einfluss auf die Prognosegröße ausüben, sondern solche Personen, die über ein Spezialwissen verfügen, auf Grund dessen sie Einschätzungen zur Zukunft treffen können. Entscheidend in Bezug auf einen Experten ist nicht die Quantität der Informationen, über die dieser verfügt, sondern die Qualität der Informationen sowie die Fähigkeit, daraus Ableitungen in Bezug auf zukünftige Entwicklungen vorzunehmen. Unterschiedliche Auswertungsmethoden sind möglich. Aufgrund des benötigten Expertenstatus werden nur wenige Personen befragt. Dies beschleunigt auch die Durchführung und Auswertung der Befragung. Beides wirkt sich auch kostenmäßig positiv aus. Expertenbefragungen können dabei als Einzel- oder Gruppenbefragungen durchgeführt werde.

– *Delphi-Befragung*

Eine Sonderform der Expertenbefragung ist die Delphi-Methode. Ihre Merkmale sind: Grundlage der Prognose bilden die Aussagen einer Gruppe von Experten aus unterschiedlichen Fachgebieten zu einem bestimmten Sachverhalt, um so unterschiedliche Blickwinkel in Bezug auf das Problem einzubeziehen. Es bleibt anonym, welcher Experte welche Aussage getroffen hat. Die Prognosen der Experten werden statistisch aufbereitet. Die Befragung wird in mehreren Runden vorgenommen, in denen die Experten jeweils Informationen aus den Vorrunden kontrolliert zurückgespielt erhalten. Die Experten haben in der folgenden Runde die Gelegenheit, ihr Urteil zu revidieren, neu zu justieren oder auch beizubehalten. Schlussendlich liegen dann reflektierte Expertenurteile zum ausgewählten Objekt vor.[494]

Bei allen qualitativen Prognosetechniken besteht der Nachteil in der Subjektivität der Einschätzungen.

Zu (2): Analogieschlussmethode

Bei der Analogieschlussmethode wird auf Basis von Entwicklungen in anderen Bereichen (andere Länder, Regionen oder Branchen) ein Rückschluss auf die Entwicklung der eigenen Prognosegröße getroffen. Hier liegt ein ganzheitliches Weltbild zugrunde, in dem Einzelentwicklungen eher als unwahrscheinlich angesehen werden. Voraussetzung für die Aussagefähigkeit ist die strukturelle Ähnlichkeit der Vergleichsobjekte und die Tatsache, dass ein kausaler Zusammenhang zwischen beiden Objekten besteht.[495]

---

[494] S. auch Meißner 2012, S. 165-171, und die dort zitierte Literatur.

[495] S. Macharzina & Wolf 2012, S. 871.
Beispiel: Aus dem Verhalten von Konsumenten in einem Probemarkt wird auf ähnliches Verhalten anderer Konsumenten in anderen Märkten geschlossen.

Zu (3): Szenario-Technik

Ein prominentes, vielfach verwendetes Beispiel ist die Szenario-Technik. Sie entspringt ursprünglich dem militärischen Umfeld, wurde jedoch aufgrund von unerwarteten politischen Störereignissen, wie z. B. der Ölkrise in den 1970er Jahren, auch auf die Unternehmungsplanung übertragen. Sie stellt einen Grenzbereich zwischen qualitativen und quantitativen Prognosetechniken dar, da sie sowohl qualitative wie auch quantitative Schätzungen beinhaltet. Die Szenario-Technik berücksichtigt, dass zukünftige Entwicklungen von einer Vielzahl interner und externer Umwelteinflüssen abhängen. Aus diesem Grund wird im Gegensatz zu den anderen Prognosetechniken bei der Szenario-Technik nicht nur ein mögliches Zukunftsbild entworfen, sondern mehrere mögliche und in sich konsistente Alternativen aufgezeigt. Diese werden in Form eines Prognosekorridors mit einer Spannweite zwischen „best case" und „worst case" abgebildet. Für jeden Umwelteinfluss werden verschiedene Ausprägungen (besonders optimistische Entwicklung, besonders pessimistische Entwicklung) aufgezeigt. Diese Einflüsse werden schließlich miteinander kombiniert, um so ein Gesamtbild der zukünftigen Handlungsoptionen für eine Unternehmung zu ermitteln. Darüber hinaus werden im Rahmen der Szenario-Technik mögliche Störereignisse (unerwartet, plötzlich auftretende Ereignisse) berücksichtigt, die die Handlungsalternativen noch einmal verändern können (vgl. Abb. 44).[496]

Ähnlich wie auch bei allen anderen Verfahren stellt hier vor allem die Vielzahl subjektiver Einschätzungen in Bezug auf die künftigen Umweltentwicklungen einen Hauptkritikpunkt dar.

---

[496] S. Geschka & Hammer 1983, S. 227-236, Wilms 2006, Reibnitz 1998, Hauschildt & Salomo 2011, S. 286-288.

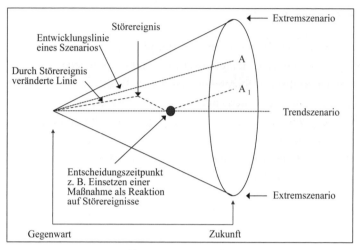

Abb. 44: Szenario-Technik
Quelle: In Anlehnung an Geschka & Hammer 1983, S. 228.

2. Quantitative Prognosetechniken

Quantitative Prognosetechniken fußen auf mathematischen Gleichungs- und Ungleichungsmodellen, welche sich wiederum in ökonometrische versus nicht-ökonometrische Techniken unterteilen lassen.

2.1 Ökonometrische Techniken

Ziel der ökonometrischen Techniken ist es, mit Hilfe mathematischer und statistischer Vorgaben funktionale Beziehungen zwischen ökonometrischen Variablen (wirtschaftlichen Ziel- und potenziellen Einflussgrößen) herzustellen und zu qualifizieren, um so letztlich Kausalzusammenhängen auf die Spur zu kommen.[497] Welche Kausalrichtung ein Zusammenhang aufweist, muss über eine zugrunde gelegte Theorie oder eine abgeleitete Hypothese bestimmt wer-

---

[497] S. von Auer 2007, S. 1-3, Poddig, Dichtl & Petersmeier 2003, S. 215-226, Macharzina & Wolf 2012, S. 872-873.

den. Häufig besteht hier das Problem ökonometrischer Verfahren, da die Bestimmung der abhängigen und der unabhängigen Variablen nicht einfach ist und eine gegenseitige Beeinflussung nicht ausgeschlossen werden kann.

Man differenziert in

(1) Eingleichungsmodelle und

(2) Mehrgleichungsmodelle.

Zu (1): Eingleichungsmodelle

Mit Hilfe von Eingleichungsmodellen werden einzelne Zusammenhänge geschätzt.[498] Die zu erklärende Größe wird als endogene, die erklärende Einflussgröße als exogene Variable bezeichnet. Es sollen Beziehungen quantitativer ausgedrückt dargestellt werden, die zwischen verschiedenen ökonomischen und nicht-ökonomischen Größen einer Volkswirtschaft oder eines Kapitalmarktes in einer bestimmten Zeitperiode bestehen. Es werden mathematische wie statistische Methoden eingesetzt, um solche Zusammenhänge festzustellen, zu schätzen und gegebenenfalls alternative Erklärungen zu testen.

Eine Möglichkeit, funktionelle Beziehungen zwischen einer abhängigen und einer unabhängigen Variable herzustellen, sind Regressionsgleichungen. In dem Zusammenhang werden Modelle mit einer Variablen (einfache Degression) und Modelle mit mehreren Variablen (multiple Regression) unterschieden. Grundannahme der einfachen Regression ist, dass eine Variable von der anderen abhängig ist. Diese Annahme ist in der Realität selten vorzufinden. Bei der multiplen Regression hingegen beeinflussen mehrere unabhängige Variablen den Wert einer abhängigen Variablen.

---

[498] S. bspw. von Auer 2007, S. 15. *Beispiel*: Es wird der Frage nachgegangen, wie sich gesamtwirtschaftlich die Nachfrage nach Öl ändert, wenn der Ölpreis sich ändert. Zudem muss geklärt werden, ob auch noch andere Größen (bspw. der Strompreis oder die Förderung alternativer Energien) hierauf Einfluss haben. So kann letztlich auch der Ölpreis für das Jahr x prognostiziert werden.

Zu (2): Mehrgleichungsmodelle

Besteht eine gegenseitige Abhängigkeit zwischen den abhängigen und unabhängigen Variablen, kann eine Prognose nur auf Grundlage von Mehrgleichungsmodellen durchgeführt werden. Diese Zusammenhänge treten gerade in der Praxis häufig auf. So wird etwa der Jahresüberschuss einer Unternehmung von ihren Forschungs- und Entwicklungsaufwendungen beeinflusst, anderseits sind die möglichen Aufwendungen für Forschung- und Entwicklung auch wiederum vom Jahresüberschuss abhängig. Um die Komplexität abbilden zu können, bedient man sich Simulationsmodellen. Je mehr Annahmen dabei getroffen werden, desto abhängiger ist das „treffende" Ergebnis von der Güte der vielen Schätzungen – ein Problem aller ökonometrischen Verfahren.

2.2 Nicht-ökonometrische Verfahren

Als nicht-ökonometrische Verfahren können im Rahmen der Unternehmungsplanung folgende herangezogen werden:[499]

(1) die Trendextrapolation,

(2) die Zeitreihenanalyse und

(3) die Indikatormethode.

Zu (1): Trendextrapolation

Grundannahme der Trendextrapolation ist, dass empirisch beobachtbare Entwicklungen und Wirkungszusammenhänge aus der Vergangenheit aufgrund von feststellbaren Regelmäßigkeiten in die Zukunft übertragbar sind und dort weiterhin Gültigkeit besitzen. Dafür werden je nach erwartetem Verlauf lineare, quadratische, exponentielle oder logarithmische Funktionen aufgestellt. Die Wahl der geeigneten Funktion stellt zugleich das Hauptproblem einer Trendextrapolation dar. Bei der Durchführung einer Trendextrapolation wird

---

[499] S. zu einen Überblick Macharzina & Wolf 2012, S. 873-876.

an einem bestimmten Ist-Zeitpunkt zunächst geschaut, wie sich eine zu prognostizierende Größe in der Vergangenheit entwickelt hat. Die einzelnen Einflussfaktoren werden dabei nicht isoliert betrachtet, sondern als ein Ursachenkomplex zusammengefasst. Bei der Analyse des vergangenen Entwicklungsverlaufs wird dann analysiert, welche Funktion den Ist-Verlauf am besten repräsentiert. Dieser wird in die Zukunft fortgeschrieben. Hat das Umsatzwachstum einer Unternehmung etwa in der Vergangenheit einen positiven linearen Verlauf genommen, so wird auch in Zukunft davon ausgegangen, dass der Umsatz weiterhin ein lineares Wachstum annimmt. Problematisch ist dabei, dass diskontinuierliche Entwicklungen, wie sie in der Unternehmungspraxis häufig vorkommen, mit der Methode der Trendextrapolation nicht berücksichtigt werden können. Eine wichtige Einsatzbedingung ist daher, dass im Untersuchungsgebiet (spezifischer Markt, Bevölkerungsentwicklung o. a.) die Verhältnisse der Vergangenheit auch in der Zukunft gelten werden.[500] Die Trendextrapolation kann mit verschiedenen Verfahren wie der Prognose mittels Glättungsverfahren, der Prognose mit adaptiven Filtern oder der Methode der kleinen Quadrate durchgeführt werden.

---

[500] *Beispiele*: (1) Setzen Sie sich – falls Sie alt genug sind – gedanklich zurück in die Zeit kurz vor Einführung des iPhones. Der klassische Handymarkt (ergänzt um das damals erfolgreiche Blackberry) konnte auf Basis einer Trendextrapolation auf erwartete hohe Umsatzsteigerungen hoffen. Diese traten aber dann nicht ein, wie vor allem Nokia durch Einbußen an Umsätzen und Marktanteilen feststellen konnte. Der Markt war zu dynamisch – sowohl bei der Nachfrage als auch bei den Angeboten (vom Handy zum Smartphone) –; sich auf Trendextrapolationen zu verlassen, wäre ein großer Fehler gewesen. (2) Bei der Bevölkerungsstatistik stellt sich die Anwendungsproblematik völlig anders dar. Hier haben in der Vergangenheit die Prognosen immer wieder gezeigt, dass seriöse Trendextrapolationen sehr genaue Entwicklungen vorhersagen können. Dies trifft ganz besonders zu, wenn sie auf den tatsächlichen Geburtenzahlen basieren (spätere Alterspyramiden u. Ä.), aber auch bei der Prognose von Geburtenzahlen. Stabilität und offenbar ein Zusammenhang von Geburtenhäufigkeiten zur wirtschaftlichen Entwicklung einer Nation tragen zur Genauigkeit und Verlässlichkeit entscheidend bei.

Zu (2): Zeitreihenanalyse

Die Zeitreihenanalyse kann als Verfeinerung der Trendextrapolation gesehen werden. Die pauschalen Annahmen der Trendextrapolation sollen bei der Zeitreihenanalyse dadurch ausgeglichen werden, dass untersucht wird, ob innerhalb eines bestimmten Zeitabschnitts zyklische oder periodische Regelmäßigkeiten oder auch Unregelmäßigkeiten zu erkennen sind. Grundlage für eine Zeitreihenanalyse ist, dass eine bestimmte, zu prognostizierende Größe in regelmäßigen Abschnitten erhoben wird, um anschließend aus den einzelnen Beobachtungswerten eine Zeitreihe bilden zu können. Dafür wird die Zeitreihe in einzelne Abschnitte zerlegt: Bei der Zerlegung wird zunächst der saisonale Faktor, dann der Trendfaktor und schließlich der zyklische Faktor bestimmt. Die Vorhersage ergibt sich schließlich aus der Multiplikation der drei Faktoren sowie einer Störgröße. Die Zerlegung der einzelnen Zeitreihenkomponenten kann mittels der Verfahren der Differenzbildung, des gleitenden Durchschnitts oder des exponentiellen Glättens durchgeführt werden.[501]

Zu (3): Indikatormethode

Die Indikatormethode weist eine enge Verbindung zur Analogieschlussmethode auf. Hier wird anhand eines quantitativ ausgedrückten Indikators eine Entwicklung aus einem strukturell ähnlichen Bereich auf die Entwicklung einer zu prognostizierenden Größe übertragen. Indikatoren stellen Zustände oder Ereignisse dar und fungieren als „Anzeiger" für eine Prognose. Ein Einsatzgebiet der Indikatormethode ist beispielsweise der Geschäftsklimaindex.[502]

---

[501] S. ausführlich zu den Methoden Berekoven, Eckert & Ellenrieder 2009, S. 246.

[502] *Beispiele*: Bekannt ist der monatliche ifo-Geschäftsklimaindex vom ifo-Institut (www.cesifo-group.de). Seit 1972 versucht er, Frühindikatoren für die konjunkturelle Entwicklung zu erheben. Geschäftsklimaerwartungen werden via Fragebogen erhoben. Gerade Veränderungen, die über drei Monate hin Bestand haben, sollen eine Trendwende in der Konjunktur „indizieren". (2) Industrie- und Handelskammern (z. B. www.ostwestfalen.ihk.de/standortpolitik/konjunktur/konjunkturbericht/) bieten für die regionale Wirtschaft ähnliche Auswertungen an.

Kennzeichnend für die Methode ist, dass der Indikator und die Prognosegröße nicht in einem Ursache-Wirkungszusammenhang stehen, sondern der Indikator gilt lediglich als Zeichen für eine bestimmte, nicht weiter hinterfragte Entwicklung. Tritt ein bestimmter Zustand oder ein bestimmtes Ereignis auf, so kann anhand des Indikators eine Vorhersage für die Entwicklung einer bestimmten Prognosegröße gemacht werden. Voraussetzung für die Anwendbarkeit des Indikators ist, dass dieser zeitlich vorgelagert zur Prognosegröße sowie schnell und einfach ermittelt werden kann.

3. Auswahl einer Prognosetechnik

Welche Prognosetechnik im Einzelnen heranzuziehen ist, hängt von fünf wesentlichen Kriterien ab:[503] Prognosegenauigkeit, Prognosekosten, Komplexität und Benutzerfreundlichkeit des Verfahrens, Prognosezeitraum und Prognosedatenbasis. So müssen die einzelnen Einschränkungen hinsichtlich der Genauigkeit einer Prognose bei den einzelnen Verfahren bedacht werden. Gleichzeitig muss jedoch auch abgeschätzt werden, ob die angestrebte Genauigkeit auch wirtschaftlich zu vertreten ist. Die Prognosekosten dürfen deshalb nicht vernachlässigt werden. Letztlich muss jedes Verfahren auch angewendet werden können. Verfügt die Unternehmung nicht über das notwendige Know-how, um bestimmte mathematisch-statistische Operationen durchzuführen, so müssen Prognosen entweder extern erstellt werden oder aber auf eingängigere Prognosemodelle zurückgegriffen werden. Allein die drei ersten Punkte reichen nicht für die Entscheidung für ein Prognosemodell aus. Wichtig sind vor allem auch der Zeitraum, innerhalb der eine Prognose durchgeführt werden soll oder auf den sich eine Prognose beziehen soll (kurz-, mittel- oder langfristige Prognose) und die vorliegende oder beschaffbare Datenbasis. Die oben beschriebenen Prognoseverfahren zeigen auf, dass hier deutliche Restriktionen vorliegen.

---

[503] S. Macharzina & Wolf 2012, S. 877-879, und die dort zitierte Literatur.

III. Kreativitätstechniken

1. Kreativität in Unternehmungen

Mit dem Begriff „Kreativität" wird gemeinhin die Schaffung von etwas Außergewöhnlichem oder Originellem verstanden, wobei unterschiedliche Auffassungen darüber bestehen, ob auch eine Verbesserung von etwas Vorhandenem kreativ ist oder nur die Schaffung von etwas Neuartigem. Strittig ist des Weiteren, ob Kreativität die Schaffung eines Nutzens impliziert oder ob auch abwegige Ideen als kreativ bezeichnet werden können.[504]

Hier soll Kreativität als Eigenschaft, als Produkt, als Anforderung und Förderungsziel interpretiert werden: Sie kann als Eigenschaft verstanden werden, welche jeder Mensch in unterschiedlicher Ausprägung aufweist, oder sie kann sich auf ein erschaffenes Ergebnis (Produkt) beziehen. In Bezug auf die Unternehmung kann sie des Weiteren eine Anforderung an bestimmte Positionen darstellen (z. B. in den Bereichen Forschung & Entwicklung, Design). Darüber hinaus stellt sie ein Förderungsziel einer Unternehmung in dem Sinne dar, dass dadurch die Entwicklung innovativer Problemlösungen auf unterschiedlichen Planungs- und Hierarchieebenen ermöglicht und auch initiiert wird sowie somit neue Entwicklungsmöglichkeiten für Personen oder auch hinsichtlich eines Produktes oder Prozesses entstehen.

In Bezug auf die im Kontext der Planung stehende Kreativität sind zum einen die erfinderische Kreativität und zum anderen die innovative Kreativität zu differenzieren. Erstere zielt darauf ab, neue Anwendungsmöglichkeiten für bekannte Grundprinzipien zu entdecken. Letztere hingegen bezieht sich auf neuartige gedankliche Konzepte. Hier geht es um die Entwicklung neuartiger Technologien, welche erst dadurch entstehen können, wenn bestimmte fundamentale Prinzipien verstanden werden (Bsp.: Wankelmotor).[505]

---

[504] S. Schuler & Görlich 2007, S. 1-5, auch zum folgenden Absatz.

[505] Grundvoraussetzung für die Entfaltung von Kreativität ist i. Allg. das Vorhandensein eines kreativitätsfreundlichen Klimas. Dieses wird i. W. durch die Unternehmungskul-

2. Systematisierung der Kreativitätstechniken

Die Kreativitätstechniken beziehen sich in Anlehnung an obige Ausführungen auf die im Planungsprozess wiedergegebene Suche nach Handlungsalternativen. Sie sollen die Akteure zu schöpferischen Leistungen anregen.

Grundsätzlich lassen sich verschiedene Herangehensweisen zur *Förderung von Kreativität* unterscheiden:[506]

– Freie Assoziation. Einfälle können von den Teilnehmern frei und unzensiert geäußert werden. Aus den einzelnen Ideen, sollen neue Ideen oder Ideenkombinationen entstehen.

– Bildhaftigkeit. Es wird auf „vor-rationales, bildhaftes" Denken zurück gegriffen, um so neue Sichtweisen und Lösungsansätze zu erlangen.

– Analogien. Ähnlichkeiten und Unterschiede zu einem bestimmten Sachverhalt werden aus einem anderen Kontext, welcher jedoch eine ähnliche Struktur aufweist, herausgearbeitet, und so wird der Blick für neue Lösungsansätze geschärft.

– Verfremdung und Zufallsanregung. Hier geht es um das Aufbrechen feststehender Denkmuster durch die Verfremdung mittels Zufallseffekten oder daraus folgenden Assoziationen.

– Systematische Variation. Elemente einer Problemsituation werden aus dem Zusammenhang heraus gelöst und systematisch variiert, so dass die Vielfalt der Lösungsmöglichkeiten erweitert wird.

Einige der unter die Kategorisierungen fallenden Methoden greifen dabei auf Synergien durch Gruppenarbeiten zurück, welche in der Regel im Durchschnitt bessere Ergebnisse erzielen als Einzelpersonen. Zu den gruppenbezogenen Methoden gehören das Brainstorming, das Brainwriting sowie die Sy-

---

tur geprägt. Einfluss darauf nehmen des Weiteren die Zusammensetzung der Gruppe, innerhalb derer Problemlösungen gefunden werden sollen, der Führungsstil, die Organisationsstruktur, das Lern- und Innovationsklima sowie die Leistungsbeurteilung.

[506] S. Schuler & Görlich 2007, S. 91.

nektik und die damit verbundene Bionik, welche auf Assoziationen und Analogien beruhen. Darüber hinaus existieren verschiedene Methoden über die Techniken von Assoziationen und Analogien hinaus, die den kreativen Prozess durch die Systematisierung, Analyse oder Synthese der Aufgabenstellung fördern. Diese sind die morphologische Matrix bzw. der morphologische Kasten, das morphologische Tableau und das Attribute-Listing (I.III.5).

3. Methoden der freien Assoziation

Im Rahmen der freien Assoziation werden vor allem zwei Ansätze favorisiert:

(1) Brainstorming und

(2) Brainwriting.

Zu (1): Brainstorming

Die Brainstorming-Methode ist am Besten mit der „Methode des gemeinsamen Nachdenkens" zu beschreiben.[507] Beim Brainstorming wird eine Gruppe von vier bis zwölf Personen gebeten, eine Problemlösung mittels der freien Assoziation zu treffen.

Das Brainstorming ist in verschiedene *Phasen* aufgeteilt.

– In einer ersten Phase geht es darum, spontane Einfälle zu einer Fragestellung zu äußern. Ein Moderator notiert alle Einfälle auf einer Tafel oder etwas Vergleichbarem. Folgende *Grundprinzipien* sind einzuhalten: (1) Keine Kritik: Geäußerte Ideen dürfen nicht sofort bewertet oder kritisiert werden! (2) Ideen freien Lauf lassen: Es sollen keine Hemmungen hinsichtlich der Ideen bestehen. Alles, was gedacht wird, soll auch gesagt werden, da dies vielleicht später dazu dient, neue Ideen zu generieren! (3) Quantität

---

[507] S. Macharzina & Wolf 2012, S. 882-883, Osborn 1963, Schuler & Görlich 2007, S. 92-95, Schulte-Zurhausen 2014, S. 613-615.

von Ideen: Es sollten viele Ideen vorgebracht werden, da nur ein kleiner Teil später verwertbar ist! (4) Kombinationen und Verbesserungen anstreben: Ideen anderer sollten von den Teammitgliedern erweitert und eventuell mit eigenen Ideen kombiniert werden, um so wiederum quantitativ mehr und qualitativ bessere Ideen zu generieren!
– Nach dieser Brainstorming-Phase i. e. S. erfolgt eine Ordnungs- und Auswertungsphase, innerhalb derer die einzelnen Vorschläge bewertet, weiterentwickelt und die besten Ideen ausgewählt werden.

Das Brainstorming in seiner reinen Form ist in die *Kritik* geraten, da Studien anzeigen, dass nur jede zehnte der geäußerten Ideen brauchbar ist. Dafür werden relativ viele Ideen „produziert". Auch wenn die Brainstorming-Technik relativ einfach nachzuvollziehen ist, so entstehen bei ihrer Anwendung auch immer wieder Probleme. Offenbar ist es für viele Teilnehmer schwierig, die Regeln einzuhalten.[508]

Um dazu beizutragen, diese effizient einzusetzen, sind die wichtigsten Aspekte nachfolgend zusammengefasst:[509] Trennung von Individualphase und Gruppenphase (individuelle Ideenproduktion, Ideenintegration in der Gruppe), klare Problemdefinition, hohe, inhaltlich und präzise Zielsetzung, eher geringe Gruppengröße, positive, offene, vertrauensvolle Gruppenatmosphäre aus Partizipations- und Personalentwicklungsgründen alle Mitarbeiter als Einheit zu beteiligen, es sei denn, die Beauftragung von kreativen Mitarbeitern ist viel aussichtsreicher.

---

[508] *Beispiel*: Offenbar ist es u. a. für die wenig geübten Teilnehmer(innen) quasi „unmöglich", unkommentiert Ideen anderer Personen über einen Zweitraum von fünf bis zehn Minuten anzuhören. Kommentare und/oder Mimik werden nicht zurückgehalten. So einfach die Methode ist, sie erfordert Konzentration und Erfahrung sowie einen konsequenten Moderator.

[509] S. Schuler & Görlich 2007, S. 95, Hauschildt & Salomo 2011, S. 282-283.

Zu (2): Brainwriting

Um die Probleme, die durch die Dominanz einzelner Teilnehmer in einer herkömmlichen Brainstorming-Methode entstehen können, zu vermindern, aber auch aufgrund der Tatsache, dass heutige Probleme komplexere Denkprozesse und Ideen mit sich bringen, ist die Methode des Brainwritings entstanden. Am bekanntesten ist die „*Methode 635*", deren Ziffern dafür stehen, dass sechs Teilnehmer drei Ideen in Zeitabschnitten von fünf Minuten aufschreiben müssen. Hat ein Teilnehmer innerhalb von fünf Minuten seine drei Ideen aufgeschrieben, reicht er das Blatt an ein weiteres Gruppenmitglied weiter. Der Nachfolger versucht die Ideen des/der Vorgänger(s) weiterzuentwickeln oder neue hinzuzufügen. Dieses Vorgehen wird solange wiederholt, bis alle sechs Teilnehmer insgesamt sechsmal ihre Ideen niedergeschrieben haben.[510] Siehe zu einem Beispiel Abbildung 45.

Problem:		Ferien auf Grönland: Wie gestalten wir sie attraktiv?				
1. Idee		2. Idee		3. Idee		
Im Iglu schlafen	1/1	Eisbären-Fotosafari	2/1	Fische-Fress-Fest	3/1	1. Teilnehmer
Iglu selbst bauen (aus 1/1 abgeleitet)	1/2	Fotolabor zum Entwickeln vor Ort (aus 2/1 abgeleitet)	2/2	Fischrezept-Wettbewerb (aus 3/1 abgeleitet)	3/2	2. Teilnehmer
Iglubau-Wettbewerb (aus 1/2 abgeleitet)	1/3	Eisbär aus Schnee modellieren (neue Idee)	2/3	Fischestechen im arktischen Eis (aus 3/2 abgeleitet)	3/3	3. Teilnehmer
Hundeschlittensafari (neue Idee)	1/4	Iglu-Hotel bauen (aus 1/1 abgeleitet)	2/4	./.	3/4	4. Teilnehmer
Kurs „Fische grillen" (aus 3/2 abgeleitet)	1/5	Hundeschlittenkurs (abgeleitet aus 1/4)	2/5	Wanderungen (neue Idee)	3/5	5. Teilnehmer
Grönlanddurchquerungen via Schlitten (abgeleitet aus 3/5)	1/6	Surfival-Trainings (abgeleitet aus 1/4)	2/6	Wettbewerb um Schneemodelle (abgeleitet aus 2/3)	3/6	6. Teilnehmer

Abb. 45: Beispiel einer 635-Ideenkarte
Quelle: Angelehnt an Pepels 2006, S. 24.

Die Vorgehensweise ist einfach. Es werden viele Ideen generiert, und diese werden nicht zerredet. Problematisch ist, das kein direktes Feedback erfolgt und der starre Ablaufmechanismus die Kreativität stören kann. Sie ist daher

---

[510] S. Schulte-Zurhausen 2014, S. 635-636, Hauschildt & Salomo 2011, S. 283-286.

eher für Probleme geringer bis mittlerer Komplexität geeignet, auch zur systematischen Vertiefung der durch ein Brainstorming erarbeiteten Ideen. Wichtig ist dabei die gemeinsame Diskussion, Kategorisierung und Bewertung aller Ideen durch die Gruppe – begleitet durch einen kompetenten Moderator.

4. Techniken der Analogiebildung

Bei den Techniken der Analogiebildung finden zwei Konzepte Anwendung:

(1) Synektik und

(2) Bionik.

Zu (1): Synektik

Die Methode der Synektik basiert auf Ergebnissen aus Studien zu Denk- und Lösungsprozessen. Mit ihr werden gezielt – verfremdete – Aussagen zum eigentlichen Problem gesucht. Die damit verbundenen kreativen Prozesse bei analogen Problemen werden danach auf das Ausgangsproblem übertragen bzw. genutzt.[511]

Drei Arten der Verfremdung sind geläufig:

- Das Bilden von *persönlichen Analogien*: Hier geht es um die eigene Identifikation mit einem Objekt oder technischen Verfahren, um sich so besser in einen Gegenstand „einfühlen" zu können und daraus neue Perspektiven gewinnen zu können (Bsp.: Wenn ich eine Solarzelle wäre, wie würde ich mich als solche fühlen?).
- Das Bilden von *direkten Analogien* wird auf ähnliche Vorgänge aus anderen Wissensgebieten zurückgegriffen (Bsp.: Kann ich aus den Kenntnissen zur Kundenbindung Rückschlüsse auf die Mitarbeiterbindung ziehen?).

---

[511] S. Gordon 1961, S. 33-56, auch zum Folgenden.

- Das Bilden von *symbolischen Analogien* greift auf bildhafte Vorstellungen zurück. In Bezug auf die symbolische Analogie wird häufig der Ausdruck „Buchtitel" verwendet. Dann werden Reizworte gebildet, die das Problem umschreiben, anschließend wird versucht, einen symbolischen Buchtitel zu finden (Bsp.: Reizwort: Maschinengewehrfeuer; Buchtitel: Zusammenhängende Pausen). Durch den Versuch zu verstehen, warum jemand einen bestimmten, manchmal merkwürdig anmutenden Buchtitel wählt, wird häufig ein besseres Problemverständnis innerhalb der Gruppe erzielt.
- Das Bilden von *phantastischen Analogien*. Hier wird versucht, sich die Welt bildhaft so vorzustellen, dass alles, was man sich vorstellen kann, auch möglich ist. Dabei muss auch auf Naturgesetze keine Rücksicht genommen werden (Bsp.: Was würde geschehen, wenn wir die Arktis als einen Weltkühlschrank benutzen würden?).

Synektik-Sitzungen sind anspruchsvoll sowie fordern Disziplin und Akzeptanz von Ungewohntem. Der *Ablauf einer Synektik-Sitzung* gestaltet sich in unterschiedlichen Phasen (s. Abb. 46):

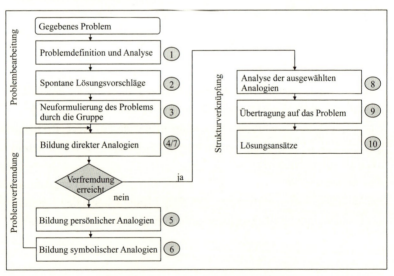

Abb. 46: Ablaufplan einer Synektik-Sitzung
Quelle: In enger Anlehnung an Macharzina & Wolf 2012, S. 887.

(1) In einem ersten Schritt, wird das Problem, welches der Gruppe gestellt wurde, erläutert. Nach der allgemeinen Erläuterung wird ein Experte hinzugezogen, welcher das Problem noch einmal erläutert und welcher selbst Mitglied der Synektik-Gruppe ist. (2) Anschließend äußern die Mitglieder ihre spontanen Einfälle zur Problemlösung. Hier wird in der Regel auf bekannte Lösungen zurückgegriffen. (3) Im nächsten Schritt formuliert jedes Mitglied das Problem noch einmal so, wie er es verstanden hat oder welche Zielvorstellung er hat. Dieses Verständnis wird noch einmal mit der anfangs formulierten und erläuterten Problemstellung verglichen. Sollte das Verständnis noch nicht klar sein, empfiehlt es sich, das Problem nochmals zu erläutern, d. h. den Prozess von vorn zu beginnen. (4)/(7) Ist eine Übereinstimmung der Verständnisse vorhanden, so beginnt der Teamleiter, nun herausfordernde Fragen zur Schaffung von Analogien zu stellen. Man startet mit direkten Analogien. (8) Ist eine Verfremdung erfolgt und eine Lösung gefunden, so wird diese vom Team analysiert. (5)/(6) Ist die Verfremdung nicht ausreichend oder wenn man mehrere Verfremdungen nutzen will, geht man einen Schritt zurück und setzt die Analogiebildung fort (persönliche und symbolische Analogien), um weitere Lösungen zu finden. (8) Diese werden wiederum analysiert. (9) Im nächsten Schritt werden die verschiedenen erarbeiteten Lösungen mit dem eigentlichen Problem wieder in Verbindung gebracht. Dieses Verfahren wird auch als „force-fitting" (ein mit Gewalt angleichendes Verfahren) genannt. Bei diesem Anpassungsverfahren ist es möglich, dass weitere Gedanken zur Lösung des Problems geäußert werden. (10) Die daraus entstehenden neuen Gesichtspunkte in Bezug auf das Problem bilden die Basis, um neue Lösungen zu finden.[512]

---

[512] *Beispiele* für erfolgreichen Synektik-Einsatz: (1) Problemstellung: Gestaltung eines kinderfreundlichen Autos → Reizwort/Analogie: Schallplatte (dreht sich) → Dreh-Sitz, auf dem sich die Eltern zum Kind wenden können. (2) Problemstellung: Entwicklung einer Tapeziermaschine → Reizwort/Analogie: Keilriemen (treibt mehrere Rollen an) → zwei gegeneinander laufende Walzen (eine Walze spult die Tapete ab, die zweite Walze trägt den Kleister auf; beide sind am oberen Ende einer Stange angebracht, die zur Führung an der Wand dient). (3) Problemstellung: Einrichtung für das Büro der Zukunft → Reizwort/Analogie: Federkern einer Matratze (vibrieren) → Sessel mit Vibrationsautomatik (Entspannung während der Pausen). Vgl. Neumann 2004.

Bewertend lässt sich Folgendes festhalten: Die Synektik liefert zwar quantitativ relativ wenig Ideen, dafür aber um so nützlichere. Allerdings haben viele (potenzielle) Teilnehmer(innen) Probleme, sich auf die Verfremdungen im Beisein von anderen einzulassen. Die Diskrepanz zum Alltagsverhalten und die Gefahr, sich lächerlich zu machen, sind ihnen zu groß. Erst eine unterstützende Kultur und der wiederholte erfolgreiche Einsatz stärkt die Akzeptanz.

Zu (2): Bionik

Die Bionik wird vielfach als interdisziplinäre Wissenschaft angesehen. Sie greift Kenntnisse und Wissen aus dem Bereich der Biologie (verstanden als Evolutionsprozess der Natur) auf und verknüpft sie mit Problemen aus der Technik. Der Ablauf gleicht dabei der einer Synektik-Sitzung. Die Bionik ist eng mit der Kybernetik verwandt. Beide gehen ein Problem jedoch aus unterschiedlichen Richtungen an. Während die Bionik für die Lösung technischer Probleme Analogien aus der Biologie zur Hilfe nimmt, untersucht die Kybernetik biologische Systeme, um hieraus Analogien zu physikalisch-technischen Systemen zu entwickeln.

Der *kreative Prozess* verläuft in etwa in folgenden Schritten: (1) Problemdefinition, (2) systematische Suche nach analogen Problemen und deren Lösungen in der Natur (Angesichts der Vielfalt ist dies keine einfache und vor allem eine kreativ zu lösende Aufgabe.), (3) theoretische und/oder systematische Fundierung der im Evolutionsprozess entstandenen Lösungen (Warum haben sich bestimmte Varianten als leistungsfähiger erwiesen als andere?), (4) Prüfung der Übertragbarkeit auf das Problem und der Machbarkeit der Problemlösung (Kann die strömungstechnisch optimierte Hautbeschaffenheit des Hais auf die Oberflächenstruktur eines Flugzeugs übertragen werden?).[513]

---

[513] S. Hoffmann 1980, S. 155-164, Hauschildt & Salomo 2011, S. 292-295.
In der Praxis finden sich vielfältige *Beispiele* für die Anwendung. So wurden Überzüge von Unterwasserfahrzeugen auf Grund von Erkenntnissen über die geschwindigkeitszuträglichen Eigenschaften der Delfinhaut entwickelt, Bodengeschwindigkeitsmesser aus der Wirkungsweise eines Käferauges etc.

Die Bionik steht trotz mancher Erfolge noch eher am Anfang ihrer Entwicklung, kein Wunder bei der Komplexität ihrer Möglichkeiten. Sie ist auch nur am Rande als Kreativitätstechnik zu verstehen. Sie gibt zwar innovative Anregungen zur Problemlösung, aber eher nach einem systematisch-analytischen vollzogenen Suchprozess. Als „kreativ" einzuschätzen ist vor allem das Auffinden nutzbarer Beispiele aus der Natur. Die Zukunft der Bionik wird nach wie vor als vielversprechend eingeschätzt.

5. Techniken der systematischen Variation

Techniken der systematischen Variation konzentrieren sich insbesondere auf den *morphologischen Kasten (i. d. R. synonym: morphologische Matrix)*. Er beruht auf der Entwicklung von morphologischen Methoden bzw. Methoden des geordneten Denkens des Astrophysikers *Zwicky*. Mit ihrer Hilfe wird ein Problem in seine unterschiedlichen, voneinander unabhängigen Parameter zerlegt. Diese werden in der ersten Spalte einer Tabelle aufgeführt. In den nachfolgenden Spalten werden unterschiedliche Ausprägungen der einzelnen Parameter aufgeführt. Jede Ausprägung stellt dabei für sich eine Lösungsalternative dar. Ob diese für die Problemlösung sinnvoll ist, wird in einem letzten Schritt mit Blick auf das Gesamtproblem bewertet. Dieses Vorgehen führt nicht zwangsläufig zu einer gleichmäßigen n x m-Matrix, da zu jedem Parameter unterschiedlich viele Lösungsmöglichkeiten gefunden werden können.[514] Abbildung 47 visualisiert zwei Lösungsalternativen zum Bau einer Kaffeemaschine auf Basis von vier Parametern (1-4) und bis zu drei Ausprägungen (A, B, C) im Rahmen einer zweidimensionalen Darstellung.

---

[514] S. Schulte-Zurhausen 2014, S. 618-619, Hauschildt & Salomo 2011, S. 288-292.

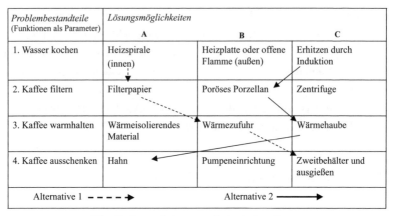

Problembestandteile (Funktionen als Parameter)	Lösungsmöglichkeiten A	B	C
1. Wasser kochen	Heizspirale (innen)	Heizplatte oder offene Flamme (außen)	Erhitzen durch Induktion
2. Kaffee filtern	Filterpapier	Poröses Porzellan	Zentrifuge
3. Kaffee warmhalten	Wärmeisolierendes Material	Wärmezufuhr	Wärmehaube
4. Kaffee ausschenken	Hahn	Pumpeneinrichtung	Zweitbehälter und ausgießen
Alternative 1 – – – – ▶		Alternative 2 ——▶	

Abb. 47: Beispiel eines morphologischen Kastens
Quelle: In enger Anlehnung an Macharzina & Wolf 2012, S. 889.

Durch diese Systematik werden alle wesentlichen Aspekte eines Problems berücksichtigt, analytisches mit kreativem Denken verknüpft, auch komplexe
Probleme bearbeitet sowie durchaus überraschende Lösungsalternativen erarbeitet. Sie ist allerdings zeitaufwendig und verursacht eine schwierige Auswahl sinnvoller Lösungen. Dies spricht aber nicht gegen ihren Einsatz, da die
genannten Stärken in manchen Problemsituationen einen hohen Wert haben.

Varianten des morphologischen Kastens liegen vor:

– Das *morphologische Tableau* unterscheidet sich von dem morphologischen
  Kasten dadurch, dass die Ausprägungen Parametern, die sich in Kopfzeile
  und linker Spalte einer Matrix befinden, zugeordnet werden. Damit wird
  jeder Parameterkombination eine Ausprägungskombination zugeordnet,
  welche für sich eine Lösungsalternative darstellt. Bekannte oder unrealistische Lösungen werden schließlich gekennzeichnet, so dass nur noch wenige Alternativen bestehen bleiben.[515]

– Das *Attribute-Listing* findet vielfach bei Produkt- oder Verfahrensverbesse-
  rungen Anwendung. Es bedient sich ebenfalls morphologischer Methoden.

---

[515] S. Gerschka & Schwarz-Gerschka 2011.

Ein Produkt oder Problem wird dabei in seine unterschiedlichen Bestandteile aufgeteilt und der Ist-Zustand beschrieben. Anschließend kann nach
Variationsmöglichkeiten gesucht werden. Diese können sich an einer Zielvorgabe orientieren. Die Methode des Attribute-Listing hat sich gerade bei
Produkten mit besonderen Eigenschaften bewährt. Als nachteilig kann jedoch die Gefahr gesehen werden, dass die Sichtweise der Teilnehmer vom
bestehenden Ideenspektrum eines Produktes zu sehr eingeengt wird.[516]

- Ein *dreidimensionaler morphologischer Kasten* versucht drei Parameter
  (bzw. -ausprägungen) miteinander zu kombinieren, um so die Mehrdimen-
  sionalität von Problemen treffender berücksichtigen zu können.[517]

6. Bewertungstechniken

Bewertungstechniken setzen vor allem im Planungsprozess bei der Bewertung
der Handlungsalternativen an. Sie dienen dazu, die im vorherigen Prozess ermittelten Handlungsalternativen in Bezug auf ihren Aufwand und Nutzen zu
beurteilen und vergleichbar zu machen. Der Wert einer Alternative ist dabei
abhängig von deren Zielwirksamkeit. Die einzelnen Alternativen können auf
dieser Grundlage in eine Rangordnung gebracht werden, welche wiederum als
Basis für eine Entscheidung dient. Damit eine Entscheidung auch für Dritte
nachvollziehbar ist, bieten verschiedenste Bewertungsmethoden eine systematische und vor allem nachvollziehbare Vorgehensweise.[518]

Um eine Nachvollziehbarkeit und Aussagekräftigkeit zu gewährleisten, sollten
in einem Bewertungsprozess folgende *Anforderungen* erfüllt werden:

- Transparenz (Ziele, Kriterien, Gewichtungen müssen bekannt sein und offen gelegt werden.),

---

[516] S. Kollmann 2011, S. 129-130.

[517] S. Wiegand 2004, S. 447-449.

[518] S. Domsch & Reineke 1989, Sp. 143-146.

- Einheitlichkeit (Alle Alternativen müssen nach einer einheitlichen Bewertungsvorlage bewertet werden.),
- Vollständigkeit (In die Urteilsbildung müssen alle bewertungsrelevanten Aspekte – wie Ziele, Kriterien, Handlungsalternativen – einfließen.) und
- Widerspruchsfreiheit (Ergebnis einer Bewertung sollen sich ausschließende Alternativen sein, die voneinander unabhängig sind.).

Da in der Literatur eine *Vielzahl* unterschiedlicher Bewertungstechniken existiert, sollen die in der Praxis häufig verwendeten Verfahren skizziert werden:

- Die *Kosten-Nutzen-Analyse* kann angewendet werden, um verschiedene Investitionsalternativen hinsichtlich ihres zu erwartenden Erfolgs zu vergleichen und darauf aufbauend eine Investitionsentscheidung zu treffen. Dazu werden die zu erwartenden Kosten und Erlöse einer Alternative auf den gegenwärtigen Zeitpunkt abdiskontiert und einander gegenübergestellt. Die Alternative mit der höchsten Differenz zwischen Erlösen und Kosten wird schließlich gewählt.[519]Problematisch bei der Kosten-Nutzen-Analyse ist vor allem die Abschätzung der Kosten und Erlöse.
- Mittels der *Break-Even-Analyse* können Umsatz- und Kostenverläufe gegenübergestellt werden, um so die kostendeckende Auslastung bestimmen zu können. Die Gewinnschwelle wird durch den Schnittpunkt von Umsatz- bzw. Absatz- und Kostenkurve repräsentiert (Break-Even-Point). Kennzeichen der Break-Even-Analyse ist die Aufspaltung der Gesamtkosten in fixe und variable Kosten. Bei geringen Ausbringungsmengen liegen die Fixkosten zumeist über den Erlösen, was zu Verlusten führt. Erst eine hohe Ausbringungsmenge verbessert die Relation zwischen Erlösen und Kosten. Mittels der Break-Even-Analyse können im Planungsprozess einzelne Alternativen hinsichtlich ihrer Zielauswirkungen bzw. insbesondere ihrer Zieluntergrenzen gegenübergestellt werden. Darüber hinaus wird die Notwendigkeit von bestimmten Mindestausbringungsmengen betont. Das Ver-

---

[519] S. hierzu und zu ähnlichen Techniken Schulte-Zurhausen 2014, S. 621-632.

fahren der Break-Even-Analyse bezieht sich eher auf einen kurzfristigen Planungshorizont, ist statisch und vernachlässigt andere Einflussfaktoren.

- *Punktbewertungsverfahren* (synonym: Scoring-Modelle, Bewertungs-matrix) berücksichtigen alle entscheidungsrelevanten Einflussfaktoren der zu bewertenden Alternativen. Den einzelnen Beurteilungskriterien wird ei-ne Skala (bspw. eine Notenskala) zugeordnet. So wird für jedes Kriterium festgehalten, inwiefern die zu bewertende Alternative das Kriterium erfül-len kann. Auf Basis des Erfüllungsgrades werden Punkte vergeben. Am Ende werden alle Punkte addiert oder multipliziert, um den Projektindex oder -wert zu ermitteln, welcher als „Erfolgsmaß" einer Alternative gese-hen werden kann. Das Verfahren kann die Gewichtung der Kriterien erwei-tert werden.[520] Tabelle 12 zeigt die Bewertung zweier Strategiealternativen.

Tab. 12: Punktbewertungsmodell (Beispieltabelle)

Bewertungskriterien	Gewichtung von 1 bis 10	Strategie A		Strategie B	
		Punkte 1 bis 10	Punkte x Gewicht	Punkte 1 bis 10	Punkte x Gewicht
Produktqualität	9	9	81	7	63
Lieferzeiten	7	7	49	7	49
Lieferzuverlässigkeit	9	8	72	6	54
Preis	8	6	48	9	72
Ruf	9	8	72	6	54
Flexibilität	7	6	42	9	56
...					
Gesamtpunktzahl			...		...

- Auch beim *Relevanzbaumverfahren* wird eine Entscheidungsalternative aufgrund von verschiedenen Kriterien bewertet. Der Hauptfokus besteht darin, darzustellen, welches Kriterium welchen Zielbeitrag leistet. So kön-nen Ziel-Mittel-Beziehungen grafisch visualisiert werden. Zu Beginn des Relevanzbaumverfahrens wird jedes einzelne Teilkriterium auf seinen Bei-trag zur Zielerreichung hin untersucht. Anschließend werden die einzelnen Ziele und Mittel in eine hierarchische Ordnung gebracht. Als letzter Schritt wird der Relevanzbaum schließlich ausgewertet.

---

[520] S. Wagener 1978, S. 52-53, Schuler & Görlich 2007, S. 96-99.

- Ähnlich ist das *Entscheidungsbaumverfahren*. Ein Entscheidungsbaum besteht aus mehreren Knoten und Kanten. Knoten können zum einen Entscheidungssituationen von beispielsweise Käufern oder Konkurrenten darstellen (Ereignisknoten) oder aber auch Entscheidungssituationen der Unternehmung (Entscheidungsknoten). Die einzelnen Knoten werden durch Kanten verknüpft. Jeder Verbindung von Ereignis- und Entscheidungsknoten wird eine Wahrscheinlichkeit zugeordnet. Gewählt wird die Alternative, die den höchsten Erwartungswert in Bezug auf die Zielerreichung aufweist. Kennzeichnend für den Entscheidungsbaum ist, dass ein Gesamtproblem in Teilprobleme zerlegt wird, welche sukzessive gelöst werden.

Welches Bewertungsverfahren in einem konkreten Fall herangezogen wird, ist abhängig von der jeweiligen Bewertungssituation und kann mit Hilfe des folgenden *Fragenkataloges* geklärt werden:[521]

- Wer führt die Bewertung aus? (Einzelpersonen oder Gruppen)
- Was soll bewertet werden? (Bewertungsobjekt, z. B. Gegenstände, Handlungen, Lösungen, etc.)
- Welches Ziel soll ein bestimmtes Bewertungsobjekt erfüllen? (Dies ergibt sich aus der Zielbildung zu Beginn des Planungsprozesses.)
- Nach welchen Kriterien soll bewertet werden? (ebenfalls in Abhängigkeit vom Zielsystem)
- Wie sollen die Kriterien untereinander gewichtet werden? (Welches ist von höherer Bedeutung im Hinblick auf die Zielerreichung, welches weniger?)
- Welcher Bewertungsmaßstab soll zugrunde gelegt werden? (Skalen oder andere Erfassungsmöglichkeiten)
- Welchen Wert weist eine Alternative bezüglich eines bestimmten Kriteriums auf?

Je nach Beantwortung der einzelnen Fragen kann eine bestimmte Bewertungstechnik ausgewählt werden.

---

[521] S. Domsch & Reinecke 1989, Sp. 144-145.

Literaturverzeichnis

Albert, H. & *Topitsch,* E. (Hrsg): Werturteilsstreit. Darmstadt *1971.*

Albert, H.: Wertfreiheit als methodisches Prinzip. Zur Frage der Notwendigkeit einer normativen Sozialwissenschaft. In: Logik der Sozialwissenschaften. Hrsg. v. E. Topitsch, Köln & Berlin *1971,* S. 181-210.

Alchian, A. A. & *Demsetz,* H.: Production, information cost and economic organization. In: The American Economic Review (AER), 62 (*1972*) 5, S. 777-795.

Atkinson, J. W.: An introduction to motivation. Princeton u. a. *1964.*

Atteslander, P.: Methoden der empirischen Sozialforschung. 12., neu bearb. u. erw. Aufl., Berlin & New York *2010.*

Auer, L. von: Ökonometrie. Eine Einführung. 4., verb. Aufl., Berlin *2007.*

Aviolio, B. J. & *Bass,* B. M.: Transformational leadership, charisma and beyond. In: Emerging leadership vistas. Hrsg. v. J. G. Hunt u. a., Lexington & Toronto *1988,* S. 29-49.

Bamberger, I. & *Wrona,* T.: Strategische Unternehmensführung: Strategien, Systeme, Methoden, Prozesse. 2., vollst. überarb. u. erw. Aufl., München *2012.*

Barney, J. B.: Firm resources and sustained competitive advantage. In: Journal of Management (JoM), 19 (*1991*) 1, S. 99-120.

Barney, J. B.: Gaining and sustaining competitive advantage. Reading (Mass.) *1997.*

Bass, B. M. & *Steyrer,* J.: Transaktionale und transformationale Führung. In: Handwörterbuch der Führung (HWFü). 2., neubearb. u. erg. Aufl., hrsg. v. A. Kieser, G. Reber & R. Wunderer, Stuttgart *1995,* Sp. 2053-2062.

Baums, T. (Hrsg.): Bericht der Regierungskommission Corporate Governance: Unternehmensführung, Unternehmenskontrolle, Modernisierung des Aktienrechts. Köln *2001*.

Bea, F. X. & *Haas*, J.: Strategisches Management. 6., vollst. überarb. Aufl., Stuttgart *2013*.

Becker, F. G.: Anreizsysteme für Führungskräfte: Möglichkeiten zur strategischorientierten Steuerung des Managements. Stuttgart *1990*.

Becker, F. G.: Personalentwicklung. In: Handwörterbuch der Produktionswirtschaft (HWProd), 2., überarb. Aufl., hrsg. v. W. Kern, J. Weber & H. Schröder, Stuttgart *1995*, Sp. 1371-1381.

Becker, F. G.: Lexikon des Personalmanagements. 2., erw. u. überarb. Aufl., München *2002*.

Becker, F. G.: Organisation der Unternehmungsleitung: Führungsorganisation – Leitungsorganisation – Spitzenorganisation – Corporate Governance. In: Management, Organisation, Unternehmungsführung. Hrsg. v. F. G. Becker, Lohmar & Köln *2004*, S. 217-233.

Becker, F. G.: Organisation der Unternehmungsleitung. Stuttgart *2007*.

Becker, F. G.: Grundlagen betrieblicher Leistungsbeurteilungen: Leistungsverständnis und -prinzip, Beurteilungsproblematik und Verfahrensprobleme. 5., überarb. u. akt. Aufl., Stuttgart *2009*.

Becker, F. G.: Demografieorientierte (= marktorientierte) Personalarbeit. In: Ganzheitliche Unternehmensführung in dynamischen Märkten. Hrsg. v. R. Hünerberg & A. Mann, Wiesbaden *2009a*, S. 327-349.

Becker, F. G.: Strategische Unternehmungsführung: Eine Einführung. 4., neu bearb. Aufl., Berlin *2011*.

Becker, F. G.: Strategisch-orientierte Personalentwicklung – zwischen Schlagwort und praxisrelevanter Funktion. In: Handbuch Strategisches Personalmanagement. Hrsg. v. R. Stock-Homburg & B. Wolf, Wiesbaden *2011a*, S. 223-240.

Becker, F. G.: Viel nachzuholen – ein Essay. In: Human Resource Manager, o. Jg. (*2012*) Dez./Jan., S. 74-76.

Becker, F. G.: Differenzielles Personalmanagement. In: Geschenkt wird einer nichts – oder doch? Festschrift für Gertraude Krell. Hrsg. v. R. Ortlieb & B. Sieben, München & Mering *2012a*, S. 19-24.

Becker, F. G. & *Kramarsch*, M.: Leistungs- und erfolgsorientierte Vergütung für Führungskräfte. Göttingen *2006*.

Becker, F. G. & *Ostrowski*, Y.: Materielle Anreizsysteme für Führungskräfte. In: Wirtschaftswissenschaftliches Studium (WiSt), 41 (*2012*) 10, S. 526-531.

Berekoven, L., *Eckert*, W. & *Ellenrieder*, P.: Marktforschung. Methodische Grundlagen und praktische Anwendung. 12., überarb. u. erw. Aufl., Wiesbaden *2009*.

Berger, U., *Bernhard-Mehlich*, I. & Oertel, S.: Die Verhaltenswissenschaftliche Entscheidungstheorie. In: Organisationstheorien. Hrsg. v. A. Kieser & M. Ebers, 7., akt. u. überarb. Aufl., Stuttgart u. a. *2014*, S. 118-163.

Bertalanffy, L. von: Systemtheorie. Berlin *1972*.

Berthel, J. & *Becker*, F. G.: Personal-Management. Grundzüge für Konzeptionen betrieblicher Personalarbeit. 10., überarb. u. akt. Aufl., Stuttgart *2013*.

Birkigt, K. & *Stadler*, M. M.: Corporate Identity-Grundlagen. In: Corporate Identity: Grundlagen, Funktionen, Fallbeispiele. Hrsg. v. K. Birkigt, M. M. Stadler & H. J. Funelz. 11., überarb. u. akt. Aufl., München *2002*, S. 13-61.

Bleicher, K.: Strukturen und Kulturen der Organisation im Umbruch. In: Zeitschrift Führung und Organisation (ZFO), 55 (*1986*) 2, S. 97-106.

Bleicher, K.: Organisation: Strategien – Strukturen – Kulturen. 2., vollst. neu bearb. u. erw. Aufl., Wiesbaden *1991*.

Bleicher, K.: Das Konzept Integriertes Management: Visionen – Missionen – Programme, 7., überarb. u. erw. Aufl., Wiesbaden *2004*.

Bosetzky, H.: Mikropolitik und Führung. In: Handwörterbuch der Führung (HWFü). Hrsg. v. A. Kieser, G. Reber & R. Wunderer, 2., neugest. u. erg. Aufl., Stuttgart *1995*, Sp. 1517-1526.

Boston Consulting Group (Hrsg.): Vision und Strategie. Die 34. Kronberger Konferenz. München *1988*.

Burns, J. M.: Leadership. New York *1978*.

Camerer, C. F., *Loewenstein*, G. & *Rabin*, M. (Hrsg.): Advances in behavioral economics. Princeton & Oxford *2003*.

Carrol, S. J. & *Tosi*, H. L.: Management by Objectives: Applications and Research. New York *1973*.

Chmielewicz, K.: Forschungskonzeptionen der Wirtschaftswissenschaft. 2., überarb. u. erw. Aufl., Stuttgart *1979*.

Chmielewicz, K.: Unternehmungsleitung, Organisation der. In: Handwörterbuch der Organisation (HWO), 3., völlig neu gestalt. Aufl., hrsg. v. E. Frese, Stuttgart *1992*, Sp. 2464-2480.

Chmielewicz, K.: Unternehmungsverfassung. In: Handwörterbuch der Betriebswirtschaft (HWB), 5., völlig neu gest. Aufl., hrsg. v. W. Wittmann u. a., Stuttgart *1993*, Sp. 4399-4417.

Coenenberg, A. G. & *Fischer*, T. M.: Ansatzpunkte des Turnaround-Managements im Unternehmen. In: Turnaround-Management: finanzielle und strategische Werkzeuge der Restrukturierung. Stuttgart *1993*, S. 1-12.

Cohen, M. D., *March*, J. G. & *Olsen*, J. P.: A Garbage Can Model of Organizational Choice. In: Administrative Science Quarterly (ASQ), 17 (*1972*) 1, S. 1-25.

Crawford, R. P.: Direct creativity with attribute listing. 2. Aufl., Wells (Vermont) *1968*.

Cyert, R. M. & *March*, J. G.: A behavioral theory of the firm. Englewood Cliffs (N.Y.) *1963*.

Davis, J. H., *Schoorman*, F. D. & *Donaldson*, L.: Toward a stewardship theory of management. In: Academy of Management Review (AMR), 22 (*1997*) 1, S. 20-47.

Deal, T. E. & *Kennedy*, A. A.: Corporate cultures. The rites and rituals of corporate life. Reading (MA) *1982*.

Decker, R. & *Wagner*, R.: Marketingforschung: Methode und Modelle zur Bestimmung des Käuferverhaltens. München *2002*.

Demsetz, H.: Toward a theory of property rights. In: American Economic Review (AER), 57 (*1967*), S. 347-359.

Dietl, H. M. & *Velden, van der* R.: Verfügungsrechteansatz (Property Rights-Theorie). In: Handwörterbuch Unternehmensführung und Organisation (HWO),

4., völlig neu bearb. Aufl., hrsg. v. G. Schreyögg & A. von Werder, Stuttgart *2004*, Sp. 1565-1573.

Dilger, A.: Ökonomik betrieblicher Mitbestimmung: Die wirtschaftlichen Folgen von Betriebsräten. Mering *2002*.

Dilger, A.: Kooperation zwischen Betriebsrat und Management. Die Sicht beider Seiten und deren Folgen. In: Jahrbücher für Nationalökonomie und Statistik, 226 (*2006*) 5, S. 562-587.

Dillerup, R. & *Stoi*, R.: Unternehmensführung. 3., überarb. Aufl., München *2011*.

Domsch, M. & *Reinecke*, P.: Bewertungstechniken. In: Handwörterbuch der Planung (HWPlan), hrsg. v. N. Szyperski (mit Unterstützung v. U. Winand) Stuttgart *1989*, Sp. 143-155.

Drucker, P.: The practice of management. New York *1954* (deutsch: Die Praxis des Managements, Düsseldorf *1956*).

Drumm, H. J.: Ethik in der Personalwirtschaft. In: Handwörterbuch des Personalwesens, 3., überarb. u. erg. Aufl., hrsg. v. E. Gaugler, W. A. Oechsler & W. Weber, Stuttgart *2004*, Sp. 723-733.

Drumm, H. J.: Personalwirtschaftslehre. 6., überarb. Aufl., Berlin u. a. *2008*.

Eberl, P. & *Kabst*, R.: Vertrauen, Opportunismus und Kontrolle – eine empirische Studie. In: Institutionenökonomik als Managementlehre. Hrsg. v. B. Schauenberg, G. Schreyögg & J. Sydow, Wiesbaden *2005*, S. 239-274.

Ebers, M. & *Gotsch*, W.: Institutionenökonomische Theorien der Organisation. In: Organisationstheorien. Hrsg. v. A. Kieser & M. Ebers, 7., akt. u. überarb. Aufl., Stuttgart u. a. *2014*, S. 195-255.

Eisenhardt, K. M. & *Zbaracki*, M. J.: Strategic decision making. In: Strategic Management Journal (SMJ), 13 (*1992*), Special issue: Fundamental themes in strategy process research, S. 17-37.

Fallgatter, M.: Grenzen der Schlankheit. Lean Management braucht Organizational Slack. In: Zeitschrift Führung und Organisation (ZFO), 64 (*1995*) 4, S. 215-220.

Fallgatter, M.: Beurteilung von Lower Management-Leistung: Konzeptualisierung eines zielorientierten Verfahrens. Lohmar & Köln *1996*.

Fama, E.: Agency problems and the theory of the firm. In: Journal of Political Economy (JPE), 88 (*1980*) 2, S. 288-307.

Freeman, R. E.: Strategic management: A stakeholder approach. In: Advances in strategic management. Hrsg. v. R. Lamb, 1 (*1983*), S. 31-60.

Freeman, R. E.: The stakeholder approach revisted. In: Zeitschrift für wirtschafts- und Unternehmensethik (zfwu), 5 (*2004*) 3, S. 228-254.

Fritsch, S.: Differentielle Personalpolitik. Wiesbaden *1994*.

Furubotn, E. G. & *Pejovich*, S.: Property rights and economic theory: A survey of recent literature. In: Journal of Economic Literature (JEL), 10 (*1972*) 4, S. 1137-1162.

Gälweiler, A.: Unternehmensplanung: Grundlagen und Praxis (Neuausgabe). Frankfurt & New York *1986*.

Gassert, K.: Risikokommunikation von Unternehmen. Modelle und Strategien am Beispiel gentechnisch veränderter Lebensmittel. Wiesbaden *2002*.

Geschka, H. & *Hammer*, R.: Die Szenario-Technik in der strategischen Unternehmensplanung. In: Strategische Unternehmungsplanung. Stand und Entwicklungstendenzen. Hrsg. v. D. Hahn & B. Taylor, 2., erw. Aufl., Würzburg *1983*, S. 224-249 (unverändert auch in anderen Auflagen).

Geschka, H. & *Schwarz-Geschka*, M.: Kreativitätstechniken – Morphologisches Tableau. *2011*. Online: http://www.innovationsmanagement.de/ kreativitaetstechnik/tableau.html [06. 02. 2013].

Giddens, A.: The constitution of society. Cambridge *1984*.

Gigerenzer, G.: Bauchentscheidungen: Die Intelligenz des Unbewussten und der Institution. München *2007*.

Göbel, E.: Unternehmensethik. Grundlagen und praktische Umsetzung. Stuttgart *2006*.

Gordon, W.: Synectics: The development of creative capacity. New York u. a. *1961*.

Götzelmann, A.: Wirtschaftsethik Workshop kompakt. Ein Studien- und Arbeitsbuch zur Einführung in die ökonomische Ethik. Norderstedt *2010*.

Grant, R. M. & *Nippa*, M.: Strategisches Management. Analyse, Entwicklung und Implementierung von Unternehmensstrategien. 5., akt. Aufl., München u. a. *2006*.

Greiner, L. E.: Evolution and revolution as organizations grow. In: Harvard Business Review (HBR), 50 (*1972*) 4, S. 37-46.

Gresov, C. & *Drazin*, R.: Equifinality: Functional equivalence in organization design. In: Academy of Management Review (AMR), 22 (*1997*) 2, S. 403-428.

Grochla, E.: Unternehmung und Betrieb. In: Handwörterbuch der Sozialwissenschaften, Bd. 10. Hrsg. v. E. von Beckerath u. a., Stuttgart *1959*, S. 583-588.

Grochla, E.: Unternehmungsorganisation. Reinbek *1972*.

Grochla, E.: Betrieb, Betriebswirtschaft und Unternehmung. In: Handwörterbuch der Betriebswirtschaft, 4., völlig neu gestalt. Aufl., hrsg. v. E. Grochla & W. Wittmann, Stuttgart *1974*, Sp. 541-557.

Grochla, E.: Einführung in die Organisationstheorie. Stuttgart *1978*.

Grochla, E.: Grundlagen der organisatorischen Gestaltung. Stuttgart *1982*.

Gutenberg, E.: Grundlagen der Betriebswirtschaftslehre (Bd. 1): Die Produktion. 22. Aufl., Berlin u. a. *1976*.

Hakelmacher, S.: Corporate Governance oder Die Korpulente Gouvernante. In: Die Wirtschaftsprüfung (WPg), 48 (*1995*) 4/5, S. 147-155.

Hammer, R. M. & *Champy*, J.: Reengineering the corporation. New York *1993*.

Hansen, U. & *Schrader*, U.: Corporate Social Responsibility als aktuelles Thema der Betriebswirtschaftslehre. In: Die Betriebswirtschaft (DBW), 65 (*2005*) 4, S. 373-395.

Hansmann, K.-W.: Kurzlehrbuch Prognoseverfahren: Mit Aufgaben und Lösungen. Wiesbaden *1983*.

Hanusch, H.: Kosten-Nutzen-Analyse. München *1987*.

Hauschildt, J. & *Salomo*, S.: Innovationsmanagement. 5., überarb., erg. u. akt. Aufl., München *2011*.

Heckhausen, H.: Motivation und Handeln. 2. Aufl., Berlin u. a. *1989*.

Henselek, H. F.: Das Management von Unternehmungskonfigurationen. Wiesbaden *1996*.

Herzberg, F. H.: Work and the nature of man. 3. Aufl., London *1972*.

Hill, W, *Fehlbaum*, R. & *Ulrich*, P.: Organisationslehre, Bd. 1: Ziele, Instrumente und Bedingungen der Organisation sozialer Systeme. Bern & Stuttgart *1976*.

Hinterhuber, H. H.: Strategische Unternehmungsführung, Bd. I: Strategisches Denken. 8., neu bearb. u. erw. Aufl., Berlin & New York *2011*.

Hitt, M. A., *Miller*, C. C. & *Colella*, A.: Organizational behavior: A strategic approch. Hoboken (N. J.) *2006*.

Hoffmann, H.: Kreativitätstechniken für Manager. München *1980*.

Humble, J. W.: Management by objectives. London *1967*.

Hungenberg, H.: Strategisches Management in Unternehmen. Ziele – Prozesse – Verfahren. 4., überarb. u. erw. Aufl., Wiesbaden *2006 (auch 8. Aufl., 2014)*.

Hungenberg, H. & *Wulf*, T.: Grundlagen der Unternehmungsführung: Einführung für Bachelorstudierende. 4., akt. u. erw. Aufl., Berlin u. a. *2011*.

Hüttner, M. (unter Mitarbeit von U. Schwarting): Grundzüge der Marktforschung. 5., überarb. u. erw. Aufl., München & Wien *1997*.

Hüttner, M.: Prognoseverfahren und ihre Anwendung. Berlin & New York *1986*.

Jackson, S. & *Schuler*, E.: Understanding human resource arrangement in the context of organizations and their environments. In: Annual Review of Psychology, 46 (*1995*), S. 237-264.

Jost, P.-J.: Transaktionskostentheorie. In: Handwörterbuch Unternehmensführung und Organisation (HWO), 4., völlig neu bearb. Aufl., hrsg. v. G. Schreyögg & A. von Werder, Stuttgart *2004*, Sp. 1450-1458.

Kahneman, D.: Schnelles Denken, langsames Denken. München *2012*.

Kappler, E.: Management by Objectives. In: Handwörterbuch Unternehmensführung und Organisation (HWO), 4., völlig neu bearb. Aufl., hrsg. v. G. Schreyögg & A. von Werder, Stuttgart *2004*, Sp. 772-780.

Kasper, H. & *Mühlbacher*, J.: Von Organisationskulturen zu lernende Organisationen. In: Personalmanagement, Führung, Organisation. Hrsg. v. H. Kasper & W. Mayrhofer, Wien *2002*, S. 95-155.

Katz, R.: Skills of an effective administrator. In: Harvard Business Review (HBR), (*1974*) sept.-oct., S. 90-102.

Kieser, A.: Anleitung zum kritischen Umgang mit Organisationstheorien. In: Organisationstheorien, hrsg. v. A. Kieser, 2., überarb. Aufl., Stuttgart u. a. *1995*, S. 1-30.

Kieser, A.: Moden und Mythen des Organisierens. In: Die Betriebswirtschaft (DBW), 56 (*1996*) 1, S. 21-39.

Kieser, A.: Business Prozess Reengineering – Neue Kleider für den Kaiser? In: Reengineering zwischen Anspruch und Wirklichkeit – Ein Managementansatz auf dem Prüfstand. Hrsg. v. M. Perlitz u. a., Wiesbaden *1996a*, S. 275-251.

Kieser, A.: Der Situative Ansatz. In: Organisationstheorien. Hrsg. v. A. Kieser & M. Ebers, 7., akt. u. überarb. Aufl., Stuttgart u. a. *2014*, S. 164-194.

Kieser, A. & *Ebers*, M.: Organisationstheorien. 7., akt. u. überarb. Aufl. *2014*.

Kieser, A. & *Hegele*, C.: Kommunikation im organisatorischen Wandel. Stuttgart *1998*.

Kieser, A. & *Walgenbach*, P.: Organisation. 6., überarb. Aufl., Stuttgart *2010*.

Kirsch, W.: Einführung in die Theorie der Entscheidungsprozesse. 2., durchges. u. erg. Aufl. der Bände I bis III als Gesamtausgabe. Wiesbaden *1977*.

Kirsch, W.: Entscheidungsprozesse (3 Bde.). Wiesbaden *1971*.

Kirsch, W.: Strategisches Management: Die geplante Evolution von Unternehmen. Völlig überarb. Neuaufl. wesentlicher Teile der Veröffentlichungen „Beiträge zum Management strategischer Programme" und „Unternehmenspolitik und strategische Unternehmensführung". Herrsching u. a. *1997*.

Kirsch, W. & *Maaßen*, H.: Managementsysteme, Planung und Kontrolle. 2. Aufl., München *1990*.

Kirsch, W., *Müller*, G. & *Trux*, W.: Das Management strategischer Programme. Herrsching *1984*.

Kirsch, W., *Seidl*, D. & *Aaken*, D. van: Unternehmensführung: Eine evolutionäre Perspektive. Stuttgart *2009*.

Knyphausen-Aufseß, D. zu : Theorie der strategischen Unternehmensführung: State of the Art und neue Perspektiven. Wiesbaden *1995*.

Kolbeck, R.: Unternehmen I: Unternehmen und Betrieb. In: Handbuch der Wirtschaftswissenschaft, hrsg. v. W. Albers u. a., Stuttgart u. a., *1980*, S. 65-71.

Kollmann, T.: E-Entrepreneurship. 4. Aufl., Wiesbaden *2011*.

Koontz, H. & *O'Donnell*, C.: Management: A systems and contingency analysis of managerial functions. 6. Aufl., New York u. a. *1976*.

Kosiol, E.: Unternehmung. In: Handwörterbuch der Betriebswirtschaft (HWB), 3., völlig neu bearb. Aufl., hrsg. v. H. Seischab & K. Schwantag, Stuttgart *1962*, Sp. 5540-5545.

Kosiol, E.: Organisation der Unternehmung. 2., durchges. Aufl., Wiesbaden *1976*.

Krähe, W.: Gedanken zu den Beziehungen zwischen sekundärer und primärer Geschäftsführung. In: Zeitschrift für betriebswirtschaftliche Forschung (ZfbF), 16 (*1964*) 6, S. 329-334.

Kräkel, M.: Prinzipal-Agent-Ansatz. In: Handwörterbuch Unternehmensführung und Organisation (HWO), 4., völlig neu bearb. Aufl., hrsg. v. G. Schreyögg & A. von Werder, Stuttgart *2004*, Sp. 1174-1181.

Krebsbach-Gnath, C.: Wandel und Widerstand. In: Den Wandel in Unternehmen steuern: Faktoren für ein erfolgreiches Change-Management. Hrsg. v. C. Krebsbach-Gnath, Frankfurt *1992*, S. 37-56.

Kreikebaum, H., *Grimm*, D. U. & *Behnam*, M.: Strategisches Management. 7., vollst. überarb. Aufl., Stuttgart *2011*.

Krell, G. *u. a.* (Hrsg.): Diversity Studies: Grundlagen und disziplinäre Ansätze. Frankfurt a. M. *2007*.

Krüger, R. & *Steven*, M.: Supply Chain Management im Spannungsfeld von Logistik und Management. In: Wirtschaftswissenschaftliches Studium (WiSt), 29 (*2000*) 9, S. 501-507.

Krüger, W.: Organisation der Unternehmung. 2., völlig überarb. u. erw. Aufl., Stuttgart u. a. *1993* (nahezu identisch zur 3. Auflage *1994*).

Krüger, W.: Wandel, Management des (Change Management). In: Handwörterbuch Unternehmensführung und Organisation (HWO), 4., völlig neu bearb. Aufl., hrsg. v. G. Schreyögg & A. von Werder, Stuttgart *2004*, Sp. 1605-1614.

Krüger, W.: Organisation. In: Allgemeine Betriebswirtschaftslehre, Bd. 2: Führung. Hrsg. v. F. X. Bea, E. Dichtl & M. Schweitzer, 9., neubearb. u. erw. Aufl., Stuttgart *2005*, S. 140-234 (einmal zitiert nach 7. Aufl. 1997).

Krystek, U.: Unternehmungskrisen: Beschreibung, Vermeidung und Bewältigung überlebenskritischer Prozesse in Unternehmungen. Wiesbaden *1987*.

Kuhn, T. S.:Die Struktur wissenschaftlicher Revolutionen. Frankfurt a. M. *1973* (Ursprünglich: The structure of scientific revolutions. Chicago *1962*).

Küpper, H.-U.: Unternehmensethik. Hintergründe, Konzepte, Anwendungsbereiche. Stuttgart *2006*.

Küpper, W.: Mikropolitik. In: Handwörterbuch Unternehmensführung und Organisation (HWO), 4., völlig neu bearb. Aufl., hrsg. v. G. Schreyögg & A. von Werder, Stuttgart *2004*, S. 861-870.

Küpper, W. & *Ortmann*, G.: Mikropolitik in Organisationen. In: Die Betriebswirtschaft (DBW), 46 (*1986*) 5, S. 590-602.

Küsters, E. A.: Corporate Governance im basalen Prozeß der Organisation. In: Organisatorische Veränderung und Corporate Governance. Hrsg. v. E. Kahle, Wiesbaden *2002*, S. 311-362.

Laux, H.: Flexible Investitionsplanung. Einführung in die Theorie der sequentiellen Entscheidung bei Unsicherheit. Opladen *1971*.

Lawler, E. E.: Motivation in Work Organizations. Belmont (Calif.) *1973*.

Levitt, B. & *Nass*, C.: The lid on the garbage can: Institutional constraints in decision, making in the technical core of college-text publishers. In: Administrative Science Quarterly (ASQ), 34 (*1989*) 2, S. 190-207.

Lewin, K.: Group decision and social change. In: Readings in social psychology. Hrsg. v. E. E. Maccoby, T. M. Newcomb & E. L. Hartley, 3. Aufl., New York *1958*, S. 197-211.

Lindblom, C. E.: The science of „muddling through". In: Public Administration Review, 19 (*1959*), S. 79-88.

Lindblom, C. E.: The science of „muddling trough". In: Business strategy handbook. Hrsg. v. H. I. Ansoff, Harmondsworth *1969*, S. 41-60.

Link, J.: Führungssysteme: Strategische Herausforderung für Organisation, Controlling und Personalwesen. 6., überarb. u. erw. Aufl., München *2011*.

Locke, E. A.: Toward a theory of task motivation and incentives. In: Organizational Behavior and Human Performance (OBHP), 3 *(1968)* 2, S. 157-189.

Locke, E. A. & *Latham*, G. P.: A theory of goal setting and task performance. Englewood Cliffs (NJ) *1990*.

Locke, E. A. & *Latham*, G. P.: Self-regulation through goal setting. In: Organizational Behavior and Human Decision Processes (OBHDP), 50 *(1991)* 2, S. 212-247.

Löhr, A.: Unternehmensethik. In: Handwörterbuch der Unternehmensführung und Organisation (HWO), 4., völlig neu bearb. Aufl., hrsg. v. G. Schreyögg & A. von Werder, Stuttgart *2004*, Sp. 1511-1520.

Macharzina, K. & *Wolf*, J.: Unternehmensführung. Das internationale Management–wissen. Konzepte, Methoden, Praxis. 8., vollst. überarb. u. erw. Aufl., Wiesbaden *2012*.

Mackenzie, R. A.: The Management process 3-D. In: Harvard Business Review (HBR), 47 *(1969)* Nov./Dec., S. 81-86.

Makridakis, S., *Reschke*, H. & *Wheelwright*, S. C.: Prognosetechniken für Manager. Wiesbaden *1980*.

Malik, F.: Wirksame Unternehmensaufsicht: Corporate Governance in Umbruchzeiten. 2., korr. Aufl., Frankfurt/M. *1999*.

Malik, F.: Die neue Corporate Governance: Mit wirksamer Unternehmensaufsicht. Komplexität meistern. Frankfurt/M. & New York *2008*.

March, J. G. & *Simon*, H. A.: Organizations. 2. Aufl., New York *1959* (dt.: Organisation und Individuum. Wiesbaden *1976*).

Marr, R. & *Friedel-Howe*, H.: Perspektiven einer differentiellen Personalwirtschaft für den entscheidungsorientierten Ansatz. In: Betriebswirtschaftslehre im Spannungsfeld zwischen Generalisierung und Spezialisierung. Hrsg. v. W. Kirsch & A. Picot, Wiesbaden *1989*, S. 322-326.

Marr, R. & *Stitzel*, M.: Personalwirtschaft – ein konfliktorientierter Ansatz. München *1979*.

Martin, A.: Die Leistungsfähigkeit der Anreiz-Beitrags-Theorie. In: Personaltheorie als Beitrag zur Theorie der Unternehmung. Hrsg. v. M. Festing u. a., München & Mering *2004*, S. 12-40.

Martin, A.: Organizational Behavior: Verhalten in Organisationen. Hrsg. v. A. Martin, Stuttgart *2003*.

Maslow, A. H.: Motivation and Personality. *1954*.

Meffert, H. & *Kirchgeorg*, M.: Marktorientiertes Umweltmanagement. Konzeption, Strategie, Implementierung – mit Praxisfällen. 3., überarb. u. erw. Aufl., Stuttgart *1998*.

Meißner, A.: Lerntransfer in der betrieblichen Weiterbildung. Lohmar & Köln *2012*.

Meyer, A. D., *Tsui*, A. S. & *Hinings*, C. R.: Configurational approaches to organizational analysis. In: Academy of Management Journal (AMJ), 36 (*1993*) 6, S. 1178-1195.

Meyer, J. W. & *Rowan*, B.: Institutionalized organizations: Formal structure as a myth and ceremony. In: American Journal of Sociology (AJS), 83 (*1977*), S. 340-363.

Mintzberg, H.: Strategy-making in three modes. In: California Management Review (CMR), 18 (*1973*) winter, S. 44-53.

Mintzberg, H.: The manager's job: Folklore and fact. In: Harvard Business Review (HBR), 53 (*1975*) 4, S. 49-61.

Mintzberg, H.: Patterns in strategic formation. In: Management Science (ManSci), 24 (*1978*), S. 934-948.

Mintzberg, H.: The nature of managerial work. 2. Aufl., New York *1980*.

Mintzberg, H. & *McHugh*, A.: Strategy formation in an adhocracy. In Administrative Science Quarterly (ASQ), 30 (*1985*) 2, S. 160-197.

Müller-Stewens, G. & *Brauer,* M.: Corporate Strategy & Governance: Wege zur nachhaltigen Wertsteigerung im diversifizierten Unternehmen. Stuttgart *2009*.

Müller-Stewens, G. & *Lechner*, C.: Strategisches Management: Wie strategische Initiativen zum Wandel führen. Der St. Galler General Management Navigator[®]. 3., überarb. Aufl., Stuttgart *2011*.

Müller, R.: Krisenmanagement in der Unternehmung: Vorgehen, Maßnahmen und Organisation. 2., überarb. u. erw. Aufl., Frankfurt a. M. *1986*.

Nerdinger, F. W.: Motivierung. In: Lehrbuch der Personalpsychologie. Hrsg. v. H. Schuler, Göttingen *2001*, S. 349-371.

Neuberger, O.: Der Mensch ist Mittelpunkt. Der Mensch ist Mittel. Punkt. In: Personalführung, 23 (*1990*) 1, S. 3-10.

Neuberger, O.: Personalentwicklung. 2., durchges. Aufl., Stuttgart *1994*.

Neuberger, O.: Führen und geführt werden. 6., völlig neubearb. u. erw. Aufl., Stuttgart *2002*.

Neuberger, O.: Mikropolitik. In: Handwörterbuch des Personalwesens (HWP), 3., überarb. u. erg. Aufl., hrsg. v. E. Gaugler, W. A. Oechsler & W. Weber, Stuttgart *2004*, Sp. 1104-1203.

Neuberger, O.: Mikropolitik und Moral in Organisationen. 2., völlig neu bearb. Aufl., Stuttgart *2006*.

Neuberger, O. & *Kompa*, A.: Wir, die Firma. Der Kult um die Unternehmenskultur. Weinheim *1993*.

Neumann, G.: Beispiele für erfolgreiche Synektiksitzungen. Online: https://ews.tu-dortmund.de/public/lecture/logedugate/public/Projekte/ProjektArbeit/Kreativitaetstechniken/content/15_Synektik-am_praktischen_Beispiel.htm [06.02.*2013*].

Newstrom, J. W. & *Davis*, K.: Organizational Behavior: Human Behavior at Work. 11. Aufl., New York u. a. *2002*.

Nordsieck, F.: Rationalisierung der Betriebsorganisation. 2., bearb. Aufl., Stuttgart *1955*.

Odiorne, G. S.: Management by objectives: A system of managerial leadership. New York 1965 (deutsch: Management by Objectives: Führung durch Vorgabe von Zielen, München *1967)*.

Ortmann, G. & *Sydow*, J.: Strukturationstheorie als Metatheorie des strategischen Managements – Zur losen Integration der Paradigmenvielfalt. In: Strategie und Strukturation. Strategisches Management von Unternehmen, Netzwerken und Konzernen. Hrsg. v. G. Ortmann & J. Sydow. Wiesbaden *2001*, S. 421-447.

Ortmann, G., *Sydow*, J. & *Türk*, K. (Hrsg.): Theorien der Organisation: Die Rückkehr der Gesellschaft. Opladen *1997*.

Ortmann, G., *Sydow*, J. & *Windeler*, A.: Organisation als reflexive Strukturation. In: Theorien der Organisation: Die Rückkehr der Gesellschaft. Hrsg. v. G. Ortmann, J. Sydow & K. Türk, Opladen *1997*, S. 315-354.

Osborn, A. F.: Applied imagination. Principles and procedures of creative Problemsolving. 3., rev. Aufl., New York *1963*.

Ostrowski, Y. (2012): Differentielles Bindungsmanagement: Entwicklung eines Entscheidungsrahmens. Lohmar & Köln *2012*.

Parsons, T.: Structure and process in modern societies. Glencoe (IL) *1960*.

Pauen, M.: Neuroökonomie: Grundlagen und Grenzen. In: Analyse & Kritik. Zeitschrift für Sozialtheorie, 29 (*2007*) 1, S. 24-37.

Penrose, E.: The theory of the growth of the firm. Oxford *1959*.

Pepels, W.: Produktmanagement: Produktinnovation, Markenpolitik, Programmplanung, Prozessorganisation. 5., überarb. Aufl., München *2006*.

Peters, T. & *Waterman*, R. H.: In search of excellence: Lessons from America's best-run companies. New York *1982*.

Pfohl, H.-C.: Planung und Kontrolle. Stuttgart u. a. *1981*.

Pfohl, H.-C. & *Stölzle*, W.: Planung und Kontrolle. 2., neu bearb. Aufl., München *1997*.

Picot, A. & *Lange*, B.: Synoptische versus inkrementale Gestaltung des strategischen Planungsprozesses. In: Zeitschrift für betriebswirtschaftliche Forschung (ZfbF), 31 (*1979*), S. 569-596.

Picot, A.: Transaktionskostenansatz. In: Handwörterbuch der Betriebswirtschaft (HWB), 5., völlig neu gestalt. Aufl., hrsg. v. W. Wittmann u. a., Stuttgart *1993*, Sp. 4194-4204.

Picot, A. & *Schuller*, S.: Institutionenökonomie. In: Handwörterbuch Unternehmensführung und Organisation (HWO), 4., völlig neu bearb. Aufl., hrsg. v. G. Schreyögg & A. von Werder, Stuttgart *2004*, Sp. 514-521.

Pietsch, G.: Institutionenökonomik jenseits des Opportunismus: Forschungsprogramm statt Utopie. In: Institutionenökonomik als Managementlehre. Hrsg. v. B. Schauenberg, G. Schreyögg & J. Sydow, Wiesbaden *2005*, S. 1-44.

Poddig, T., *Dichtl*, H. & *Petersmeier*, K.: Statistik, Ökonometrie, Optimierung: Methoden und ihre praktische Anwendungen in Finanzanalyse und Portfoliomanagement. 3., erw. Aufl., Bad Soden (Ts.) *2003*.

Porter, M.: Competitive advantage: Creating and sustaining superior Performance. New York u. a. *1985*.

Porter, L. W. & *Lawler*, E. E.: Managerial attitudes and performance. Homewood (Ill.) *1968*.

Prahalad, C. K. & *Hamel*, G.: Nur Kernkompetenzen sichern das Überleben. In: Harvard Business Manager (HBM), 13 (*1991*) 2, S. 66-78.

Raabe, N.: Die Mitbestimmung im Aufsichtsrat: Theorie und Wirklichkeit in deutschen Aktiengesellschaften. Berlin *2011*.

Rappaport, A.: Creating shareholder value. The new standard for business performance. New York & London *1986*.

Reibnitz, U. von: Szenario-Technik. 2. Aufl., Wiesbaden *1998*.

Reich, K.: Konstruktivistische Ansätze in den Sozial- und Kulturwissenschaften. In: Wie kommt Wissenschaft zu Wissen? Hrsg. v. T. Hug, Baltmannsweiler *2001*, S. 356-376.

Reimann, M. & *Weber*, B. (Hrsg.): Neuroökonomie: Grundlagen – Methoden – Anwendungen. Wiesbaden *2011*.

Richter, R. & *Furubotn*, E. G.: Neue Institutionenökonomik: Eine Einführung und kritische Würdigung. 3. Aufl., Tübingen *2003*.

Ridder, H.-G.: Personalwirtschaftslehre. 4., akt. u. überarb. Aufl., Stuttgart *2013*.

Rieckmann, H.: Sieben Thesen und ein Fazit. In: Personalführung, 23 (*1990*) 1, S. 12-17.

Rüegg-Stürm, J.: Das neue St. Galler Management-Modell. Grundkategorie einer integrierten Managementlehre: Der HSG-Ansatz. 2., durchges. Aufl., Bern *2003*.

Rüegg-Stürm, J. & *Grand*, S.: Das St. Galler Management-Modell: 4. Generation - Einführung. Bern u. a. *2014*.

Rühli, E.: Unternehmungsführung und Unternehmungspolitik (Bd. 1). 3., vollst. überarb. u. erw. Aufl., Stuttgart & Wien *1996*.

Ruppel, M. K.: Vorstandsorganisation: Eine Betrachtung gruppenpsychologischer Perspektive. Lohmar & Köln *2006.*

Sadowski, D.: Personalökonomie und Arbeitspolitik. Stuttgart *2002.*

Schaaf, W.: Sanierung als unternehmerischer Turnaround. In: Turnaround-Management. Finanzielle und strategische Werkzeuge der Restrukturierung. Hrsg. v. A. G. Coenenberg & T. M. Fischer, Stuttgart *1993.* S. 73-97.

Schanz, G.: Wider das Selbstverständnis der Betriebswirtschaftslehre als „praktisch-normative" Disziplin. In: Zeitschrift für Betriebswirtschaft (ZfB), 43 (*1973*), S. 585-602.

Schanz, G.: Grundlagen einer verhaltensorientierten Betriebswirtschaftslehre. Tübingen *1977.*

Schanz, G.: Betriebswirtschaftslehre als Sozialwissenschaft. Stuttgart u. a. *1979.*

Schanz, G.: Organisationsgestaltung. Management von Arbeitsteilung und Koordination. 2., neu bearb. Aufl., München *1994.*

Schaub, G. u. a.: Arbeitsrecht-Handbuch: Systematische Darstellung und Nachschlagewerk für die Praxis. 14., neu bearb. Aufl., München *2011* (auch 15., neu bearb. Aufl. 2013).

Schein, E. H.: Coming to a new awareness of organizational culture. In: Sloan Management Review (SMR), 25 (*1984*) 2, S. 3-16.

Schein, E. H.: Organizational culture and leadership. A dynamic view. San Francisco u. a. *1985.*

Scherm, E. & *Pietsch,* G.: Organisation: Theorie, Gestaltung, Wandel. Oldenburg *2007.*

Schewe, G.: Unternehmungsverfassung: Corporate Governance im Spannungsfeld von Leitung, Kontrolle und Interessenvertretung. 2., akt. u. erw. Aufl., Berlin *2010.*

Schimank, U.: Wichtigkeit, Komplexität und Rationalität von Entscheidungen. In: Management komplexer Systeme. Konzepte für die Bewältigung von Intransparenz, Unsicherheit und Chaos. Hrsg. v. J. Weyer & I. Schulz-Schaeffer, München *2009,* S. 55-72.

Schindel, V.: Risikoanalyse. Darstellung und Bewertung von Risikorechnungen am Beispiel von Investitionsentscheidungen. München *1977.*

Schirmer, F.: Managerrolle und Managerverhalten. In: Handwörterbuch Unternehmensführung und Organisation (HWO), 4., völlig neu bearb. Aufl., hrsg. v. G. Schreyögg & A. von Werder, Stuttgart *2004*, Sp. 813-820.

Schmidt, G.: Einführung in die Organisation: Modelle, Verfahren, Techniken. 2., akt. Aufl., Wiesbaden *2002*.

Schnyder, A. B.: Unternehmenskultur und Corporate Identity. In: Zeitschrift Führung und Organisation (ZFO), 60 (*1991*) 4, S. 260-266.

Scholz, C.: Strategisches Management: ein integrativer Ansatz. Berlin *1987*.

Schreyögg, G.: Unternehmensstrategie: Grundfragen einer Theorie strategischer Unternehmensführung. Berlin u. a. *1984*.

Schreyögg, G.: Organisation. Grundlagen moderner Organisationsgestaltung. Wiesbaden. 5., vollst. überarb. u. erw. Aufl., Wiesbaden *2008*.

Schreyögg, G.: Grundlagen der Organisation: Basiswissen für Studium und Praxis. Wiesbaden *2012*.

Schreyögg, G., *Sydow*, J. & *Koch*, J.: Organisatorische Pfade – von der Pfadabhängigkeit zur Pfadkreation? In: Managementforschung, Bd. 13: Strategische Prozesse und Pfade. Hrsg. v. G. Schreyögg & J. Sydow, Wiesbaden *2003*, S. 257-294.

Schuler, H. & *Görlich*, Y.: Kreativität. Ursachen, Messung, Förderung und Umsetzung in Innovationen. Göttingen u. a. *2007*.

Schuler, R. S. & *MacMillan*, I. C.: Gaining competitive advantage through human resource management practices. In: Human Resource Management (HRM), (23) *1984*, 3, S. 241-255.

Schulte-Zurhausen, M.: Organisation. 6., überarb. u. akt. Aufl., München *2014*.

Schweitzer, M. & *Troßmann*, E.: Break-Even-Analysen. Grundmodell, Varianten, Erweiterungen. Stuttgart *1986*.

Schweitzer, M. & *Schweitzer*, M.: Planung und Steuerung als Führungsinstrumente. In: Allgemeine Betriebswirtschaftslehre: Theorie und Politik des Wirtschaftens in Unternehmen. Hrsg. v. M. Schweitzer, A. Baumeister u. a., 11., völlig neu bearb. Aufl., Stuttgart *2015*, S. 325-372.

Scott, W. R.: Organizations: Rational, natural, and open systems. 4. Aufl., Upper Saddle River *1998*.

Scott, W. R.: The adolescence of institutional theory. In: Administrative Science Quartely (ASQ), 32 (*1988*), S. 493-511.

Seidel, E. & *Redel*, W.: Führungsorganisation. München & Wien *1987*.

Simon, H. A.: Administrative behavior: A study of decision-making processes in administrative organizations. New York *1949*.

Staehle, W. H.: Organisation und Führung sozio-technischer Systeme: Grundlage einer Situationstheorie. Stuttgart *1973*.

Staehle, W. H. (P. Conrad & J. Sydow): Management: Eine verhaltenswissenschaftliche Perspektive. 8., überarb. Aufl., München *1999*.

Steinmann, H. & *Löhr*, A. (Hrsg.): Unternehmensethik. Stuttgart *1989*.

Steinmann, H. & *Schreyögg*, G.: Management: Grundlagen der Unternehmensführung. Konzepte – Funktionen – Fallstudien. 6., vollst. überarb. Aufl., Wiesbaden *2005*.

Szyperski, N. & *Winand*, N.: Grundbegriffe der Unternehmungsplanung. Stuttgart *1980*.

Thom, N.: Personalentwicklung als Instrument der Unternehmungsführung. Stuttgart *1987*.

Trebesch, K.: Organisationsentwicklung. In: Handwörterbuch Unternehmensführung und Organisation (HWO), 4., völlig neu bearb. Aufl., hrsg. v. G. Schreyögg & A. von Werder, Stuttgart *2004*, Sp. 988-997.

Ulrich, H.: Unternehmungsplanung. Bern & Stuttgart *1978*.

Velte, P.: Stewardship-Theorie. In: Zeitschrift für Planung & Unternehmenssteuerung. 20 (*2010*) 3, S. 285-293.

von Rosenstiel, L.: Die motivationalen Grundlagen des Verhaltens: Leistung und Zufriedenheit. Berlin *1975*.

von Werder, A.: Corporate Governance (Unternehmensverfassung). In: Handwörterbuch Unternehmensführung und Organisation (HWO), 4., völlig neu bearb. Aufl., hrsg. v. G. Schreyögg & A. von Werder, Stuttgart *2004*, Sp. 160-170.

von Werder, A.: Führungsorganisation: Grundlagen der Corporate Governance, Spitzen- und Leitungsorganisation von Unternehmen. 2., akt. u. erw. Aufl., Wiesbaden *2008*.

von Werder, A. & *Bartz*, J.: Corporate Governance Report 2014: Erklärte Akzeptanz des Kodex und tatsächliche Anwendung bei Vorstandsvergütung und Unabhängigkeit des Aufsichtsrats. In: Der Betrieb, 66 (*2014*) 17, S. 905-914.

von Werder, A. & *Talaulicar*, T.: Kodex-Report 2010. Die Akzeptanz der Empfehlungen und Anregungen des Deutschen Corporate Governance Kodex. In: Der Betrieb (DB), 63 (*2010*) 16, S. 853-861.

Vroom, V. H.: Work and Motivation. New York u. a. *1964*.

Wächter, H.: Mensch oder Personen als Gegenstand einer Personalwirtschaftslehre? In: Personalführung, o. Jg. (*1990*) 1, S. 18-23.

Wagener, F.: Die partielle Risikoanalyse als Instrument der integrierten Unternehmensplanung. München *1978*.

Walgenbach, P.: Neoinstitutionalistische Ansätze in der Organisationstheorie. In: Organisationstheorien. Hrsg. v. A. Kieser & M. Ebers, 7., akt. u. überarb. Aufl., Stuttgart u. a. *2014*, S. 295-345.

Wallmann, J.: Konversion als Unternehmensstrategie. Zentrale Problemfelder und Lösungsansätze der Umgestaltung von Hochtechnologie-Unternehmen mit verteidigungstechnischer Ausrichtung. Bergisch Gladbach & Köln *1993*.

Watzka, K.: Zielvereinbarungen in Unternehmen: Grundlagen, Umsetzung, Rechtsfragen. Wiesbaden *2011*.

Weber, J.: Controlling. In: Handwörterbuch Unternehmensführung und Organisation (HWO), 4., völlig neu bearb. Aufl., hrsg. v. G. Schreyögg & A. von Werder, Stuttgart *2004*, Sp. 152-159.

Weber, M.: Der Sinn der „Wertfreiheit" der soziologischen und ökonomischen Wissenschaft. In: Gesammelte Aufsätze zur Wissenschaftslehre von M. Weber, 3. Aufl., Tübingen *1968*, S. 489-540.

Weibler, J.: Personalethik als Problem. In: Zeitschrift für Wirtschafts- und Unternehmensethik, 4 (*2003*) 2, S. 193-196.

Weiner, B.: Theories of motivation. From mechanisms to cognition. Chicago *1972*.

Welge, M. K. & *Al-Laham*, A.: Strategisches Management: Grundlagen – Prozess – Implementierung. 5., vollst. überarb. Aufl., Wiesbaden *2008 (s. auch 6., akt. Aufl., Wiesbaden 2012).*

Welzel, O.: Möglichkeiten und Grenzen der Stochastischen Break-Even-Analyse als Grundlage von Entscheidungsverfahren. Heidelberg *1987*.

Wernerfelt, B.: A resource based view of the firm. In: Strategic Management Journal (SMJ), 5 (*1984*), S. 171-180.

Westermann, H. (*1999*): §§ 128, 135 AktG-Vollmachtstimmrecht. In: Reform des Aktienrechts, der Rechnungslegung und Prüfung. Hrsg. v. D. Dörner, D. Manold & N. Pfitzer, Stuttgart *1999*, S. 253-273

Wiener, N.: Cybernetics: Or control and communication in the animal and the machine. New York *1948*.

Wild, J.: Betriebswirtschaftliche Führungslehre und Führungsmodelle. In: Unternehmungsführung. Hrsg. v. J. Wild, Berlin *1974*, S. 141-179.

Wild, J.: Grundlagen der Unternehmungsplanung. 4. Aufl., Opladen *1982*.

Williamson, O. E.: Transaction cost economics: The governance of contractual relations. In: Journal of Law and Economics (JLE), 22 (*1979*), S. 233-261.

Williamson, O. E.: Die ökonomischen Institutionen des Kapitalismus: Unternehmen, Märkte, Kooperationen. Tübingen *1990*.

Wilms F. E. (Hrsg.): Szenariotechnik: Vom Umgang mit der Zukunft, Bern *2006*.

Winand, U.: Erfolgspotentialplanung. In: Handwörterbuch der Planung (HWPlan), hrsg. v. N. Szyperski, mit Unterstützung von U. Winand, Stuttgart *1989*, Sp. 440-452.

Wirtz, C.: Die betriebswirtschaftlichen Grundlagen und Formen der Betriebsführung. In: Die Wirtschaftsprüfung (WPg), 1 (*1948*) 6, S. 20-27.

Witte, E.: Organisation für Innovationsentscheidungen: Das Promotoren-Modell. Göttingen *1973*.

Wolf, J.: Organisation, Management, Unternehmensführung: Theorien, Praxisbeispiele und Kritik. 5., überarb. u. erw. Aufl., Wiesbaden *2013*.

Wolff, B. & *Lazear*, E. P.: Einführung in die Personalökonomik. Stuttgart *2001*.

Wunderer, R.: Führung und Zusammenarbeit: Eine unternehmerische Führungslehre. 9., neu bearb. Aufl., Neuwied u. a. *2011*.

Yukl, G.: Leadership in organizations. 5. Aufl., Upper Saddle River (NJ) *2002*.

Stichwortverzeichnis